欧盟议会首位普选女性议长
法国前任卫生部部长
法兰西学院终身院士

西蒙娜的法兰西情结

Simone VEIL Une passion française

洛朗・普法阿德（Laurent Pfaadt）
王明利 译

中国传媒大学出版社
北京

王明利

法国里昂第二大学语言科学博士，北京第二外国语学院法语教授，硕士研究生导师，兼任武汉大学外国语学院博士生导师，曾任北京第二外国语学院法意语系主任；教育部高等学校外语专业教学指导委员会法语分委员会委员。一直从事法语教学和教学法研究，出版《法语教学理论与实践》、《跨文化交际专题研究》、《旅游法语》（教育部“十一五”国家规划教材）、《法语简史》等学术专著和教材，发表学术论文数十篇。

前言

西蒙娜·韦伊女士是法兰西第五共和国成立以来令人关注的女性代表。作为法国政坛著名的女性政治家、欧洲知名的女权运动的领袖、欧洲建设的主要倡导者，她与法国乃至欧洲社会的发展息息相关。她是一位主张自由的女性，虽然在政治上持中间偏右的观点，但是她能获得各大党派的支持，在公众中一直享有良好的口碑。1979 年，通过民众普选当选为欧盟议会首位直选议长，在此之前，她曾在蓬皮杜和德斯坦执任总统期间，分别担任法国政府重要的职务。

在信念问题上，她是一位独立性极强、永不妥协的女人。西蒙娜的同事都十分了解她，一旦她作出决定，任何人都无法改变她的主意。她会拼命地去坚守自己的选择。她的座右铭是：别说空话，更不要说假话，不要轻信任何传闻。如果有人问她："什么是你最推崇的美德?"她会爽快地回答："独立思考。"

高尚的道德和永不疲倦的奋斗构成了她人生的坐标。她是一位命运极为特殊的人物，她的一生能够折射出人类数以千计的命运。除了她坦率正直的形象外，在她的身上我们能够领略到她所生活的年代，她所为之不断奋斗的事业。她的人生阅历与民族的历史深深地融合在了一起：战争、纳粹集中营、地狱、为妇女权益和妇女自愿终止妊娠法案的艰苦斗争、为欧洲建设所作出的卓越贡献……

本书还让我们了解到法兰西学院的终身院士西蒙娜·韦伊夫人的内心世界，讲述了她为人贤妻、为子良母的女人天性。她有一张生动而富于表情的面容，她的双眼透着圣母般的慈爱。她体态丰腴，气质优雅，时常引来异性的目光，但很少引起女伴们的嫉妒。她始终美而不艳，媚而不俗。2013 年 8 月 6 日，在法国公布的“年度最受欢迎的法国人排行榜”中，西蒙娜位列第二。她所撰写的自传体小说《一生》拥有庞大的读者群，该书的销量迄今已经超过了 55 万册，为法国 2007 年十大热销图书之一。

她在任职期间，不仅多次出席我国驻法使馆和华人团体举行的各类活动，还多次访问过中国，受到我国时任党政领导人的亲切接见。她对中国的发展变化印象深刻，认为中国创造了一种特殊的“发展模式”。她说，很多在法国做不到的事情，在中国做到了，这是值得西方人思考和研究的。

值此中法两国正式建立外交关系 50 周年之际，我们以介绍这样一位充满法兰西情结的女性政治家来祝福中法两国人民之间的友谊万古长青。

译者

2014 年初春于北京

序言

虽然精英们的生命是短暂的，但是他们的青春永驻人间。

——马夏尔①

马夏尔的话很有哲理，至少对于法兰西政界当代女性的代表人物西蒙娜·韦伊来说是千真万确的。作为法国人，1974 年 9 月西蒙娜在巴黎仅停留了 3 天，1979 年在斯特拉斯堡也仅滞留了几小时。虽然西蒙娜在法国似流星般闪过，但是任何人都不会质疑这一点，西蒙娜在这短短的一瞬间，给法兰西的历史留下了具有划时代意义的浓墨重彩的一笔。

1944 年，这位 17 岁的犹太小姑娘生活在尼斯的阳光下，与法国甚至欧洲许多其他国家的年轻人并无异样，那就是无忧无虑的生活，享受大自然带给她的愉悦。西蒙娜的父母在学业上十分出色，尤其是她的父亲，学习成绩始终独占鳌头。但是，这并没有使她的家庭避免起起伏伏的坎坷与颠簸。她本人和她

① 马夏尔的拉丁文全称为 Marcus Valerius Martialis，公元 104 年死于西班牙东北部一个叫萨拉戈萨的城市。其著名的作品为《公元一世纪的讽刺诗》(*Epigrammata of First Century AD*)——译者注。

的亲人一样远远想不到等待他们的命运是什么。但是，她人生最悲惨的低谷和最光辉的顶点都是她人生的真实写照。她的人生，就像一个时时都有崩塌危险却不露声色的陡峭岩石一样。风暴给人带来苦难，令人毛骨悚然。但是对西蒙娜来说，无论喧闹还是沉寂，血腥还是甜蜜，她总是带着同样的坚定和耐心面对周围发生的一切。有时，命运就像一扇迎着阵阵和煦的春风而展开的羽翼，将她推向光明以避免落入深渊。

但是西蒙娜还是被押送到了奥斯威辛集中营，坠入了人间地狱。大家都知道地狱是死神的领地。然而，西蒙娜和她心爱的姐姐蜜露却逃出了魔掌。就像希腊神话中被母亲在斯提克斯冥河中浸泡过的阿基里斯那样，告别了死神，走出了地狱，坚强地活了下来。

像许多其他人一样，西蒙娜的双眼目睹了许多书刊都无法讲述的德国纳粹残酷杀戮犹太人的罪恶行径。西蒙娜的双眼曾流淌出愤怒的眼泪，这些眼泪在通往死亡的冰雪之路凝结。西蒙娜的双眼永远记住了哥哥让、母亲伊万娜和爸爸安德烈和蔼可亲的模样。

在寒冷的冰层下面，一直掩盖着一团熊熊燃烧的火焰和一腔亟待奔放的激情。因为当西蒙娜走出地狱后，她并没有忘记带着满腔的热情干就一番更伟大的事业。西蒙娜是一个很有主见的人，为了实现她的目标，即使她的远大抱负有时迫使她有意识地做一下策略上的微调，她都拒绝使用政治手腕，也不会向别人退让妥协。面对试图使她就范的各派政治力量，她始终追求正义，捍卫妇女神圣的权利，尊重每一条生命，坚持不懈地致力于欧盟的建设。所有这一切她都没有表现出丝毫高贵与不凡。尽管有些人曾试图找到置她于死地的弱点，其结果都是徒劳的。

西蒙娜从不顾及意识形态、男人和友情的问题，她凭自己的良知与信念，以一种独立的、不向任何人妥协的方式保护着我们共和国的神圣之火，在与不公正的行为作斗争的同时，为每个人争取自由。

西蒙娜作为现代的圣女，已经成为我们共同记忆中无法忘却的一部分。她是第五共和国可以与 M. 德布雷①或 R. 巴丁代尔②相提并论的重要人物，除戴高乐将军外，她与所有的共和国总统均打过交道。像 L. 奥布拉克③、居里夫人或 G. 狄戎④一样，她是法国人民心中的民族英雄。西蒙娜的生命和我们时代其他杰出巾帼如 G. 哈利米⑤、F. 吉鲁⑥、L. 魏斯⑦的生命交相辉映，折射出绚丽的生命之光。

这位 20 世纪为女性权利而不懈奋斗的伟大勇士险些像法国历史上另一位女权斗士奥兰普·德古热⑧那样被送上断头台。尽管在巴黎先贤祠的横楣上刻有“祖国感谢伟大的人”，但是这

---

① 德布雷，法国政治家，戴高乐将军的亲密助手——译者注。

② 巴丁代尔，法国著名律师，曾任法国司法部部长，法国于 1981 年 10 月 9 日根据他的提议废除死刑——译者注。

③ 奥布拉克，二战期间，法国著名的女抵抗法西斯成员——译者注。

④ 狄戎，人种学家，著名的女抵抗法西斯成员——译者注。

⑤ 哈利米，律师，法国争取女权斗争的积极分子——译者注。

⑥ 吉鲁，法国著名女记者，作家和政论家——译者注。

⑦ 魏斯，法国著名女记者，作家和政论家——译者注。

⑧ 德古热，法国女文人，女性政治家，是法国人权宣言的笔者之一。她提倡女性自由和人道主义思想。1748 年被送上巴黎断头台——译者注。

位在法兰西学院已经坐上拉辛院士交椅的女性本可以在路易十四的领导下，从大家闺秀变成一名勇敢的公主。

很久以来西蒙娜就已经深得法国人民的爱戴。她将与 R. 巴丁代尔、B. 拉扎尔①、V. 舍尔谢②、J. 莫内③、E. 左拉④一样，是令人类骄傲的巨人之一。

---

① 拉扎尔，法国文学评论家，政论记者——译者注。

② 舍尔谢，法国政治家，主张彻底废除奴隶制。身后被葬于巴黎先贤祠——译者注。

③ 莫内，法国经济学家，欧洲一体化的倡导者之一——译者注。

④ 左拉，法国著名作家——译者注。

目录

家庭的幸福

母爱都是一样的。

——科昂：《我妈妈的书》，1954

安德烈和伊万娜

不久前，让·奥梅松[①]在讲演中说“我们的故事始于童话”[②]。那是1927年的夏天，当温暖的阳光洒在北部平原和地中海沿岸的时候，欧洲和法国虽然刚刚从世间最血腥的第一次世界大战走出不足10年的光阴，然而在那里的上空时常飘起朵朵迷人的彩云。人们期望一战成为人类历史上最后一场噩梦，同时企盼以德雷福斯为标记的反犹太人的行为，能够在战壕里结下的兄弟情谊中成为令人遗憾的久远回忆。1927年夏季的这

① 奥梅松，法国著名作家，是法国人较为喜欢的法兰西学院院士——译者注。
② 2010年3月18日，在法兰西学院欢迎西蒙娜成为院士的致词。

些彩云就像拂过蓝色海岸天空的彩云一样，让人心旷神怡。人们面带微笑地仰视这些彩云随风拂去，从没有想过天会下雨。

然而，那里确实在酝酿着一场恐怖的风暴。就在这一年的8月，被经济危机不断困扰又被法国军队占领部分领土的德国在纽伦堡举行了首次德国国家社会主义工人党全国大会。该党是由第一次世界大战期间身为一名下士军官，名为鲁道夫·希特勒所领导的纳粹党。希特勒曾在一年前出版了一本名为《我的奋斗》一书。在这本书中，希特勒表达了他对犹太人的仇恨以及日后报复法国的心态。纳粹党当时还是一个不足挂齿的政治团体，因为在多次的立法选举中，该党的得票率均未超过3%。

在法国，普恩加莱①在左派联盟失败后，于1926年组成了他的最后一届政府。作为内阁总理②，他呼吁全国克服经济危机带来的困难，打击使法郎贬值甚至崩溃的地方性投机，并推行一整套严格的经济政策。他提出的“凡尔登金融政策”使法国的经济稳固多年，并且克服了潜在的经济危机。

1927年7月13日，法国尼斯迎来了一位小姑娘的降生，取名为西蒙娜·雅各布。她是家里的老四。像她的父母安德烈和伊万娜一样，马德莱纳、丹尼斯和让也非常开心地欢迎小妹妹走进他们的生活。她的父母均出身于中产阶级的家庭。自

---

① 普恩加莱（1860～1934），法国政治家，1912～1913任法国总理和外交部长，1913～1920任法兰西第三共和国总统。后于1922～1924、1926～1929再任总理——译者注。

② 法兰西第三、第四共和国对总理的时任称谓——译者注。

1860年，他们就来到了以英国人大道而闻名于世的，素有蓝色海岸称谓的尼斯城安家立业，理所当然地成了法国人。

西蒙娜的爸爸，安德烈·雅各布是一个很出色的学者，从事艺术和建筑史的研究工作。他出身于洛林地区一个犹太人的家庭。洛林在法国是一个较大的地区，该地区和阿尔萨斯地区一样，为法国培养出许多名门贵族：布鲁姆家族①、德雷福斯家族②、施韦策③家族等。

雅各布一家在19世纪迁居到巴黎，安德烈的父亲是巴黎煤气公司的一名会计，他有一个伯父在中央大学任工程师。安德烈的妈妈——M. 斯奈尔伯是一个珠宝商的女儿。

安德烈在罗兰中学出色地完成了学业。后来，为了纪念在二战被德国纳粹在巴黎西部瓦莱里安高地杀害的法国著名作家、抵抗运动成员，这所学校更名为雅克·德库尔中学。中学毕业后，安德烈进入美术学院建筑设计系学习，师从巴黎许多大宫殿的建造者之一，著名的建筑设计师H. 德格拉纳。在这里安德烈的出色天赋也渐露端倪。

然而，安德烈正在扶摇直上的设计天赋即刻被将整个欧洲拖入深渊的一战所击落。像许多犹太家庭的男孩子一样，安德

---

① 以法国政治家、作家布鲁姆（Blun Léon，1872～1950）为代表的家族——译者注。

② 以法国犹太人军官德雷福斯（Alfred Dreyfus，1859～1894）为代表的家族。对该军官的法律误判于1894～1906年引起法国一场政治、司法危机——译者注。

③ 以法国神学家、音乐家、医生施韦策（Albert Schweitzer，1875～1965）为代表的家族。施韦策于1952年获诺贝尔和平奖——译者注。

烈与众多的爱国志士和知识分子弃笔从戎，他们以愿为自由而献身的C. 佩吉和A. 傅尼耶为榜样，参加了共和国卫队。

西蒙娜在回忆其父亲这段历史时说："像所有具有类似经历的犹太家庭一样，我父亲的家也是一个世俗的、充满爱国激情的家庭。他的父辈们都为自己的祖国而感到自豪。因为自1791年以来，他们的国家就赋予犹太人充分的民权。"[①] 尽管本世纪初，在法国军队里还尚存反犹势力，但像安德烈那样自愿参军的犹太人仍然很多。就连预备役的军官德雷福斯都已戎装在身，厮杀在法兰西的战场上。他们要保卫法兰西，保护人民，捍卫这个民族的尊严。因为在这里已经废除了特权，人与人之间的平等已刻骨铭心。

由于安德烈所服役的部队是一个观察空中飞机突袭的预警卫队，所以在战事伊始他就被派往前线参战。他只是短暂地体会到了战争的残酷，因为从1914年10月起，他就成了德军的战俘。直到战争结束，他始终被羁押在法国北部莫伯日的德军战俘营里。

战后，安德烈带着对德国人的满腔仇恨回到了家乡，并重启学业。于1919年凭借"日内瓦万国宫"的设计摘得了第二届罗马建筑大奖，其获奖名字的排序仅在法国20世纪著名建筑大师J. 卡吕先生之后。关于这一奖项，1919年9月9日的《政治与文学鸣论报》曾作过这样的报道："昨日，法国艺术学院遴选了参加罗马建筑设计奖的十位建筑设计师提交的作品。被推荐

① 西蒙娜·韦伊：《一生》，斯托克出版社2007年版。

参赛的设计作品为：日内瓦万国宫。本次评选的两类设计大奖分别授予卡吕先生和阿方奈尔先生；A类二等奖的得主分别是吉拉尔丹先生和索利耶先生；一个B类二等奖的获得者是1891年生于巴黎的，现师从德格拉纳大师门下的雅各布先生。”

安德烈怀揣获奖证书，开始了建筑设计师的职业生涯，并邂逅了西蒙娜的母亲伊万娜·斯坦曼兹。当时认识西蒙娜母亲的人都说，他妈妈与当时绰号为“仙女”的女明星G. 嘉宝[1]面容上确有几分相像。

这位具有比利时和莱茵兰血统的巴黎女子自19世纪末就获得了法国国籍。她有一个哥哥叫马克西姆，一个妹妹叫苏珊。读书时，这三个孩子都是学校里非常优秀的学生。认识安德烈时，伊万娜芳龄21岁，经营着皮草生意。她即刻被这位32岁却已略有秃顶的、虽外表严肃但酷爱蒙田和左拉作品的建筑师所吸引。

1922年5月22日，这对恋人在他们居住的巴黎第9大区、位于特吕代纳大街的市政府举行了婚礼。这里也是犹太人在巴黎居住比较集中的区域。

就在他们结婚的第二年，伊万娜就为他生下了第一个女儿马德莱纳，女儿成了他们精心呵护的宠儿。1924年他们又有了第二个女儿丹尼斯。1925年迎来了他们唯一的儿子让。1927年西蒙娜降生到这个家庭，给哥哥姐姐带来了极大的欢喜。

就在西蒙娜出生的当年，全家迁到了尼斯。她爸爸认为自

① 嘉宝，美国好莱坞女影星。

19世纪末，法国的蓝色海岸就吸引了许多富人和权势，那里一定会成为房地产商们的乐园。

西蒙娜父亲的判断非常正确，从1924年起，他们便着手在尼斯置办家业。这也牺牲了妻子伊万娜的事业，因为她不得不放弃酷爱的化学研究工作。在尼斯，由于安德烈有了属于自己的工作室和雇员，便开始设计拉西约塔别墅。这是一幢完整记录了西蒙娜美好童年的别墅。该别墅坐落于尼斯城音乐家们居住的宅区，因此在那里能够见到许多在一战前修建的，濒临大海的别墅。这些建筑展示了欧洲贵族和俄罗斯上层社会的奢侈生活，保留了人们对曾在此居住过的 H. 柏辽兹[①]、G. 勒鲁[②]等名人的回忆。而安德烈的工作室就设在他们私宅的一间房子里。安德烈的女儿们共住一间卧室，儿子让有自己单独的房间。

西蒙娜对上一世纪20年代末和30年代初那种温馨舒适的童年生活一直保留着美好的回忆。在2007年，西蒙娜颇有感触地说："幸福的童年会让你享用一生。"[③] 1929年10月24日，纽约股票行市的暴跌和吞噬整个欧洲经济的危机浪潮毫不迟疑地卷走了人们无忧无虑的美好生活。从1931年至1932年间，西蒙娜家里的经济状况已到捉襟见肘的地步。

家里不仅减少了日常订购的商品，而且还要卖掉小汽车。更为可怕的是全家必须搬出这套漂亮的房子，住到不很有名的克吕维街区，那里的房间矮小且十分简陋。地板变成了粗糙的

---

① 柏辽兹，法国作曲家——译者注。
② 勒鲁，法国侦探小说家——译者注。
③ 《她》第3224期，2007年10月29日。

石砖，每日目睹的英国人大道变成了远郊乡村的羊肠小路。

在这样的房子里，冬天还要节省暖气。由于房间少了，晚上让不得不住到客厅里。

年幼的西蒙娜就是在这种环境中长大的。她特别依恋一直用心照顾她的姐姐。他们日子过得非常平庸单调：要么整天闲聊逗趣；要么在由于地面砖吸热而显得阴冷的房间中傻笑一番；要么在贴有蓝色壁纸的房屋中写写作业；要么周日到散发着鸟语花香的树丛中走一走。每天蜜露①、丹尼斯和西蒙娜都形影不离。西蒙娜愉悦地回忆道："我的两个姐姐和我，我们组成了粘连在一起的三人帮。"② 当妈妈不在家的时候，懂事的姐姐蜜露总是精心地呵护着西蒙娜。西蒙娜虽然是一个非常漂亮的女孩，但是在她那蓝色的目光中已经可以察觉到她少年般的倔强，以及后来她作为一名女性面对人生与历史考验的决心。

难道是西蒙娜年幼时就已经形成的坚韧性格、亲和力或者是她童稚般的美丽可以同时博得妈妈和老师的喜爱吗？也许是这三种原因同在。的确，就像众多家庭一样，最小的孩子往往是全家人宠爱的对象。而那些比她年长的孩子，作为家里的希望与期待，在他们的成长过程中往往缺少别人的宠爱。尤其是妈妈对家里最小的孩子自然会倾注更多的母爱，最小的孩子长大成人，意味着家庭孩童时代的结束。西蒙娜刻意指出："我的位子就是妈妈的膝盖，没有别的地方。"③ 西蒙娜也非常情愿承

---

① 蜜露是西蒙娜姐姐马德莱纳的昵称。
② 西蒙娜·韦伊：《一生》，斯托克出版社 2007 年版。
③ 《她》第 3226 期，2007 年 10 月 29 日。

认自己曾受到过家里过多的溺爱。

在她父亲眼里，西蒙娜只不过是一个年轻的少女，对人生的理解还过于表面。由于在与耿直且善良的爸爸争论父亲权力的问题上常常需要妈妈的袒护，如今西蒙娜的沉稳、冷静使得她还记得童年她对父亲确实缺少一些温情。对此，西蒙娜回忆说："我始终有着这样的印象，我最大的幸福都是与我的母亲分不开的。"①

西蒙娜的母亲尽管不很情愿，但是最终还是放弃了自己从事多年的职业生涯。后来西蒙娜之所以为争取女性权益而进行不屈不挠的斗争都与她母亲的经历和她自小就认为母亲始终处于不公平的社会地位有关系。这实际上也是两次世界大战之间较为混乱的社会现实的真实写照：在那个时期，女性虽然可以在L. 布鲁姆②的政府中担任副国务秘书的职位，但是她们却没有选举权，也没有资格当选国民议会的议员。

对她的母亲来讲，能跟女儿们在一起是最重要的事情。许多年后，当西蒙娜成为母亲、祖母和曾祖母后，她曾公开承认说："我可没有我妈妈那么温柔、宽容和慈爱。"③ 伊万娜花了很多时间来陪伴她的女儿们。姐姐蜜露的一个朋友 M. 孔瑞特回忆说："西蒙娜的母亲善听孩子们的意见，她不害怕孩子们提出反对的意见，反而喜欢与孩子们争论问题。"④

---

① 西蒙娜·韦伊：《一生》，斯托克出版社 2007 年版。

② 布鲁姆，法国政治家、作家。1936～1937 年和 1938 年 3 月至同年 4 月分别两次任法国部长会议主席，即总理职务——译者注。

③ 《巴黎竞赛》第 3174 期，2010 年 3 月 18～24 日。

④ 莫里斯·斯扎弗朗：《西蒙娜·韦伊 命运》，弗拉马里翁出版社 1994 年版。

在闲暇的时候，如果说西蒙娜不跟她的姐姐们在一起的话，她一定和她的童子军伙伴待在一起。这些小伙伴教会她如何去帮助别人，与他人搞好互助，还学会了如何尊重他人，就像童子军运动的创始人 L. 巴登-鲍威尔①在 1907 年所提倡的那样。在童子军活动中，西蒙娜的绰号是“好动的小兔子”。在这里她有很多同班同学。晚上当她回到家中，不习惯有老师来家中拜访。在这些老师中，有很多人是她父母的朋友。雅各布夫妇和孩子们的生活圈子很小，不论在学校，还是在个人生活范围内他们都有共同的朋友。

在学校里，西蒙娜倒不算是一个特别出类拔萃的学生。但是，有一次，她却备受关照，就连她自己都不知道是什么原因，她毫无障碍地从一个班被调到另一个班，还没有引起别人的议论。

在学校接受教育的过程中，我们还尚未发现这位女勇士所留下的奋斗痕迹，或者说，没有过早地发现其未来作为政治人物的某些端倪。1936 年，当法国人民阵线组织在众议院选举中取得胜利的时候，很多与她同龄的女孩都有自己的政治态度，而她却显得对政治漠不关心。

在家中，孩子们对政治不感兴趣主要是受到西蒙娜父亲的影响。这是因为他父亲在第一次世界大战中经历了德国战俘营的监禁后，变得很有人道主义思想。他拥护共和制，政治立场偏右，非常反德。他不赞成在两次大战的间隔期间法国外交部

① 巴登-鲍威尔，英国将军，1907 年创建了童子军运动——译者注。

长 A. 白里安与德国外交部长 G. 斯特斯曼所奉行的缓和两国关系的外交政策。并且要求家人在家里莫谈政治。这也许是为了避免给家人的生活带来不悦，因为他的妻子，如同她的姐姐和在巴黎当医生的姐夫一样，是当时主张和平，立场偏左的一家名为《作品》周刊的忠实读者。但是这一切都没有阻止西蒙娜在以后表现出在小资环境下所萌生的反叛思想。她毫不惧怕他的父亲，她可以借助词典的解释与父亲就某词的词义进行争论，以挑战父亲的威严。西蒙娜的父亲文学底蕴颇深，以至于今天西蒙娜不得不承认“我爸爸说的都很有道理”[①]。这也使得西蒙娜和他的父亲之间建立了一种唯一特殊的关系，与其他孩子相比，西蒙娜的性格更像他的父亲安德烈。

30 年代末，不管你愿意与否，政治问题成了法国和欧洲各国所有家庭中不可回避的话题，对于居住在尼斯的雅各布一家也毫不例外。

在德国，希特勒领导的纳粹合法地掌握了政权，建立了以镇压为手段的集权制度并使之向外扩张，这在民主人士和知识分子中间引起了极度的恐慌。

在西奥塔，雅各布一家人已经习惯了在安德烈几年前亲手设计并建造的房子里度假。1934 年，伊万娜利用观看一场网球比赛的机会和政治评论家 R. 阿龙[②]谈论德国的情况，因为后者于 1931 年在柏林亲眼目睹了纳粹主义的形成与极度膨胀。比赛

---

① 2010 年 3 月 18 日在法兰西学院所致的欢迎词。

② 阿龙，法国哲学家、社会学家和政治评论家——译者注。

的场面很有意思，在球员们的正反手发球之间，这位未来欧洲议会主席的母亲和现代地缘政治家聊着火刑问题以及德国纳粹党问题，但是二者都没有意识到仅在几年后，他们将要面对20世纪人类最大的历史悲剧。那时候，西蒙娜只想着在西奥塔的海滩上堆沙堆，她的妈妈确信法国一定会得到有效的保护，躲过德国人的邪恶，因为她知道，法国在1934年6月遏制了极右势力企图占领议会大厦波旁宫的暴乱。毫无任何疑念，法国人得到了有效的保护，然而……

随着时间的流逝，欧洲的悲剧在各国人民的恐慌中，或者说在同盟者的策划中已经开始上演。这种恐慌同样也走进了雅各布一家人的生活。像“达豪”①“德奥合并”②“慕尼黑”③等名词频繁地回荡在孩子们的耳边，并使她们通过大人们的谈话感受到了一场新的战争即将爆发，也许这场战争比她们父亲所经历的战争更为残酷。

另一恐怖的现实日趋严峻，那就是关于犹太人的问题。尽管雅各布一家从来都不是很遵守犹太人的教义教规，但是他们还是十分担忧在希特勒统治下的德国，那里犹太人所面临的命运。很多禁令直指生活在德国的犹太人。1933年，一纸法令将犹太人排除在公职之外。然后，在1935年9月颁布的纽伦堡法案中规定禁止德国公民与犹太人通婚。

① 达豪是纳粹修建的第一个集中营——译者注。

② 指1938年希特勒宣布吞并奥地利实现德奥政治合并——译者注。

③ 德国第三大城市，此处指希特勒、墨索里尼等签署同盟协约的所在地——译者注。

最后是1938年9～10月间的“水晶之夜”[1]，使得许多犹太人的教堂和商店被焚烧。数百名犹太人惨遭杀戮，数以千计的犹太人被押送到了集中营。这一切终于使生活在尼斯的犹太人意识到时局的严峻。

越来越多的犹太难民从德国跑到尼斯避难，西蒙娜正是从这些难民的口中得知了这一切。自全家迁到尼斯以来，西蒙娜的妈妈就经常去避难所接济那些需要帮助的穷人。当时的避难所，是难民代替了穷人。一些德籍的犹太知识分子躲过了被送往集中营或惨遭杀害的厄运，这其中就有奥地利医生、精神分析学派的创始人S. 弗洛伊德的儿子奥利弗。雅各布一家与奥利弗有着深厚的友情，西蒙娜和奥利弗的女儿埃娃也是非常要好的朋友，可惜的是后者于1944年在马赛由于流产后疏于照料不幸身亡。这些犹太难民取代了1929年经济危机所造成的灾民，成为国际社会关注的首要话题。

从那时起，战争让人感到忧心忡忡。尽管西蒙娜的年龄尚小，但是她已经感受到了战争的灾难已经来临。很多来自外国的信息都说明了这一点：在西班牙，忠于共和政府的共和党成员遭到了血腥镇压；中国遭到了日本的奴役与侵略，所有这些迹象使得人们不得不做最坏的打算。西蒙娜回忆说：“我最恐惧战争，这是一种早熟的、异常敏感的直觉。但是接下来所发生的事情超出了我的恐惧。”[2]

---

① “水晶之夜”，又译为“碎玻璃之夜”，标志着纳粹对犹太人有组织屠杀的开始——译者注。

② 西蒙娜·韦伊：《一生》，斯托克出版社2007年版。

西蒙娜当然没有想到，自 1939 年夏天以后，全家人在一起的幸福日子将变得越来越少。没有人能够想到，尽管有几百名犹太人躲过了野蛮的暴行，而那只不过是犹太人遭受这种野蛮行径蹂躏的开始。

在 1939 年西蒙娜上小学 4 年级拍摄的照片上，我们看到她梳着长长的辫子坐在第一排，就在语文老师鲁吉耶小姐的前边。一种曾经见不到的惆怅浮现在她只有面对摄影师才勉强流露出的笑容中。童年的无忧无虑已不见踪影，反倒是一种焦虑与不安已经写在这位年仅 12 岁妙龄女孩的脸上。

面对纳粹的残暴

作为理想主义者，当梦想和美好的希望刚刚在我们身上开始萌芽的时候，即刻就遭受到现实恐怖的彻底冲击。

——《弗兰克[①]日记》

纳粹的追捕

1939 年 9 月 1 日，欧洲已全面进入战争状态。尽管年少的西蒙娜对此还一无所知，但是她已经感受到了周围的一些变化。她的正常生活将变得动荡不安。这一年的夏天，西蒙娜染上了猩红热。初期的症状是她和童子军的小伙伴们在法国中部高原南面的加尔和洛泽尔地区之间的艾瓜勒山参加夏令营活动时出现的。

---

① 安娜·弗兰克（1929～1945）犹太人，二战期间为躲避纳粹杀害隐姓埋名来到了荷兰。其间写下了很多日记，后摘录成书，被译成多国文字——译者注。

当她和姐姐蜜露、丹尼斯在巴黎姨妈家度完暑假最后几天的时光后，西蒙娜回到了尼斯，恢复了往日的正常生活。然而，就在边境线的另一端，墨索里尼已经聚集了几个装甲师兵团。所有西欧国家纷纷遭到德军的攻击。不久，战火就蔓延到了法国的边境线上。

西蒙娜的父亲忧心忡忡：一方面为自己的国家担忧，另一方面为自己孩子们的命运担忧。1940 年 5 月 10 日德国对法宣战，他决定把孩子们送到他的老家：图卢兹。正是在图卢兹，这位仅有 13 岁的小姑娘第一次聆听到了一位将军的讲话，这是在赴往伦敦之前，在 P. 雷诺政府谋政仅仅数日的一位叫戴高乐的将军。由于西蒙娜的叔叔、婶婶也都逃亡到了伦敦，致使雅各布的孩子们不得不重返尼斯。

在法国政府于 1940 年 6 月 22 日和纳粹德国签署了令人羞愧的停火协议后，法兰西民族又重新步入了平静的生活轨道。尼斯当时处在一个被称为自由区的地域内。这是一个在南北方向从维希到地中海沿岸，在东西方向从多尔多涅到意大利边境的地域空间。不仅如此，德国的盟军意大利还占领着法国四个地区：上萨瓦省、萨瓦省、上普罗旺斯阿尔卑斯省（当时叫下阿尔卑斯省）、海滨阿尔卑斯省。庆幸的是，在占领区意军没有像德军那样实行残酷的镇压手段。尼斯的百姓目睹了大批的犹太人像潮水般涌入尼斯城。西蒙娜像往常一样每天都到学校上学，然而由于他的父亲经济上的不景气，家庭生活入不敷出。1940 年冬，家庭生活的困难倒不是暖气的问题，而是如何填饱肚子的问题。

自1940年8月起，法国开始发放粮卡，雅各布一家生活的物质条件日趋恶化。不久前，维希政府同纳粹德国签署了停战协定，这不仅标志着维希政府与纳粹德国合作的开始，同时也意味着法国正面临着丧权辱国的现实，这还表现在对待犹太人的问题上，这些都是国家首脑人物的耻辱。1940年10月3日，维希政府颁布了一条更为严厉的反犹太人的法律条文：从所有的公共职能部门彻底清除犹太人；不允许犹太人从事任何自由职业；禁止犹太人开展商务活动等。

次日，即1940年10月4日，另一项法令要求拘禁从国外偷渡来法的犹太人，还有那些自1933年以来为躲避纳粹德国迫害的和逃离被占领国家的，尤其是从巴黎潜逃的，试图在尼斯和其他地中海沿岸城市避难的犹太人。这对于雅各布一家人来说，简直就是一个致命的打击。

更为严酷的是，安德烈从来就没有将犹太人身份看成是他与其他人的主要区别之一。恰恰相反，他选择了一条使自己成为一名主张共和制、热衷于世俗的爱国人士的道路。因此，在德雷福斯案的问题上，他没有用言语去攻击法国军队。正是这样，安德烈站到了与维希豺狼一起摇旗呐喊宣称要鄙视法国犹太人的老战友一边。

西蒙娜回忆道："我们是犹太人，但是我们是不信教的犹太人，这没有什么可以隐瞒的。"① 她承认自己一点都不了解这个"承袭"下来的宗教。西蒙娜还记得，1937年全家人在巴黎参

① 西蒙娜·韦伊：《一生》，斯托克出版社2007年版。

观世博会时品尝到的酸菜；记得父亲没有让他的儿子让做包皮切割手术；记得父亲因知道他的一个堂妹领着年少的西蒙娜去犹太教堂而大发脾气。然而，尽管他为使家人法国化而付出努力；尽管他希望自己的孩子能像这个国家的其他孩子一样；尽管他和其他一战大兵在泥泞的道路上，为法国的胜利付出了艰辛；尽管他在战俘营经历过漫长的孤独与寂寞；尽管他对德国鬼子怀有民族之恨。这些都无济于事。他和他的家人是犹太人，这就是结论。

1941年6月，法国颁布了犹太人为次等民族的法令后，犹太人的从业活动受到了极大的限制。对此，犹太人被迫表现出了极大的不满。

尽管这样，安德烈与大部分犹太人一样，仍然对实际上已不复存在的共和国抱有希望，对已经披上遮羞布的法兰西充满信心。带着遵守法律是对自己最好保护的信念，安德烈走进了省政府的大门，对犹太人的不公待遇提出了强烈的抗议。

纳粹的陷阱

1942年初，雅各布一家的境遇越来越糟糕。一方面，德军的盟友和维希政权的同谋控制着整个法兰西，另一方面，L. 塞林①和P. 拉罗谢尔②等人发表了很多攻击犹太人的文章。在很

① 塞林，医生、作家，他的作品被译成多种语言。由于在二战期间具有亲德的倾向，故此人在法国文坛上很有争议——译者注。

② 拉罗谢尔，法国作家，二战期间属亲德派人物。战后于1945年3月15日服药自杀——译者注。

多年以后，由于西蒙娜的孙子对塞林的文章很感兴趣，促使西蒙娜又一次回忆起了自己的童年和在这些人身上我们应该汲取的教训。

尼斯城继续接纳惊恐逃离的难民。逐渐地这种恐惧开始向抵抗分子和尼斯城里的犹太人逼近。在这些数以万计的因逃难而流浪到蓝色海岸的男人、女人和儿童中，就有几位雅各布家族的成员，他们来投靠安德烈一家。如安德烈的哥哥、嫂子及其三个孩子就跑到尼斯投奔安德烈一家。这还不算，安德烈的妹妹和孩子也来到了这里。

安德烈的哥哥是一个运气很好的人。他在 1941 年 12 月 12 日被捕，他是巴黎及巴黎地区被关押在贡比涅看守所 734 名犹太商人、工程师、医生或企业老板中的一员。贡比涅看守所和皮蒂维耶、博讷拉罗朗德和以悲惨而闻名于世的德朗西看守所共同组成了一个最终结果犹太人的候刑室。因为生病，安德烈的哥哥成了屈指可数获得释放的人员之一。正是这样他才有幸和他的妻子、孩子来到了法国的南方尼斯投靠他的弟弟安德烈。在尼斯，人们尚可享受意大利军队相对宽容的监管与限制。

就是在这种情况下，雅各布一家人毫无迟疑地临时接纳了在绝望中寻求帮助的家庭。为了维持一大家人的生计，孩子们开始了节衣缩食的生活。不仅如此，老大蜜露在一家公司兼做秘书工作，二姐丹尼斯也做起了家教，给别人补习数学课程，17 岁的哥哥让也不得不放弃学业，在尼斯的一家影棚打工。

只有西蒙娜，由于年龄太小，还在中学读书。然而，当他们在充满阳光的南方按部就班地过着省吃俭用的生活时，在巴黎，1942 年 7 月 16～17 日，开始了冬季赛车场大逮捕的行动。[①] 大约有 13 000 名男人、妇女和儿童被捕，然后送往位于波兰南部的奥斯威辛集中营。在尼斯这种离奇的事情无人知晓。

1942 年年底，尼斯的局势加速恶化。作为对盟军在北非登陆的反应，德军在 1942 年 11 月 11 日开始大举进攻法国的自由区。特别是当盟军占领了西西里岛和意大利半岛后，局势的发展使西蒙娜和他的家人受到了直接的影响。1943 年，墨索里尼的垮台导致意军元帅 P. 巴多格里奥与盟军签署了停战协议，并从尼斯撤回了意大利军队。但是尼斯民众的喜悦心情并没有持续很长的时间，因为意大利人的撤出，换来的是纳粹德国的进入。由于希特勒的部队变得日趋残忍，使占领区的百姓几乎陷入了绝境。

在尼斯，有一个人是德军残忍的象征，他叫 A. 布鲁纳[②]。该人是盖世太保在尼斯地区的总头目，也是德朗西拘留所的所长。在他的指挥下，数万名奥地利和希腊的犹太人被关进了集中营。在蓝色海岸地区，他将继续其惨无人道的伎俩。

就在到达尼斯的当天，即 1943 年的 9 月 9 日，A. 布鲁纳就开始了大规模的恐怖活动。西蒙娜和他的家人都亲眼目睹了学校里的好友，还有经常一起度过周日的童子军营队里的小伙伴坠入脚下的深渊而消失。她也看到了很多女生，不论是犹太民族，还是爱国同胞，不屈服于德国人的奴役，加入了抵抗运

① 指 1942 年法国警方按照德军的命令，逮捕了成千上万的犹太人，并将他们关押在巴黎冬季赛车场的事件——译者注。

② 布鲁纳，德军军官、纳粹党成员，死亡时间不详——译者注。

动组织。

西蒙娜有一个堂姐，由于特别仰慕一个在由老兵组成的“火十字战斗团”担任团长的洛克上校，于1940年11月加入了由J. 莱维成立的南方抵抗运动组织。不久，她被捕入狱，被送到位于德国境内的拉文斯布吕克妇女集中营。同样，1943年9月，丹尼斯在从童子军营地返家的途中也悄无声息地加入了这个抵抗运动组织，无疑这是听从了爸爸的建议。可是陪同丹尼斯的姐姐蜜露却没能迈出这一步，眼睁睁地看着妹妹消失在黑夜之中，这一走便是两年多的时间。至于西蒙娜，她一直待在家中，帮着妈妈做些家务，有时出去转转。

纳粹来到尼斯后，使雅各布一家的生活变得格外谨慎。西蒙娜的姐姐蜜露借宿在一位非常了解雅各布一家孩子情况的，名叫德孔布的老师家里，而西蒙娜也借宿在同楼与姐姐相隔几层楼的西米兹家中。该幢楼房位于尼斯城的富人区，对面是一片罗马式建筑的废墟。至于西蒙娜的哥哥让，他则躲到了父母朋友的家里。曾经教过蜜露和丹尼斯古典文学的老师维勒鲁瓦夫人回忆说：“我对雅各布一家的情况比较了解，雅各布夫人非常恐慌。有一天她问我‘您可以让西蒙娜住到您的家里吗？’我马上答应了她的请求。”①

就这样西蒙娜住到了法国元帅后裔维勒鲁瓦太太的家里。西蒙娜后来回忆说：“这一家人的同情与帮助对我来说非常珍

---

① 莫里斯·斯扎弗朗：《西蒙娜·韦伊 命运》，弗拉马里翁出版社1994年版。

贵，遗憾的是，在开学不到两个月的时间，我被迫辍学在家。”① 然而，这一年对于年轻的西蒙娜来说，是参加高中毕业会考的一年。这样，她只能一个人在家里备考。有几位夜以继日坚持在学校里复习功课的犹太籍同学则付出了生命的代价。

会考定于1944年3月举行，西蒙娜为这一天做着认真的准备，但是有时她也会走神：爸爸、妈妈、蜜露、让他们都怎么样了？丹尼斯在干什么？她现在何处？西蒙娜仅有的几次外出，就是到市立图书馆查阅资料。

1944年3月29日，西蒙娜用自己的真实名字参加了高中毕业会考。这是一种无意识行为吗？西蒙娜这样做的确是一种无意识。与参加考试的其他年轻女孩子一样，考试一结束，就开始幻想着战争结束后的幸福未来。她们在走廊里悄悄地议论着，德国的城防部队屡遭失败，盟军占领意大利后，很快就会挺进尼斯城，解放法兰西。

1944年3月30日，盟军的飞机开始轰炸德国的纽伦堡市，该城被视为颁布残害犹太人法律的罪恶之城。

可是，西蒙娜怎么会知道，1944年的3月30日，对她和她的家人来说，地狱般的生活才刚刚开始。

与哥哥阿让的诀别

在一条巷子里，两个男人在一名俄罗斯妓女的陪伴下，发出了淫荡的笑声。

---

① 西蒙娜·韦伊：《一生》，斯托克出版社2007年版。

就是在这条很普通的巷子里，西蒙娜的命运发生了根本性的改变。从这一刻起，她的生活发生了天翻地覆的变化。这两个人是盖世太保的警察，正在盘问路过此地的年轻人。西蒙娜停住了脚步，后背直冒冷汗，但她试图掩饰自己的恐惧。其中一位命令西蒙娜出示证件，西蒙娜马上将证件递了过去。

她打量了西蒙娜很长时间，然后眼睛落在了西蒙娜假身份证件上，并瞥了一眼面部表情十分僵硬的照片。在这个假身份证上，雅各布的姓氏被改写成雅基耶。那些由盖世太保警察们签发的假证件非常粗糙，警察的任何故意刁难都可以将很多像西蒙娜这样的女孩子送进集中营和死亡的坟地。

西蒙娜被带到了怡东大酒店，这是一个非常危险的地方。这幢酒店是盖世太保在此地的总部。西蒙娜担心她的家人，因为他们和她一样持有同样的假证件。和她一起被带到这里来的小伙子由于不是犹太人，很快就被释放了。他对这个小伙子说，希望他能够通知她的家人正面临着危险，却丝毫没有考虑到纳粹分子放走小伙子的目的是跟踪他的去向，以便抓到更多的犹太人。也许此时，西蒙娜又一次犯了不够谨慎的错误。但是，她顾不上这些。尽管恐慌，通知和保护家人是她最重要的事情。

如果说西蒙娜没有这么倒霉的命运的话，也许她的疏忽并不会造成可怕的后果。为了避免不幸的厄运，西蒙娜的家人已经散居他宅。那一天，她的家人决定大家见个面。然而，盖世太保却在这个小伙子无意的引导下，慢慢地靠近了抓捕的目标。那一天，家人的团聚是噩梦的开始。

全家人相聚的地方，选定在离古建筑遗址不远的西米兹家居住的那幢楼里。可以说，这是雅各布一家人唯一可以选择的场所，也可以说，这里也成了他们的殉难地。尽管孔德布夫人骗走了警察，但还是发生了一连串的事情：当伊万娜到达这里时，儿子让正在赶往这里的路上。在盖世太保前来搜查的时候，蜜露被孔德布夫人藏了起来。可当德国警察发现被骗以后，再次返回的时候，蜜露被发现了。

"当我看到他们被带到怡东酒店时，我即刻感到有一张罗网始终飘浮在我们的头上。同时我还意识到，我们大家的命运发生了悲剧性的变化。"① 今天当西蒙娜讲述这段经历时，当时的场景依然历历在目。

在盖世太保总部的生活条件并非是不人道的。大约在一个星期以后，全家人离开了怡东酒店，踏上了死亡之路。1944 年 4 月 7 日，西蒙娜、让、蜜露和妈妈登上了开往德朗西集中营的列车。但是，他们的父亲在哪？没有人知道。西蒙娜将见不到他的父亲了，直到今天她仍然不知道父亲的下落。

这是西蒙娜年轻的生命首次感受到突如其来的撕心裂肺。站在德朗西集中营铁丝网的后面，西蒙娜在想什么？她希望见到爸爸吗？见不到爸爸是不是意味着他也被捕了？她心中仍然珍藏着一个幼稚的希望，希望爸爸能够逃脱盖世太保的魔爪，在抵抗组织中找到她亲爱的姐姐丹尼斯。

战后，西蒙娜才知道，就在他们被捕后不久，她的爸爸在尼斯也遭遇了同样的命运。就在他们离开德朗西集中营后的数

① 西蒙娜·韦伊：《一生》，斯托克出版社 2007 年版。

日，她的爸爸也被押送到了这里。

当西蒙娜谈到位于巴黎东北部，于 1941 年修建的集中营时，不无感慨地说："集中营里的生活，从精神上说是令人恐惧的，从物资上说是异常艰苦的。"[①] 这里是纳粹杀戮犹太人的候刑地。伊万娜、蜜露和西蒙娜被安置在一座木棚三楼的牢房内，距 18 号楼梯口不远。

日子一天天过去，囚犯们的焦虑也与日俱增。我们会怎样？盟军是不是很快就能打进法国来解救我们？没有一个人知道或者听说过奥斯威辛集中营。是的，大家都没有听说过。雅各布一家很担心被遣送到德国，在工厂或农村做苦役，当牛做马。

可以看出，德国纳粹已孤注一掷，试图在东西欧用尸体来建造他们千年梦想的坟墓。

在他们仍占领的土地上，纳粹的恐慌也在快速增加。至此，犹太人则成了他们罪恶的牺牲品。

有一天，让听到了一个消息：所有 16 岁以上的男人都可以暂时留在德朗西集中营，然后被押解到法国境内的某个地方，在德国的托德公司当劳工，为德国纳粹在海防线上修筑防御工事，以阻止盟军登陆。西蒙娜、蜜露和妈妈都劝说让抓住这个"机会"。毫无疑问，这一家人很快就要分开了，但是值得安慰的是，让还能留在法国。她们在想：待战争结束时，大家还可以重逢，让能够在尼斯我们曾放弃的房子里欢迎我们回来。

可是，让却不愿意和家人分开，必须用全家人的信念来说

---

① 西蒙娜·韦伊：《一生》，斯托克出版社 2007 年版。

服他抓住机遇。

大家的泪水交融在一起：一想起让也许会踏上一条不归路，儿子的眼泪、兄妹的眼泪以及妈妈的眼泪流淌在了一起。在丹尼斯出走后，西蒙娜又一次面对自己的亲人将去一个无名的地方这个事实，更是泪流满面。西蒙娜非常后悔地说："直到今天，我还非常清晰地记得看让的最后几眼，和让说的最后几句告别的话。我仍然能够记得，为了劝说让不要跟我们走，我们娘仨所费尽的口舌。但当我知道我们的劝说与其说是让他逃命，还不如说给他送上了死亡之路后，我有一种难以形容的揪心之痛。"[①]

在她们到达德朗西集中营的第 6 天，也就是 1944 年 4 月 13 日，当第一缕阳光升起的时候，西蒙娜、蜜露和她们的妈妈伊万娜就被一辆汽车载到了博比尼火车站。在那里几节拉牲畜的车厢将把她们送往死亡之地：波兰。西蒙娜说："我们当时都感受到了一种不可能返回的危险，但是同时每个人都有一种强烈的愿望，就是不管怎么说，我们离开了这里……我们奔向东方。"[②] 她们这趟火车押送了约 1480 人，其中约 300 名不满 19 岁的孩子，包括 K. 巴尔比[③]押送的那些被关在伊佐集中营的孩子。

让在德朗西集中营留了下来。在那里他很高兴碰见了父亲

① 西蒙娜·韦伊：《一生》，斯托克出版社 2007 年版。
② 《论战》1997 年 11 月 2 日。
③ 巴尔比，生于德国，死于法国，是纳粹警察在法国里昂地区的头目，战后被判犯有反人类罪入狱——译者注。

安德烈。他详细地向爸爸诉说了妈妈、蜜露和西蒙娜的遭遇与去向，同时还向父亲表达了他打算留在法兰西，在托德当劳工的意愿。父亲也决定和儿子待在一起。由于父子俩又一次错误地对德国纳粹抱有幻想，于1944年5月15日登上了第73次死亡列车。战后，被押送在第73次列车上的劳工人员的亲友们组成了一个联合会，该联合会的创始人M. 埃克①夫人说："很多人都本能地登上了这趟列车，其中还有很多青少年谎报了自己的年龄，为了得到这份当时以为可以留在法国工作的机会。在车上，他们唱着歌'我们将要出发去做一次美好的旅行'"② ……从1945年这场惨剧中存活下来的只有22人，有一位幸存者回忆说："我们在火车上被关了整整三天，没有下车。"③这个人叫H. 扎登外吉尔，1927年出生，当时的年龄约在17～18岁之间，与西蒙娜的年龄相仿，西蒙娜多么希望这个人就是自己的哥哥让·雅各布。

这趟载有878个男人的火车并没有开往法国的海岸防线，而是将他们拉到了立陶宛的中部——考纳斯地区。德国纳粹由于担心苏联红军在1944年7月解放立陶宛，所以运来了大批的"囚犯"，在公用墓穴里焚烧尸体以毁灭他们惨无人道的罪孽。让和安德烈是死在了9号要塞，即德国纳粹部分废弃的死亡集中营，还是死在了爱沙尼亚首都塔林郊区森林中的监狱里，至

---

① 埃克夫人为纪念被德国纳粹押上第73次列车的劳工，战后她提议成立了一个由这些劳工的家人和朋友组成的联合会。埃克夫人的父亲就是这些劳工中的一员，死在了纳粹集中营——译者注。

②③ 《解放报》2009年7月29日。

今无人知晓。

今天我们只能在9号要塞的一堵墙壁上，看到其中一位不幸者充满绝望的篆刻文字，上面写着这样一句话："我们这里一共有900名法国人……"这组文字足以证明这些从德朗西集中营被押送到立陶宛的劳工们所遭遇的悲惨命运。

很长时间，西蒙娜都不知道父亲和哥哥的情况。1997年，在一次电视节目中，西蒙娜道出了自己的心里话："在我经历过磨难之后，直到1945年夏天，我仍然坚信我会有机会再次与他们相逢。"①

2010年6月，鉴于西蒙娜的健康原因，她没能够前往他父亲和哥哥被杀害的地方去寄托对亲人的哀思。

我的囚号78651

一个月后，确切地说是1944年4月15日，通往人间地狱吱嘎作响的车厢大门在奥斯威辛车站打开了。与冬季相比，虽然押送的过程还不像想象的那么可怕。但是一到这里，被押送到这里的人就感受到了难以形容的恐惧。

令人眼花缭乱的车灯，狼犬的嘶叫，还有纳粹分子命令犹太人下车的让人毛骨悚然的叫喊声，让这些瘦骨嶙峋的被押者从对过去的回忆和对一上车就开始觉得生命几乎完结的担忧中惊醒了过来。

1944年5月，在波兰的领土上，纳粹就是死亡机器的代名

① 《论战》1997年11月2日。

词。所以，在波兰语中，奥斯威辛被称为奥斯墓地。当波兰被第三帝国占领后，一直遭受着德国统治波兰的大刽子手 H. 弗兰克[①]的践踏。

奥斯威辛-比尔克诺包括三个集中营：奥斯威辛 1 号集中营是最大的集中营；奥斯威辛 2 号集中营是 1941 年 10 月修建的，位于比尔克诺镇，这是一个真正的死亡之地，在这里德国纳粹杀害了 100 多万犹太人和吉卜赛人；奥斯威辛 3 号集中营实际上是一座 1942 年 5 月 31 日开工的，地处莫诺威兹镇的强迫劳工为德国纳粹出苦力的工厂，该工厂主要为德国的一家化工厂生产原料。

集中营的组织与领导全部由纳粹党卫军监管，纳粹党卫军的头目 R. 荷斯[②]委派 H. 希莱姆在这里担任指挥官。

起初奥斯威辛集中营只是一个关押众多波兰军队战俘的战俘营，后来开始拘押一些反对第三帝国的各类所谓的“敌人”：如政治犯、妓女、残疾人、同性恋。从 1941 年 6 月开始也关押一部分苏军战俘与耶和华的见证人，还有生活在德国的吉卜赛人和犹太人，后来包括抓到的所有国家的吉卜赛人和犹太人。从 1942 年 1 月以后，特别是在希特勒的提议下，在柏林召开的最终处决犹太人问题的会议后，形成了一个巨大的灭绝犹太人的网络体系，奥斯威辛便是其中的一个。由于奥斯威辛与铁路

---

① 弗兰克，纳粹党成员，曾任第三帝国部长，德国驻波兰总督，人送绰号“杀人不眨眼的大刽子手”。1946 年被判有战争罪和反人类罪，于 1946 年 10 月 16 日在纽伦堡被判死刑并处决——译者注。

② 荷斯，党卫军主要头目之一，1947 年在奥斯威辛被处决——译者注。

相连，所以这里成为灭绝欧洲犹太人最多的一个集中营。

当火车抵达死亡之地后，车厢的大门开始向地狱敞开。各类犹太人要么被即刻送到了煤气房（就像1944年大部分身居匈牙利的犹太人一样），要么被押送到像一口巨型棺材的板房里，等候着死亡的来临。在这里，杀人的手段五花八门：苦役累死或者在“死亡天使”门格勒医生的安排下，躺在活体解剖的实验室里丧命。

这就是1944年4月某个夜晚等待西蒙娜、蜜露及她们的母亲来生活的地方。之所以说这对她们的打击如此的残酷，那是因为在此之前，她们谁都没有见过死人。

实际上，在押解的过程中没有一个人死去。如果这要是在严冬酷暑期间，将她们押来送去的话，肯定会死人的。还有值得庆幸的是，押送她们的周期非常短，所以没有死人。

西蒙娜首先看到的是一些衣衫褴褛的人走到了她们的跟前，让她们下车。西蒙娜在想：大家都会变成这个样子吗？没有时间提出这样的问题，因为对她来说，首要的问题就是要尽快习惯这不可想象的、令人非常畏惧的生存环境。

不一会儿，不知道从这些“囚犯”的人群中什么地方传出了一个声音，在问西蒙娜的年龄。她觉得自从登上了这趟火车，她就成为一个被关押在集中营里的“囚犯”，并且，这将是她一生永远带着的称呼，怎么会有人问到她的年龄呢。

就在她正准备回答说她仅有16岁半时，有人对她低语：

"你一定要说你已经18岁了。"[①] 这句话等于救了西蒙娜的命，因为据数字表明[②]，78.5%的法籍犹太人和数千名欧洲年轻姑娘们，当他们一抵达这里，死神就夺走了她们的生命。而对西蒙娜来说，死亡的翅膀只是轻抚了一下她的脊柱。当纳粹党卫军给她们提供一点方便，略显宽容时，她们犹如在法国不相信法国当局那样，绝不相信纳粹党卫军的任何恩赐。

这种疑虑又一次地保住了她们的性命。西蒙娜马上想起了《一千零一夜》故事中的一句谚语："死神今天忘记了你，但是明天就不一定会忘记你。"这就是集中营生命存在的原则。即使你下了地狱，死神也有可能仅在瞬间忘记了你。

我们还是回过头来看看在1944年4月15日夜晚发生的事情吧。第一班驶向远方的列车，把西蒙娜她们带到了一个极为残酷的现实生活中。面对这样的现实，她们不明白，她们也不愿意相信眼前所看到的一切。"我们用了两天的时间，甚至更多的时间，才相信这一切是真的。"[③] 西蒙娜和她的家人被带进了一间木板房里，只能见到浓浓的黑烟升入波兰的天空。她们和其他人挤在一起，听集中营管理其他囚犯的囚犯头在大声地宣讲着集中营里的戒规戒律。这些女囚头也是被集中营关押的囚犯，为了活命才当上了管理其他人员的小头目。西蒙娜她们的恐惧感不断增加：她们害怕那些素不相识的人；她们十分恐慌，

---

① 西蒙娜·韦伊：《一生》，斯托克出版社2007年版。

② 赫尔曼·朗根拜恩：《奥斯威辛集中营里的男人与女人》，法亚德出版社1998年版。

③ 《论战》1997年11月2日。

不知道一起下车的另一些人的去向以及能否再见到他们；她们惊慌地看到人们抢走了他们随身带来的东西；他们更恐惧死亡的来临。最初，西蒙娜和挤在这间板房中的其他人都不知道她们应该活下来，去战胜一个又一个恐惧。

接下来的事情就是诋毁人格地、反人类地给每一个被关押者在胳膊上烙下侮辱性的“囚犯”编号。

在敌人的眼中，西蒙娜只不过就是一组数字：78651。这是一个写在账本中的，每星期 A. 埃斯曼①都要过目的数字而已。西蒙娜在 2005 年重返奥斯威辛集中营的时候，很有感触地说：“他们摧残我们的身体还不够，还必须让我们失去灵魂，失去意识，失去人格。在我们到达这里后，通过在我们的胳膊上烙上数字来达到他们让我们失去个人身份的目的，我们只是一种产品、一个物件。”

对于像雅各布一家尚在一起的人来说，在集中营里，人们会更深刻地理解家庭的重要意义。我们在黑暗中传递着友情，如果有人叫你的名字，这简直是一种莫大的幸福。如果你用小名或者用昵称叫你的亲人，或者他们这样称呼你都是人生最大的幸福。

在精神上的摧残之后，便是躯体上的侮辱，就是对你人性的彻底摧毁。在纳粹党卫军的监视下，对这些赤身裸体的女人进行消毒、冲洗并投以污秽的语言，原因就是她们是犹太人。

---

① 埃斯曼，二战战犯、德军高级军官。大战期间专门负责屠杀犹太人的刽子手。战后逃过处罚，1960 年在阿根廷被捕。1961 年在耶路撒冷受审，然后被处决——译者注。

在冲洗过程中，洒落在身上的凉水倒算不了什么，最令人感到耻辱的是刽子手们的奸淫，还有西蒙娜或者蜜露看到妈妈所表现出来的羞辱。“这太痛苦了……我很年轻、健康，留着棕色的头发；肌肉很有弹性……从那以后我再也无法忍受身体之间的相互挤撞。”①

马塞利娜是西蒙娜最要好的朋友，她回忆说：“西蒙娜比我高很多，我个子很小。还有就是她长得很漂亮，她不仅面容上很好看，身材也很苗条。我们总是赤身裸体地相遇。她的身材让我着迷。大多数人的身体都被搞得瘦骨嶙峋，不堪入目，而她的身体始终年轻，很有生命的活力。”②

据1944年2月也被关押在奥斯威辛集中营的P. 勒维先生说：“凡是能够适应这里一切的人，都能够活下来。但是大多数人是做不到的，因此也就都故去了。”③ 对西蒙娜来说，她姐姐和妈妈自那时起，就开始了另一种生活方式，即经常的点名，接受强负荷的劳动，为生存而拼命。“尽管我们的身体被劳役和差事折磨得不成样子，但是仍然保留着最后的一丝热情：团结互助，尽力捍卫人的尊严。”④ 伊万娜、蜜露和西蒙娜决定不惜一切代价要待在一起，留在奥斯威辛第2号集中营。这是一个位于别克诺被夷为平地的小村庄，距1号集中营仅有3公里的

① 西蒙娜·韦伊：《一生》，斯托克出版社2007年版。

② 马塞利娜·洛里丹-伊文思：《我跌宕起伏的人生》，罗贝尔·拉丰出版社2008年版。

③ 普里莫·勒维：《对话》，1984年。

④ 《奥斯威辛集中营纪念册》，Al /但丁出版社，纪念犹太人惨遭大屠杀基金会，2005年。

路程，并且是专门关押妇女的集中营。

也正是在这里矗立着几座大型的焚尸炉，这些死亡机器以成百上千的数字贪婪地吞噬犹太人和吉卜赛人的生命。这里还有数间毒气室，以及帮着德国纳粹驱赶“囚犯”走进地狱的囚犯，这些囚犯最终也是同样的命运。别克诺同时还是一个强迫“囚犯”从事苦役劳作的工厂。在这里，犹太人和其他人员一直到死亡的那一天都在被迫承受各种不同的苦役，有时在厂区内，有时到厂区外。西蒙娜被派去做挖坑填土的劳役。

当火车抵达奥斯威辛车站后，这些“囚犯”被赶下专门用来拉运牲畜的车厢。然后，步行约 1 公里的路程，才能到达别克诺集中营，即他们的坟墓。由于纳粹党卫军计划将铁路一直延伸到毒气室，所以动用了很多劳工参与铁路的修建工程。西蒙娜就被安排在修建这段延长铁路的工地上干活。

1944 年春末，德国纳粹有一个非常明确的目标，就是灭绝居住在匈牙利的犹太人。

自 1944 年，第三帝国在解除了由 M. 霍尔蒂领导的匈牙利政府以后，成为匈牙利绝对的主人。德国纳粹决心在匈牙利彻底灭绝犹太人族群，便开始将大批的犹太人遣送到死亡集中营。在短短的 56 天里（1944 年 5 月 15 日至 7 月 6 日），有将近 44 万名犹太人被杀害。他们主要是在奥斯威辛集中营惨遭杀戮。可以说这段时间，奥斯威辛这部杀人的机器是满负荷运行的。有很多“囚犯”，像西蒙娜一样，由于她们住的板房就在毒气室的旁边，亲眼看到了多节车厢直接开进了毒气室，把大批的犹太人送上了不归路。西蒙娜回忆说：“我惊恐地看到了那些扭曲变形的面孔，看到有的妇女怀里抱着婴儿，手上拉着稍大一点的孩子，还看到一些人根本就不知道自己会有如此的命运而走向毒气室。我能很清楚地辨认出老人面带疑虑的微笑和徒劳无用的、想继续生存下去的决心。我们每个作为当时没有权利说话的证人，完全能够从他们的面容上看出他们的惊愕、无辜和难以理解的表情。他们脸上所呈现的各种情感，令我欲哭无泪。尽管我们在铁丝网的另一侧，离他们很近，却爱莫能助，我们已经为他们哭干了眼泪。”①

随之而来的，便是让人感受到这里有一种衰亡的、世界末日即将到来的、阴森恐怖的味道。“在奥斯威辛的空气中，确实弥漫着一种让人难以忍受的气味。特别是从焚尸炉里泄露出来的头发被烧焦的气味。当他们被焚烧时，集中营里是死一般的寂静。没有人敢出去，也没有人敢说话。这些临时搭建的板房紧锁着大门。有一天，我出去上厕所，我见到整个天空被映得通红。”② 一位在1944年被关押在奥斯威辛集中营里，有幸生存下来的波兰女士回忆说。

面对着向人类理性不断挑战的非人道的野蛮行径，如何才能做到不丧失人类的理智、不丢弃宗教的信仰呢？

然而，这些年轻的姑娘仍然保留着一丝天真，即带着青春的记忆和少年的愿望，带着对爱的憧憬离开这里，逃出魔爪。应该说是长辈们告诉这些很快就长大成人的年轻姑娘，爱是非

① 普里莫·勒维：《对话》，1984年。
② 《解放报》1995年1月25日。

常简单、非常温馨的。然而，对于这些她们根本就没有感受过。

在这些“囚犯”闲聊中，就连平日里最腼腆的人，都会不时地举头望着星空，或者偶尔不经意地扑哧一笑。这些动作与表情都暗示着这里生存的痛苦，同时也隐藏着对未来的希望，以及支撑她们每天面对艰苦生存条件的勇气。

有时，她们的聊天会突然间停下来。这种瞬间的宁静在难友之间形成了一种比度过每一天所需要的顽强精神更坚毅的钢铁意志。

那些年长的，就像西蒙娜的母亲伊万娜一样年龄的人，对青少年表现出了莫大的关爱与慈祥。她们安慰着晚辈，使后者之间建立了真正的友情。西蒙娜说：“我妈妈几乎成了所有女孩的母亲。”① 马塞利娜也回忆说：“这些女孩子形成了一个整体，对我来说，她们体现了法国教育的精髓，这就是法国的文明和尊严。”②

在这里，西蒙娜还结识了两个女孩，第一个就是她“永生的朋友”马赛利娜·洛里丹-伊文思小姐。马塞利娜和西蒙娜几乎是同一时间被带到集中营的，她是1928年5月19日出生的，父母都是波兰犹太人，全家于1919年迁居法国。当她在法国南部沃克吕兹省投奔抵抗运动组织时，与父亲一起被捕，并于1944年4月13日被囚禁。第二个女孩名叫吉内特，生于1927年，与西蒙娜同龄。“她来自于另外一个社会阶层，她在巴黎郊

① 《她》第3226期，2007年10月29日。

② 塞利娜·洛里丹-伊文思：《我跌宕起伏的人生》，罗贝尔·拉丰出版社2008年版。

区以卖小玩意为生。”西蒙娜回忆说。只要是劳动允许，这三个姑娘就总是形影不离。同样，在集中营，法国人与法国人之间、法国人与讲法语的人之间都形成了一个整体。

在奥斯威辛集中营生与死只是一念之差。只是一部分人还活着，而另一部分人已经被处死或被累死。在集中营里，你看到同一间板房里的难友消失了，这是一件非常普通的事情。马塞利娜说：“‘她呢？哦，她被送进了毒气室。’然后你就开始谈论其他事情了。这就是我们日常的生活。”① 有一些人还期待着宗教的福音，可是西蒙娜不是这样。在这所人间地狱中，她巧用一些策略以得到更多一点的汤喝，和马塞利娜一同逃避某些强制性的活计，避开纳粹党卫军的警觉。“在集中营里，使我们大家紧紧地团结在一起的，毫无疑问，就是我们集体逃出地狱的抵抗精神。”②这两个年轻人就像亲姊妹一样，马塞利娜喜欢给西蒙娜讲一些滑稽可笑的故事。在奥斯威辛我们冒险“逃课”时，一个人为另一个人执勤望哨。“当时，我们总在一起，每天至少有 12 个小时待在一起。我们遭受着相同的苦难。”③马塞利娜接着说。

尽管集中营的惩罚不一样，但是，这种“逃课”现象时有发生。逃课就是指躲藏，逃避杂役或者磨洋工。当她们被派去搬运沉重的石头时，她们用唱歌的方式挑战纳粹的权威。这是一种无意的举动，还是她们内心反抗的表白？也许二者皆有。

---

①②③ 塞利娜·洛里丹-伊文思：《我跌宕起伏的人生》，罗贝尔·拉丰出版社 2008 年版。

然而，那些年长者既担心她们受到处罚，又用满含羡慕的目光试图阻止她们。

在西蒙娜和马塞利娜的目光以及言谈中，仍保留着一丝幸福。这种幸福对一些人来说，就是希望。对另一些已经被恶魔吞噬生命的人来说，这种幸福就是一种奢望。

纳粹走狗斯特尼娅

“在我们当中也确实有一些人，凭借着刽子手们瞬间的怜悯与宽容暂时摆脱了恶魔的蹂躏。如那些替纳粹党卫军监管我们的汉奸，她们大多都是波兰籍的囚犯，像斯特尼娅，我们通常把她称为‘走狗’。”西蒙娜肯定地说，“这个人以前是一个妓女，她 1917 年 5 月 1 日出生于波兰的塔尔努夫省，曾做过图书的生意。由于她是波兰抵抗运动组织的成员，于 1940 年 1 月被捕，被判死刑，后经减刑改为终身监禁。所以她被囚禁在奥斯威辛集中营，她的监号是 6865。大家把德国纳粹的辅助监管人员统称为‘走狗’，但是他们不是正规的监管人员。鉴于斯特尼娅懂德语，后来就承担了集中营的翻译工作。她可以在铁丝网的另一侧，即集中营的压迫者和刽子手们居住的地方自由出入。难道她是为了活命而成了恶魔的同谋？也许是这样。不管怎么说，探子的任务就是负责监管多个监所。特别是监控奥斯威辛集中营的第 5 号监区。那里关押了 3400 多人，然而当初设计关押的人数仅为 1000 人。由于她在 1943 年 7 月得了伤寒病，竟成了别克诺关押妇女监狱的三个头头之一。”

在集中营，如果能当一个理发师，给纳粹党卫军和被羁押人员剃光头，用面带苦涩的微笑来展示自己舞姿以博得刽子手们的欢心，这些都可以赎回你的性命。但是，如果你的表情令某些看守不悦，便足以让你命丧黄泉。这就是在这个没有法律的地狱里，生命能够生存的法则。走狗们就是一个很有说服力的例证。玛丽亚·西努斯卡是一个波兰籍女孩，1944 年她仅仅 23 岁，她回忆说："在集中营，这帮走狗被看成是能把她手下监管的犯人折磨致死的行家里手。"玛丽亚列举了这帮走狗们强迫"囚犯们"去做各种不同苦役的事实。她接着说："由于她们不喜欢病人和老年人，所以将他们都处决了……这帮人是我们人类的魔鬼。"① 西蒙娜也有过这样的经历。有一天，狗腿子斯特尼娅叫西蒙娜过去。西蒙娜满怀恐慌的心情走了过去。因为西蒙娜清楚，这个女人掌握着每名"囚犯"的生死大权，她对西蒙娜说："你长得太漂亮了，不能死在这里。我给你派到别的地方去做事。"

在集中营里，成百上千，甚至有几百万人都期待着可望而不可即的福音，那就是能够保住你性命的机会。而此时，有了拯救自己命运的机会，这是走出地狱、重获新生的机会。但是，西蒙娜不希望独自一人逃出魔掌，她所希望的是，她的姐姐和妈妈能够与她同享这样的命运。也许她的妈妈和姐姐不会嫉妒她的福气，甚至会鼓励她，像当初她们鼓励她哥哥那样：在不知道这是一场骗局的情况下，选择留在法国为托德干苦力，来

---

① 《战争罪审判》，第二卷，贝尔森审判，《对约瑟夫·克莱默及其他四十四名纳粹战犯的审判》，雷蒙·菲利普出版社 1949 年版。

鼓励西蒙娜抓住这次难得的机遇。

在那个时候，在这个每一个人都非常自私地寻求自我保护的纳粹集中营里（尽管这种行为有些过于自私，但是谁又能对这种做法提出指责呢?），充分展现出了女人的天性，即不管在意识形态方面还是在政治方面所产生的影响如何，女人的一生始终都在寻求为他人的幸福提供机会，为他人受益而牺牲自己。

她坚定地说："好的，但是，在这里我还有妈妈和一个姐姐。如果她们不能和我在一起，我就不去。"

面对魔鬼，西蒙娜毫无顾忌为他人着想的回答，本来会招致威胁其生命的粗暴反应。然而，西蒙娜的果敢使这位女监管觉得她的要求很合情理。

"好吧，她们可以和你一起走。"①

"好像是我的年轻和活着的愿望保驾了我们。"② 西蒙娜说。就是这样，蜜露、西蒙娜还有她们的妈妈被派到一个监管略松、劳动不很繁重的监区。在这种生存的环境下，艰苦的程度和所承受的痛苦都只能是因人而异。马塞利娜回忆说："我感到，她的走对她来说，就是一种逃生的机会。"③ 刽子手们的恩赐与宽容表现在：就是强制性的劳动，而不是让你累死。后来西蒙娜为此变故思考了好几个问题：为什么选择了我？为什么满足了我的要求而没有向我提出任何问题？有时，刽子手们的善意，

---

① 西蒙娜·韦伊：《一生》，斯托克出版社 2007 年版。
② 《她》第 3226 期，2007 年 10 月 29 日。
③ 马塞利娜·洛里丹-伊文思：《我跌宕起伏的人生》，罗贝尔·拉丰出版社 2008 年版。

或者伪装出来的善意非常难以捉摸，即使有人证明“囚犯”通过送给这帮败类衣物与食品来求得他们的施舍，这既不能让人饶恕他们的罪孽，也不能减轻他们的罪恶。尽管他们瞬间的怜悯，在屠杀了数百人中偶尔放过一条性命，但是这些都无法掩饰纳粹党卫军的罪恶行径。

是的，任何东西都不能说明这不是一个具体的行为，不是一种人的态度、一个反思，这些使他们还记得他们首先是个人，而不是怪物。在他们成为杀人机器之前，至少还有一颗跳动的心脏。如果没有这个举动的话，也许西蒙娜今天就不会活着。但是，这样一个事实是千真万确的：西蒙娜的母亲伊万娜已经引起了死亡医生芒热勒的兴趣，是他暂时救了伊万娜的生命。

1944 年 7 月，雅各布一家母女被遣送到了距奥斯威辛集中营约有 4 公里远的一个规模很小的集中营，为博莱克地区的西门子公司做苦役。

像许多大型公司，如法宾和蒂森公司一样，西门子公司也完全卷入了这场由德国挑起的战争。它在博莱克建有自己的冶金厂，强迫大量的集中营“囚犯”为其劳役，有的甚至被活活累死。博莱克冶金厂从 1944 年 7 月投产到 1945 年 1 月间，就有 213 名男劳力和不到 40 名女劳工，这其中就有西蒙娜、蜜露和她们的母亲伊万娜。两姊妹的主要任务就是挖土、刨石头、砌墙。

这里的生活条件比奥斯威辛略好一点，因为西门子公司需要壮劳力来保障工厂的运转。尽管这三位母女只能睡在机械设备的上方，但是毕竟她们每日都可以相依为命。由于这里的劳动条件较好，比较清静，特别是还有短暂的休息时间，身体衰弱得不会那么快，因此也成为很多“囚犯”非常向往的地方。甚至有的“囚犯”把这里戏称为“疗养院”，就像冥河上的一座保护岛，每天都能抵住死亡的呼唤。

除此之外，这里还能够得到德国犹太厨师的恩赐：他每天做的汤都含有一点热量。1944 年 7 月 13 日，西蒙娜庆祝了自己 17 岁的生日，那一天，她得到了她一生中最珍贵的礼物：一碗汤。

尽管这里的生存条件稍好一些，但是也没能阻止西蒙娜母亲身体的每况愈下。还有一次，一个纳粹党卫军成员在巡查的时候，发现她母亲病重，本来可以直接送往死亡墓地，但是这位党卫军短瞬间的人性良知从必死无疑的条例中放过了西蒙娜的母亲。伴随着秋、冬天的到来，这里的气温急剧下降，这是她们 4 月份被遣送到集中营后所没有经历过的低温气候。除了天气之外，苏联红军越来越靠近她们被关押的集中营，这使她们既感到害怕，又感到了希望：害怕纳粹对这里被关押的人员实行更为残酷的镇压，而希望则是不久将获得解放与自由。1944 年 7 月 18 日，苏联红军已经打进了波兰。然而，就在 10 月 7 日，被特派支队[①]关押的“囚犯”们暴动未果，全部被纳粹杀害。还有一件事情，那就是对西蒙娜和姐姐蜜露来说，最重要的就是要尽可能地保护好她们的母亲。因为她们坚信不疑：

① 特派支队是纳粹党卫军专门关押待处决的犹太人和用来处理囚犯尸体的部队——译者注。

苦难即将过去。

1945年1月18日清晨，博莱克集中营开始了一阵阵的骚动。因为就在头一天的夜里，朱可夫元帅指挥的军队已经攻下了波兰首都华沙。应该尽快地逃离集中营，因为谁都知道，在这种情况下纳粹党卫军是不会自己撤退的。的确，在这个令人惊慌的、哀乐奏响的时刻，他们必然会把被关押的人员当做人质，押解着“囚犯”一同撤退。

成千上万的犹太人，当他们面对死亡的时候，却感觉到了获释的脚步离他们很近。然而，他们哪里知道，他们还要面对更危险的考验：恐怖的大逃离，即已经陷入绝境的党卫军押解着近4万余名“囚犯”在死亡的路上逃离。西蒙娜、蜜露和伊万娜也行进在毫无目标的逃离队伍中，任何一个体力不支，使逃离速度减慢的人都会被纳粹就地处决。“这时需要的是勇气，自私地说，不要想着去救别人。要保存好自己身上携带的食品和衣物，不能让别人从你身上抢走。”① 后来西蒙娜坦然地说。

当最后一批纳粹分子在奥斯威辛-别克诺集中营炸毁4个不同的焚尸炉，也就是毁掉他们野蛮疯狂的杀人证据时，西蒙娜跟随着队伍行走在气温零下30度的冰天雪地的逃亡路上。这条路上不仅覆盖着白雪，还布满了纳粹令人发指的罪恶和无辜人流淌的鲜血。

除了身体上的疲惫外，还伴有心理上的绝望。因为逃离时间越久，她们就感到离拯救她们的人、结束她们噩梦的人越远。

---

① 莫里斯·斯扎弗朗：《西蒙娜·韦伊 命运》，弗拉马里翁出版社1994年版。

因此可以说，噩梦远没有结束。

当西蒙娜和家人抵达距奥斯威辛70公里，位于波兰南部，与前捷克斯洛伐克接壤的格莱维茨集中营时，她们顿时感受到了一种难以描述的混乱。

除了混乱和食物的短缺之外，这里对女性的野蛮奸淫十分猖獗，所以担心和恐惧时时都在袭扰着年轻的姑娘。“我们扪心自问，我们是不是都会被他们杀掉。在这个令人惊恐不安的、男女混杂在一起的集中营里，大家都在等待着自己未来的命运。”[①] 在这里，西蒙娜亲眼目睹了许多挑战人性的无可名状的事实。

在这个被德国占领、满目疮痍的欧洲，格莱维茨只是走出集中营恐怖的一个小小的中转站。这个已有千年历史的第三帝国每天都面临着随时崩溃的危险。西蒙娜和他的家人，又一次与其他犯人被逼上了最后一趟西行的火车。这对一部分人来说，是躲避历史的审判，而对另一部分人而言，则是自由的降临。这列火车不是载运牲畜的闷罐车，而是极为普通的通长板车。在它所穿越的每一块土地上，都能让人看到德国纳粹惨无人道的罪恶嘴脸。这类板车也方便了布拉格人向她们投掷面包，同时也使这些活着的人，在1945年冬天，去接受严峻气候条件的考验。

火车第一次停在了奥地利毛特豪森死亡集中营，但是此地甚小，人多欲炸。因此，稍作休息，纳粹分子便即刻将这批人

① 西蒙娜·韦伊：《一生》，斯托克出版社2007年版。

员押解到了多拉集中营。这是布痕瓦尔德集中营的一个分部。在这里"囚犯"们变成了奴隶，累死累活地为德军生产著名的V2导弹。

"该集中营大约是在1945年4月11日获得解放，而我们到达该营地的时间是那一年的1月末。两天后，雅各布一家继续上路，终于抵达目的地：贝尔根-贝尔森集中营。"

最后的悲剧

贝尔根-贝尔森集中营是凶残没落制度的死亡之地，它位于德国的北部，距汉诺威仅有几公里的距离。这些被迫与德国纳粹一同逃离的女人们，1945年1月18日从奥斯威辛集中营出发，到达贝尔根-贝尔森集中营已经是1945年1月30日。这个集中营过去专门是用来羁押苏军战俘的，而不是一个灭绝集中营。但是后来开始接收一些从中立国家抓捕的犹太人，如希腊、土耳其等国。这里还特别关押一些1944年7月从德朗西遣送过来的法国女战俘，还有一些像C. 若尔德里和A. 马尔鲁等很著名的法国抵抗组织成员。前者2月9日在贝尔根-贝尔森集中营被害，后者于4月10日也在此地惨遭杀戮。他们两位分别于1936年法国"民阵"选举时被选为罗纳省和塔恩省议员。1940年7月，他们投了反对贝当拥有一切"权利"的反对票，在被盖世太保抓捕之前，他们就已经参加了抵抗运动组织。但是，就在战争即将结束的时候，德国纳粹在此聚集了从另一个集中营押解过来的、幸免于难的犹太人和吉卜赛人来接受最后的杀戮。

像西蒙娜一样，很多"女囚"每天都看到了匈牙利犹太人遭受灭绝性的杀害，目睹了运来整车整车的“男囚”和“女犯”。在她们中间，有一位少女的双眼落在了一位刚从奥斯威辛来到这里的、芳龄17岁的年轻姑娘身上。这位姑娘和这位少女一样，都经历了九死一生的磨难，终于活到了今天。

这名看着西蒙娜走下火车、在姐姐蜜露的陪伴下沿着集中营的小路大步行进的少女就是安娜·弗兰克，她也是和她的姐姐玛戈一起被带到这里的。

很显然，我们怎么能不将她们两个人的相似经历作比较？弗兰克姐妹两人也是在妈妈埃迪特的陪伴下，于1944年9月被押送到奥斯威辛的（西蒙娜、姐姐蜜露以及她们的妈妈那时已经在奥斯威辛了）。玛戈生于1926年，安娜生于1929年（蜜露生于1923年，西蒙娜生于1927年）。同很多关在死亡集中营里的孩子一样，弗兰克姐妹仍属青少年。安娜的爸爸和西蒙娜的爸爸一样，也是一位爱国人士，在一战中为帝国效力。在被押送到奥斯威辛集中营之前，曾在军队任军官。

安娜和玛戈是在1944年10月28日离开奥斯威辛集中营的。在逃亡的路上妈妈由于体力不支，后来极度衰竭，于1945年1月6日累死在半路上。

相形之下，我们无法估计一名刽子手的恩善举动对西蒙娜妈妈的生命是何等重要。弗兰克姐妹两人是1944年11月初被押送到贝尔根-贝尔森集中营的。

如果说，每一个故事都是唯一的，那么，西蒙娜和安娜的人生经历却有很多相似的地方。倘若要表现这些被关押人员可歌可泣的壮举，她们的形象完全可以塑造成一个普通而神奇的人物、一个令人敬佩的人物。

在贝尔根-贝尔森集中营，西蒙娜还与奥斯威辛集中营的难友马塞利娜重逢了。“对我们来说，简直就是一种难以想象的巧遇。”① 在短暂的喜悦后，即1945年春，马塞利娜又开始了永无终点的逃亡。然而，这竟然是她能活下来的天赐良机。

在贝尔根-贝尔森集中营，女犯一般不在德国特种部队监管的牢狱中干活，因为那里的卫生条件极差。饥饿状况比其他任何地方都更加严重，还有盟军飞机的连续轰炸，摧毁了供水管线。可以说那里的水比油还贵，所以有大批“犯人”渴死。西蒙娜回忆道：“由于经常有警报，使我们无法返回集中营。”处于崩溃边缘的德国笼罩在无政府状态下。在集中营里，当然总是有一些头目在撑着败落的局面，如J. 克莱默指挥官，他是贝尔根-贝尔森集中营纳粹党卫军少校。在此之前，他曾任阿尔萨斯特鲁托夫集中营总管。还有一位名叫I. 格蕾泽的女看守，人送绰号“贝尔森鬣狗”。但是，由于从欧洲各地不断有大批的“囚犯”被押送到这里，就连第三帝国令人生畏的恐怖也不能使他们管理好这里的秩序。

当解放的脚步近在咫尺之时，仍有大量的“囚犯”惨死在条件如此艰苦的集中营。当听到彻底摧毁德国国防军和纳粹党卫军防线的轰炸声时，所有的人都深信不疑：战争马上就要结束了。但是，不可否认，有一些对生存无望的人，仍缺少活下

---

① 马塞利娜·洛里丹-伊文思：《我跌宕起伏的人生》，罗贝尔·拉丰出版社2008年版。

去的勇气与力量。

一次偶然的机会，西蒙娜在这里遇见了奥斯威辛集中营曾看管过她的女看守，也正是她将西蒙娜、蜜露和她们的妈妈转送到了劳动强度稍弱一些的博莱克集中营。她像很多纳粹罪犯一样撤退到了德国，并被指派到贝尔根-贝尔森集中营，参与“囚犯”的看管工作。这里的“囚犯”私下里都将女看守称为“灰猫”。她们都以虐待犯人手段残忍而臭名远扬，如 I. 格雷泽、E. 傅尔科拉特等。根据证人证词，她们没有任何理由，只是出于取乐就可以拷打“囚犯”或者断绝她们的食物。

这位女看守一眼就认出了西蒙娜，便又一次地表现出对西蒙娜的仁慈。她把西蒙娜指派到厨房，负责给纳粹党卫军烧土豆。有时，西蒙娜把食物藏在衣服下偷偷地带给蜜露和妈妈。

就在西蒙娜的状况有所改善的时候，贝尔根-贝尔森集中营的局势却变得越来越糟糕。伊万娜、蜜露和西蒙娜生活在极为阴森恐怖的环境下。马塞利娜说：“她们所处的生活条件要比我那里的条件恶劣得多。因为那里的空间非常有限，她们一个挨着一个地睡在地上，或者睡在草垫上，有的甚至就睡在露天地上。”[①] 这可真是祸不单行，不久便流行起了伤寒病，威胁着身体已经十分脆弱的“囚犯”们的生命。在 1945 年 2 月至 3 月间，伊万娜的健康状况越来越差。在经历了奥斯威辛和博莱克集中营恶劣生活条件的磨难后，特别是经历了 1945 年冬天集中

---

① 马塞利娜·洛里丹-伊文思：《我跌宕起伏的人生》，罗贝尔·拉丰出版社 2008 年版。

营整体转运的长途颠簸后，伊万娜最终染上了可怕的伤寒病。在65年后的今天，西蒙娜每每回想起这一幕，心中仍会感到阵阵的剧痛。“我们非常无能地看着世界上最心爱的人慢慢地离我们而去，这简直是一件难以忍受的事情。”① 伊万娜很严肃地和她的孩子们低语道：“千万不要给他人带来痛苦，我们太知道这种滋味了。”②

1945年4月15日，当西蒙娜还在厨房干活的时候，母亲伊万娜告别了人世，去和她的丈夫、儿子还有数百万名上个世纪最野蛮行径的受害者们到天堂相聚去了。

一个月后，即1945年5月15日，贝尔根-贝尔森集中营解放了。要是再等一个月，就是一个月的时间，妈妈就会永远地和我们在一起了。毫无疑问，这就是西蒙娜过去多次说过的、今天也许还会重复的一句话。

后来，瑞士法语作家A. 科昂在他的作品中写道：西蒙娜“不仅为她妈妈的离世而痛哭，也为她童年的结束而哭泣。”③对于西蒙娜来说，妈妈的离世，是她很久以前就已经开始被撕裂的童年的彻底完结。在这个家庭里，她们全家人在尼斯度过了10年的幸福时光，每天欢快的笑声回荡在每一个房间里。现在妈妈刚刚走了，而我们又没有父亲、让和丹尼斯的任何消息。

西蒙娜和蜜露感到非常孤单，但是她们俩人总是在一起。可是，就是在1945年的3月份，蜜露——她亲爱的姐姐同几万

---

① 西蒙娜·韦伊：《一生》，斯托克出版社2007年版。
② 莫里斯·斯扎弗朗：《西蒙娜·韦伊 命运》，弗拉马里翁出版社1994年版。
③ 阿尔贝·科昂：《母亲的书》，加利马尔出版社1954年版。

名“囚犯”一样，也染上了要命的伤寒病。在承受了母亲离世的巨大悲痛后，西蒙娜已经预感到姐姐也将要弃她而去。这个在绝望的时候，懂得亲人间的相互关怀、相互鼓励的家庭就像晨雾一样转瞬而逝，变得无影无踪了。西蒙娜当然不会接受这样的事实，她竭尽所能地鼓励、帮助姐姐。

快解放了，解放的曙光就要照射在她们的身上。但是，目前她们还没有跨出地狱的门槛。“每天夜里，由于警报连续不断，所以经常熄灯。我不能回到监棚。一种担心始终萦绕着我：我是否还能见到活着的姐姐，蜜露。”① 可是，西蒙娜自己也不知道，她也染上了伤寒病。在噩梦的最后时刻，监狱里的每个人都在与死亡同行。

蜜露活下来了。当由英军和加拿大军队联合组成的盟军第21纵队攻进这个被伤寒病笼罩着的活人墓地时，人们决定烧掉这个集中营。

在第一批冲进集中营的英国士兵中，有一位情报部门的犹太人军官，他叫 C. 赫尔佐格。后来他担任了以色列驻联合国大使和第 6 任以色列国总统（1983～1993）。西蒙娜回忆说：“我看出了士兵们的惊愕，他们用装甲车翻露出堆在路边上的尸体。我还看到了大批像我们一样瘦骨嶙峋、走路摇摇晃晃的‘囚犯’。没有一声喜悦的欢叫。”②

这场瘟疫夺走了成千上万人的性命，据统计，仅在这个集

① 西蒙娜·韦伊：《一生》，斯托克出版社 2007 年版。

② 2007 年 1 月 18 日，西蒙娜在先贤祠为纪念法国正义人士仪式上的讲话。

中营就有7万多人殉难。盟军21纵队的一位名叫P. 坎波斯的英籍士兵说："这是无法抗拒的结果，因为他们患病的时间太久了，已经无法挽回他们的生命。"

活下来的人被集中在纳粹党卫军居住的营房里。由于西蒙娜一直在厨房里干活，因此，对集中营的解放感到异常吃惊，她没有和姐姐在一起，也没有机会拥抱她，与她一同留下激动的泪水。噩梦终于结束了。西蒙娜很想把自己的姐姐紧紧地搂在怀里。

英国人迫使刽子手们去掩埋受害者的尸体。而像纳粹党卫军下属的汉奸走狗们，如斯特尼娅等人，并没有像西蒙娜想象的那样，被处以绞刑。而是成为"集中营指挥官克莱默及44位同谋"案件的被告，接受法庭的审判。这场历史性的审判，于1945年9月17日至11月17日，在离贝尔根-贝尔森集中营不远的吕纳堡举行。有8男3女被判处死刑，并于同年12月13日执行。这其中包括克莱默、格雷泽和傅尔科拉特。斯特尼娅由于有很多被羁押的人员为她出具正面的证词，被判10年监禁，于1950年获释。

重新获得人的尊严与自由，而不再是胳膊上文刺的简单编号后，西蒙娜、蜜露和营地其他法国男人及女人穿过德国与荷兰，回到了法兰西。在返回法国的路上，她们遇到了很多来自不同死亡集中营的难友。

有一天，一位难友找到西蒙娜，并和她谈起了她在1943年9月参加抵抗组织的姐姐丹尼斯的事情。这是西蒙娜每天都在惦记的事情：姐姐怎么样了？当这位女难友告诉她，在纳粹德国专门用来关押抵抗组织成员的集中营曾见过丹尼斯时，西蒙娜又一次感到一阵阵的揪心。因为，这个专门羁押抵抗组织成员的集中营关押了很多著名的抵抗组织成员：蒂利翁、安东尼奥、库蒂里耶等。“这个消息真是太令人难以接受了。我们一直希望姐姐没被抓起来。突然间，精神上的恐慌让我无法摆脱，我即刻号啕大哭起来。”①

在担心失去患上伤寒病的姐姐蜜露以后，西蒙娜又开始担心二姐丹尼斯会永远地留在了集中营里。但是由于丹尼斯始终没有透露出自己是犹太人，也许这一点挽救了她的性命，所以她还活着。

丹尼斯是 1944 年 6 月被捕的。她先被遣送到了柏林以北约 80 公里的拉文斯布吕克妇女集中营，后被转移到茅斯奥森集中营。这期间，她曾重返法兰西。如果那辆押送西蒙娜、蜜露和她们母亲到贝尔根-贝尔森集中营的死亡列车决定在茅斯奥森让她们下车的话，雅各布家的三个姊妹很有可能在此相逢，丹尼斯也能见上母亲最后一面。可是……

1945 年 5 月 23 日，即贝尔根-贝尔森集中营解放一个多月后，也就是距改变这个家庭命运的 1944 年春末的一年之后，西蒙娜和她的姐姐蜜露重新回到了巴黎，住进了卢泰西亚酒店，也就是她们第一个和平港湾。“实际上，在这里我们才真正地感到我们获得了第二次生命。当我们走进这家宾馆时，我们只是登记簿上的名字而已。当我们走出时，带着写有我们名字的小

① 西蒙娜·韦伊：《一生》，斯托克出版社 2007 年版。

卡片，才成了名副其实的公民，听到了人们叫我们先生、夫人、小姐。只有被监禁过的人，才能真正地体会到它的意义。这就是为什么，这么多年以来，卢泰西亚酒店在我们的头脑中是非常重要的。一个叫 G. 吉耶莫的老难友说，当集中营被解放时，她的第一个想法就是，'这是真的吗？'"①

2010 年 3 月 19 日，著名作家让·奥梅松在接受西蒙娜为法兰西学院院士的讲话中指出，集中营的生活不仅仅是对身体的考验，也是对精神的最严酷的考验。在经历过卑鄙无耻的地狱生活后而获得重生，也许就是人类力量的极点。

在第二次世界大战期间，有 7 万 6 千名法籍犹太人被囚禁于集中营，他们当中仅有 3％的人，即 2500 人最后活着走出了地狱。

在目睹了奥斯威辛焚尸炉的惨烈、格莱维茨集中营的兽性奸淫、贝尔根-贝尔森集中营吃人肉喝人血的野蛮行径后，西蒙娜获得了重生。1974 年 5 月，法国一位记者为此写道："以那样的芳龄而去，又以那样的芳龄而归，这足以表明，我们不是遭受磨难的女性，而是不可战胜的女性。"②

雅各布·西蒙娜开始了崭新的生活。

---

① 《论战》1997 年 11 月 2 日。
② 《世界报》1974 年 5 月 30 日。

迈入新生活

任何人失去的不是什么别的生活，
而只是他现在所过的生活。
任何人所过的也不是什么别的生活，
而只是他现在失去的生活。
——马可·奥勒留：《沉思录》

回归正常生活所遇到的困难

西蒙娜走出了地狱，走出了吞噬她一部分家人的地狱。现在她所面临的问题，就像她在自己撰写的回忆录《一生》里所描写的那样，她要学会安排自己的日常生活，要重新思考自己的未来，要重建自己的生活方式。但是从何开始呢？

在告别了幸存者们得到亲人消息的卢泰西亚酒店后，蜜露的伤寒病仍未痊愈。西蒙娜在巴黎姨妈和姨夫家找到了落脚的地方。二战期间，他们躲到了瑞士。她们的姨妈苏珊[①]回忆说："我永远不会忘记在她们回家的时候，蜜露所讲的第一句话。尽管当时蜜露病得很严重，但是她还是非常急切地跟我们说：'是西蒙娜救了我们，如果没有她的话，我们就不能活到今天。她在集中营的厨房里跑前忙后，不顾自己的性命给我和妈妈偷一些食物 。'"[②]

回到巴黎，她们找到了丹尼斯。这是自贝尔根-贝尔森集中营被解放以来，让人感到最幸福的时刻。但是，她们还是要告诉丹尼斯母亲已经不在的消息。集中营所造成的后果仍像是血淋淋的伤口让人痛苦难忍。

西蒙娜坐在姐姐的床边，按照当医生的姨夫的建议无微不至地照顾着姐姐。她姨夫那些充满安慰和鼓励的话语，使她慢慢地增加了摆脱暂时困境的决心与勇气。西蒙娜要渐渐地习惯新的生活，习惯日常的平凡与安全的环境。

然而，她总是不可避免地要谈起她被囚禁的生活，谈起奥斯威辛集中营，甚至在很少的几次聚会中，她都无法坚持不谈这些话题。不可否认，西蒙娜需要接受去除她内心阴影的治疗。"我的生活很难重新适应正常节奏，甚至无法适应身边的物质生活。"[③]

她想拾回浪费的时光，所以，在 1945 年夏天，她陪着姐姐

---

① 苏珊是西蒙娜妈妈伊万娜的姐姐——译者注。

② 莫里斯·斯扎弗朗：《西蒙娜·韦伊 命运》，弗拉马里翁出版社 1994 年版。

③ 西蒙娜·韦伊：《一生》，斯托克出版社 2007 年版。

丹尼斯前往瑞士尼翁参加她姐姐的好友G. 安东尼奥[①]所组织的会议。在那里，西蒙娜偶尔能感受到人们对集中营“囚犯”的冷漠接待。

从那时起，西蒙娜感到，解决好团结昨天敌人的工作，对保证欧洲的和平与稳定是非常重要的。但是，这样一个会带来社会动荡的思想并不合所有人的胃口，尤其是会招致曾经被纳粹羁押过人员的强烈反对。“我还记得，当时我说过，我们的文化更贴近德国人的文化，而不是苏联人的文化。为此，我受到了别人的孤立与鄙视。”[②] 西蒙娜失望地与丹尼斯返回了法国。西蒙娜没有沾上姐姐什么光，不久，丹尼斯就到伦敦工作了。

1945年6月，在尼斯的短暂停留使她意识到，她之前在集中营的生活已经彻底结束了。回到巴黎后，西蒙娜才知道，她于1944年3月就获得了高中毕业会考的业士学位。在参加会考时，她希望自己以后能够学习法律，毕业后当一名律师。在巴黎，她一直住在姨妈家，姨妈也经常激励她好好学习。终于，西蒙娜获得了一份奖学金，在巴黎法学院学习法律。

同时，她又到位于圣·纪尧姆大街一所新建的政治学院学习。该校的前身是一所政治科学类的私立学校，由E. 布特米、H. 泰纳和E. 勒南于1872年联手创建的，目的是为第三共和国培养精英分子。这所学校现已国有化。

像很多其他年轻人一样，在这场战争的冲突中，大家都不

① 安东尼奥是戴高乐将军的侄女。法国抵抗组织成员，1944年被捕，关押在集中营。二战后一直从事政治活动——译者注。

② 《快报》2007年1月17日。

同程度地经历了一些令人震颤的事件，导致出现了对人生的迷茫与担忧。西蒙娜则与众不同，她很快就表现出对学习知识的强烈渴望，她全身心地投入到了学习中。但是，这些知识也只是渐渐地冲淡了，而不是彻底地抹去了过去生活附在她身上的阴影。她选了很多门课程，也参加了很多名师组织的讲座与学术会议。这些知识分子和教授都是战争的幸存者，今天又重返法国大学讲坛。在20世纪后半叶，在戴高乐将军的领导下，他们满载信心与自豪为法国培养着人才，他们为争取进步，重建国家与欧洲发挥着重要的作用。

在众多大学老师中，M. 布瓦西厄教授无疑是对西蒙娜影响最大的一个。布瓦西厄先生曾是审计法院的公职人员，在法国政府与纳粹德国签署停战协议后，他也参加了抵抗运动组织。其间他与G. 皮杜尔①、A. 帕罗迪②，特别是与1940年秋认识的P. 泰特仁交往甚密。泰特仁在1945年被民共运动选为议员，从1944年起，多次担任部长级职务（信息部部长、司法部部长和国防部部长）。

时至今日，布瓦西厄教授仍对与西蒙娜初次相见的情景记忆深刻："当我走进教室的时候，学生们全体起立。在我从学生中间走过时，西蒙娜的美丽和胳膊上文刺的数字吸引了我。于是，便停在了她的面前。我当时非常惊讶。这位女孩子是如何

---

① 皮杜尔（1899～1983），在让·穆兰被捕后曾任抵抗运动组织国民议会主席。1946年6月至12月任议会主席——译者注。

② 帕罗迪（1901～1979），1944～1945曾在戴高乐政府任劳工部部长——译者注。

能够经受得住这非人般的折磨，并仍保留着美丽容貌。除了文刺在身上的数字外，在外表上，她没有留下任何奥斯威辛集中营的痕迹。”[①] 就这样，在学生和年轻的教授之间建立起了长久的友谊。自第一次相见以后的55年间，西蒙娜和她的丈夫韦伊先生经常与布瓦西厄夫妇见面。

在战后的这些日子里，百业待兴。那些未来的国家精英们，纷纷就读于巴黎政治学院。不久，新成立的国家行政管理学院，也将为法兰西培养共和国总统和总理。西蒙娜与那些很有前途的、欲想打造世界的同学们经常坐在巴黎咖啡馆前面的草坪上争辩天下大事。他们都毫无迟疑地报考了国家行政学院。

这些年轻人辩论着冷战问题、非殖民化问题、戴高乐总统离任问题和第四共和国的未来走向问题。他们当中有一个叫让·德尼奥的人，他是西蒙娜后来才认识的一位朋友。像西蒙娜一样，他后来也成为R. 巴尔[②]政府中的一位阁僚。她少有的几位结伴同路上学的朋友，一个叫J. 蓬塞，是战前法国驻德国大使的儿子；另一位叫C. 布罗索莱特，是伟大的抵抗运动主要领导人P. 布罗索莱特的儿子。西蒙娜在德斯坦担任法国总统时都与这两位同学共事过。另一位同学是M. 戈尔代，后来担任审计法院首席顾问。

在那个时期，这位在法国人的心目中将会成为最有名望的政界女性的西蒙娜很少谈论政治问题，并且主动和他人保持距

① 莫里斯·斯扎弗朗：《西蒙娜·韦伊 命运》，弗拉马里翁出版社1994年版。
② 巴尔，法国政治家，1978～1981任法国政府总理——译者注。

离，以避免人们再次谈及她被纳粹囚禁的人生经历，而不把她视为法国大学里越来越多的普通女大学生之一。

与安托万相识

1946 年 2 月，巴黎政治学院因放假停课，M. 戈尔代建议西蒙娜陪他去滑雪。西蒙娜觉得换一下环境，滑滑雪应该是一件不错的事情。M. 戈尔代向西蒙娜介绍了他的一位朋友，名叫安托万·韦伊。他也是巴黎政治学院的大学生，陪伴着 M. 戈尔代和西蒙娜来到了格勒诺布尔，这里也就是安托万父母的住地。为了学习，安托万在巴黎借宿在奶奶家里。但是，在学校西蒙娜和安托万几乎没有见过面。安托万比西蒙娜大一岁，二战期间跑到瑞士避难，于 1944～1945 年在部队服役。

韦伊一家也是犹太人，二战前居住在法国的东部地区，家里开办了一家纺织厂。在韦伊家里，西蒙娜找到了自己非常熟悉的环境，特别是让她想起了战前她自己的家。就像自己的爸爸安德烈一样，安托万的父亲在第一次世界大战期间胸怀爱国主义激情参军作战，并接受了共和制。作为钢琴的爱好者，安托万的爸爸，也就是后来西蒙娜的公公，只要时间允许，就会作曲演奏。他也把这种热情传递给了他的儿子安托万。韦伊家有 3 个女儿和 1 个儿子，与西蒙娜家庭的结构完全一样。在韦伊家中，大家都非常喜欢文学和文化。与雅各布一家相同，纳粹集中营的囚禁，特别是安托万的姐姐 M. 埃莱娜也被关进了纳粹集中营，这些都给韦伊一家留下了永远无法抚平的创伤。西蒙娜说：“我一下子就融入了这个家庭。”在这个家庭里，西蒙娜找到了她永远无法忘怀的、在尼斯生活的美好回忆。

这两位在圣·纪尧姆大街读大学的年轻人，很快就坠入了爱河。安托万被西蒙娜的美貌所打动。在他的眼里，西蒙娜很美丽，但不张扬。用当时年轻人的话来形容，西蒙娜的美，真是让人过目不忘……在她光彩照人的脸上，镶嵌着一双蓝绿色的眼睛。这对眼睛不仅折射出她人生的悲剧，还闪现着她对余生的思考。就在他们相识后的几个月，他们订婚了，并于1946年10月16日，两人携手步入了婚姻殿堂。在走出集中营不到一年的时间里，西蒙娜再次感受到了幸福和快乐，并且成了韦伊夫人。在经历了黑暗之后，她迎来了新生活的曙光。很快三个孩子的出生使她的生活更加愉悦。

命运在不断地扣敲着她生活的大门。当她还没有来得及猜想命运会给她带来什么的时候，她便当上了三个儿子的妈妈。大儿子，1947年出生，特意给他取名为让。次子生于1949年，名叫尼古拉，小儿子P. 弗朗索瓦1954年出生。她的大儿子让后来说："这一切来得都很快，因为他们渴望恢复失去的一切，战争使他们什么都不剩了，一切都急需重建。"①

1946年，这对仅有20多岁，却显得十分老成的年轻夫妇与其他法国人一道，经历了戴高乐将军辞去第四共和国临时总理职务，并于1946年10月组成了一个没有戴高乐将军的政府等历史变革。韦伊夫妇的政治态度比较倾向于基督教民主党，偏中间派，与民共运动立场相近。民共运动是一个政治势力很

① 《世界报杂志》第25期，2010年3月20日。

强的团体，是组成法国政府的三大政治力量之一。该政治团体也不时遭到戴高乐派和共产党人的抨击。他们的老师布瓦西厄先生当时任司法部部长泰特仁办公室的负责人，并负责对维希政府成员的司法审判工作。后来在1947年5月22日至10月22日，在P. 拉马迪担任政府总理时，他任议会副议长。就是在这位老师的帮助下，安托万·韦伊在议会找到了一个助理工作的岗位。协助法国总理R. 舒曼[①]办公室领导的工作，并配合第四共和国年轻的参议院议员A. 波埃处理日常事务。由于身处这样的工作环境，安托万和西蒙娜有机会与很多频繁更换的重要人物接触，有议会的议员和各部部长。在这些人物中，有人批评，甚至指责国家重建和提升法国在国际和欧洲事务中地位所推行的政策。

与西蒙娜的感觉一样，大多数的年轻人都觉得他们面对的是一个动荡多变的、不知所措的政治局面。

像很多具有基督教民主党思潮的人一样，西蒙娜不是戴高乐将军的狂热追随者，她也不信奉戴高乐思想。但是，与政界的很多男人与女士一样，她接受戴高乐将军于1940年6月18日在"告法国人民书"中倡导的人的基本作用。在戴高乐将军重新执政时，西蒙娜也表现出一种非常审慎的态度。直到今天，她还很坦然地承认："在我看来，1946年1月戴高乐将军辞去总理的职位，并不是国家的灾难。"[②]

---

① 舒曼，1947～1948任法国部长会议主席，相当于现在的总理一职——译者注。

② 西蒙娜·韦伊：《一生》，斯托克出版社2007年版。

在涉及被纳粹集中营羁押人员的命运问题上，她感到多少有些失望。西蒙娜认为，戴高乐将军在 1945 年审判贝当和 P. 赖伐尔[1]时显得有些不够果断。

旅德时期

有谁知道，西蒙娜曾在德国居住过多年？1948 年她就住在那里。安托万作为议会的助理主要辅助波埃先生工作。波埃在舒曼和 H. 克耶[2]组阁的政府中被任命为国务秘书，主管预算工作。作为波埃办公室的工作人员，安托万要陪同波埃，这位未来的参议院议长，兼驻德国负责处理德国与奥地利事物的高级专员。这样，在 1950 年初，西蒙娜和她的家人举迁来到了德国的威斯巴登市。该市位于德国的海塞州，也就是 1940 年 6 月 22 日希特勒和维希政府签署停战协议的地方。西蒙娜对于重返这个刽子手曾经蹂躏、折磨过她、父亲又非常厌恶的德国鬼子生活的土地没有什么顾虑，因为这是两个完全不同的德国。

在那个时期，西蒙娜就已经有了统一欧洲的意识，也就是在她的身上已经萌生了今天我们所看到的统一欧洲的萌芽。“我们是在这样的一种理念下，培养我们的孩子：欧洲人应该和谐相处。”[3] 西蒙娜后来这样说道。

欧洲议会前德籍主席 H. 坡特林[4]指出：“尽管她被羁押在

---

① 赖伐尔，法国政治家，二战期间，继贝当后，又一位与德国侵略者合作，成为臭名昭著的卖国贼——译者注。

② 克耶，1948 年 9 月至 1949 年 10 月任法国部长会议主席——译者注。

③ 《法国 24 电视台》2010 年 4 月 6 日。

④ 坡特林，2007 年 1 月 16 日至 2009 年 5 月任欧洲议会主席——译者注。

奥斯威辛集中营，但是她在弥合法德两国的友谊方面发挥着积极的作用，这充分表明了她的宽容与大度。”他同时还指出了安托万对她的影响，因为西蒙娜的丈夫“对德国有着深厚的友谊”。

在这个以温泉疗养而著称的城市，和很多居住在德国的外国人一样，这对夫妻生活在一种十分惬意的环境中。但是，威斯巴登是美国人的隶属地，这里大部分外国人都是美国人，有政府官员和驻德军队。

即使韦伊夫妇经常出差，特别是经常到波埃居住的城市杜塞尔多夫，他们有时还是感到生活很烦恼。西蒙娜在德国过着高级官员家庭主妇的平静生活，整天忙于丈夫、孩子和家务琐事。天天忙忙碌碌，根本没有时间来学习法律。韦伊夫妇在德国结识了很多人，这些人后来都成为他们家中的常客。这里有左翼文学和政治栏目的编辑。有1950年创刊的《观察杂志》的创始人R. 斯特凡纳，有《世界报》的记者A. 克莱芒等重量级的人物。

逐渐地，他们在德国形成了一个属于自己的社交圈子。和他们经常交往的有知识分子、政府官员和政治盟友。西蒙娜也利用驻德国的机会来到了她母亲长眠的地方：贝尔根-贝尔森。有的时候，集中营的生活像一根毒箭不时地刺痛西蒙娜的心。有一次，在德国美因茨举行的社交晚会上，一位宾客看到了她身上文刺的“囚犯”编号，问她这是不是她存放衣服的号码……

1950年，波埃被任命为法国政府的代表和鲁尔国际管制机构的主席。德国在彻底肃清了纳粹的影响后，在法国、英国和美国的监督下，正在逐渐地恢复着它在欧洲强国的地位。就在韦伊一家在德国按部就班地生活时，安托万仍在积极准备报考国家行政学院。为此，西蒙娜也为安托万提供了必要的帮助。她在阅读《世界报》的同时，也为丈夫收集了许多资料。

1952 年，波埃返回法国，在参议院工作，担任了后来众所周知的职位。此时，安托万也被任命为法国驻斯图加特的领事。这样，安托万一家便搬到了这座德国著名诗剧作家席勒的家乡。

在斯图加特犹如在威斯巴登一样，西蒙娜非常牵挂她的姐姐蜜露，她在学习心理学。二姐丹尼斯成为一名护士后，便结婚成家了。尽管蜜露和西蒙娜分居是临时性的，但是，对于她们来说，这也是一件非常痛苦的事情。所以，西蒙娜每个星期，都无法抑制自己要给姐姐写封信。幸运的是，威斯巴登和斯图加特一样，离国界线很近，每年夏天，蜜露都可以携她的丈夫和孩子小吕克来西蒙娜家里住上一段时间，与安托万、让和尼古拉聚上几天。家人在一起有说有笑，望着下一代人，她们感到，这些表兄表弟代表着她们的未来。这对姐妹很快就找到了昔日的那种感觉。在德国炎热的夜晚，俩人聊上几小时是一件很惬意的事情。但是她们的丈夫有时会感到有些疲倦。

1952 年夏天，蜜露和她的丈夫及儿子，在从德国返回巴黎的路上不幸遭遇了车祸，命运又一次无情地打击了西蒙娜。在这次车祸中，死神夺走了姐姐蜜露的生命。在西蒙娜看来，蜜露就是她的“第二个妈妈”。因为是姐姐与她共同经历了人间地狱的磨难，是姐姐告诉她母亲离世的消息，还是姐姐战胜了伤寒，摆脱了病魔，重获新生。

然而，现实是生命又一次偶然消逝，再次从她身边夺走了一位亲人。直到2010年，西蒙娜还非常坦诚地说："时至今日，我根本无法抹去姐姐离世带给我的痛苦。"在这场车祸中，蜜露的丈夫未受任何损伤。她的外甥小吕克在抵达医院后，躺在姨妈西蒙娜的怀里，也静静地离开了这个世界。正是在西蒙娜的怀里，在生命还没有停止之前，她感受到了马德莱纳生命的最后气息，通过蜜露的儿子，让她同样感受到了姐姐蜜露生命的最后跳动。吕克跟着妈妈蜜露而去，去很远的地方与伊万娜、安德烈和让团聚去了。在世界上只留下了西蒙娜和丹尼斯。"我有一种极不公平的感觉，感到一种新的命运在袭击着我们……就犹如死神不停地在我身边游荡。"[①] 西蒙娜如此悲伤地回忆说。难道她承受的还不够吗?

这些不同的悲剧，锤炼了西蒙娜果敢的性格。这种性格，有时在别人看来有些专横和强硬。如果说她的命运是无法改变的，那么她的性格也是同样没有可变性。从这位女性生活中的点点滴滴，我们就会更好地理解在未来的战斗中她所表现出来的坚强不屈的刚毅性格。

在这场悲剧后，韦伊夫妇离开了德国，返回了巴黎。因为安托万经过两年的复考，终于考上了国家行政学院。与当年考取国家行政学院第一名的，也是他们的密友 J. 彭塞[②]一同师从

---

① 西蒙娜·韦伊：《一生》，斯托克出版社2007年版。

② 彭塞，法国外交家和政治家——译者注。

A. 托马[1]先生名下。从摩洛哥到安德尔省，安托万进行了一系列的实习。这期间，韦伊夫妇与一位副省长 A. 鲁斯莱[2]先生结下了深厚的友谊。在后来的职业生涯中，后者成为密特朗总统办公室的负责人。西蒙娜一直陪伴在丈夫的身边，料理着家里的繁杂琐事。1954 年，他们迎来了第三个儿子——皮埃尔·弗朗索瓦。

此时，西蒙娜开始思考自己的未来发展。当然，她不愿意看着自己像一位家庭主妇那样虚度一生。她一直希望自己能够从事个人喜爱的职业，当一名律师，怀揣法典，去维护法律的尊严。她认为，这一时刻已经到来了。但是，安托万没听进去西蒙娜的想法。在安托万看来，律师的职业不很适合他的妻子。原因在于，安托万曾目睹了许多法学家损害第四共和国的形象。在这些人的头脑里，他们只关注个人问题、财经问题和政治问题，而不去思考他们应该负责的民众的普遍利益问题，不去维护社会公平和捍卫百姓的权利。

这不可避免地在安托万和西蒙娜之间产生了比较激烈的争论。然而，西蒙娜始终记着，妈妈为了跟随自己的丈夫，放弃了自己的学业，也放弃了自己作为女性的独立。

在西蒙娜看来，放弃自己的学业是根本不可能的。“我生长在女性必须接受教育的时代，尤其是我还受到母亲这一辈人的影响。在两次世界大战期间，母亲这一代人都已经开始学习，

① 托马，法国国务活动家和历史学家——译者注。

② 鲁斯莱，副省长、国民议会议员，法国出租车公司经理兼法国 canal+电视台台长——译者注。

接受教育了，尽管她们当中有很多人不敢出来工作，那是因为这不符合法国的传统习惯。”①

难道安托万真的希望他的爱人放弃职业生涯，一门心思待在家里，成为一名受过良好教育的高官妻子吗？如果是这样，那么法兰西就将永远失去了西蒙娜·韦伊。正如巴尔扎克所讲的那样：“任何一位男士都无法找到让女人接受朋友般建议的好办法，也开不出来让自己妻子接受这种建议的妙方。”

安托万没有办法，最后只好劝说她放弃当律师的念头，而改做法官。西蒙娜接受了丈夫的建议。1954 年 5 月，她开始了在检查总署为期两年的实习。因为在那个年代，要想参加法官资格考试，就必须先做为期两年的职业实习。

对西蒙娜来说，这是一个新的起点。对此，她简短地说：“我终于开始了属于自己的生活。”②

司法和民事

作为一名学生，在巴黎检察院，西蒙娜在一位与总检察长联系最密切的法官身边学习、工作。她学习如何处理文件，熟悉并了解与此项工作相关的各种不同职责。1957 年，她被正式任命为司法部监狱管理部门的“专员”。西蒙娜在工作岗位上，是一名非常勤奋的女性，也没有为此在家里不去尽一位母亲和妻子的责任。

---

① 2004 年 3 月 8 日在法国参议院举行的“（19—20 世纪）女性与权力”学术研讨会上的讲话。

② 西蒙娜·韦伊：《一生》，斯托克出版社 2007 年版。

每天工作一结束，西蒙娜就赶紧回到家里照顾她的孩子们。当时，皮埃尔仅出生3个星期。有时忙不过来，由婆婆过来搭一把手，后来就由大儿子让负责照管。那几年，她简直就是在跟时间赛跑，把一个小时当100分钟来过。

西蒙娜把一切都打理得井井有条：家务、孩子与学业。西蒙娜的儿子皮埃尔回忆说，妈妈对我们在学校的道德和纪律表现要求是非常严格的，甚至超过我们的学习成绩。“我们当时住在圣·安德烈艺术大街，妈妈在司法部上班，她每天中午都赶回家里，和我们匆忙地吃午饭。”另一个儿子让还具体地说：“那时候，因为担心迟到，我们时常在公交车后面的露天平台上吃午饭。”① 由于这对夫妇均属巴黎的精英阶层，迟早都会为国家事务担任重要角色，因此，他们在20世纪50年代，非常关注在政界和知识界影响国家所发生的大事小情。鉴于安托万与泰特仁，特别是与波埃有着非常密切的关系，因而他的政治立场均比较倾向于P. 弗林姆兰和R. 舒曼所领导的民共运动。而西蒙娜则属左派偏中的政治立场，所以，在几次选举中她都投了社会党的票。她比较赞同P. 弗朗斯的政治主张，这一主张也得到了1953年由J. 施莱贝尔和F. 吉鲁亲手创办的《快报》杂志的认同。不久，吉鲁便成为法国政府的一名官员。“我们坚持阅读《快报》杂志上所登载的文章，我们赞成该刊的观点，我也一直喜欢吉鲁的文笔，她写的文章是那样的鲜明、尖锐，让

① 《世界报杂志》第25期，2010年3月25日。

人振奋。”[①] 西蒙娜回忆说。

不久，在60年代末，当这两位女性在巴黎的沙龙相见时，西蒙娜改变了对吉鲁的看法，因为她有些摆臭架子，“看来她对我不很关注，觉得我是一个没有任何个人观点的人。”[②] 此外，韦伊夫妇还是施莱贝尔先生的知己，尤其是与施莱贝尔姐姐C. 科朗热交往甚为密切。此前，在巴黎政治学院，他们已经认识了科朗热的丈夫J. 科布朗斯先生。

西蒙娜也非常欣赏在30年代经常和妈妈在尼斯打网球的R. 阿龙所倡导的反殖民主义的政治观点。她反对法国在东南亚和阿尔及利亚推行殖民主义政策。她主张欧洲的统一，包括德国在内的欧洲一体化，但心有怯意。

在一次巴黎上流社会讨论欧洲国防共同体问题的晚宴上，有一位来宾非常反对这一防务体系。当他对西蒙娜说：“夫人，你是否从未听说过纳粹集中营!”[③] 此话一出，西蒙娜险些从椅子上摔了下来。

西蒙娜十分支持组建欧洲国防共同体的建议。她认为，这就形成了欧洲共同防务政策的雏形。然而，她非常失望地看到，在1954年8月30日举行的国民议会上，这一建议以319对264的票决遭到了议会的否决。投反对票的还包括戴高乐派、共产党派以及像弗朗斯这样非常有影响的人物。

戴高乐派的这一立场，使得她多年来一直对戴高乐主义产

---

①② 克里斯蒂娜·奥克朗：《弗朗索瓦兹·吉鲁，一位法国女性的抱负》，法亚尔出版社2003年版。

③ 《快报》2007年1月17日。

生疑虑。“虽然不能说是一种彻底的失望，但是，对欧洲问题的否决使我放弃了对戴高乐派的支持。”① 西蒙娜回忆说。直到1958年，戴高乐重新掌权，这种疑虑始终没有得到减轻。

也就在这个时候，安托万开始考虑步入他的政治生涯。他在政坛有了一个较好的开端，结识了一些重要人物，建立了属于自己的人脉网络。然而，那时他万万没有想到，由于他的妻子西蒙娜，历史将会铭记用字母V开头的韦伊姓氏，而不是用字母W为首字母的韦伊姓氏。② 1955年，安托万从国家行政学院毕业后，便在法国国家财政稽查总署谋到了一份工作。自1959年，他便在戴高乐将军领导下的政府部门开始了他的政治生涯，当时主要是协助J. 丰塔内在工业、商业和外贸等领域开展工作。但自1962年后，他便开始负责公共卫生方面的工作。1971～1980年，则在大型法企——法国航空运输联盟就职。1984～1987年，安托万在马特拉交通公司非常出色地展现了自己的职业天赋。当时，西蒙娜仅作为安托万的妻子，陪伴丈夫参加一些晚会和社交界的活动。然而，竟在不久之后，安托万便被称为韦伊夫人的丈夫，正像西蒙娜坦言的那样：“安托万喜欢外出，在各式沙龙活动中，他都显得非常轻松自如。而我却很傻气，很不安分，不修边幅，更不要说循规蹈矩了。”③

---

① 西蒙娜·韦伊：《一生》，斯托克出版社2007年版。

② 在法国有两位姓氏发音相同、名字完全一致、译成汉语均为“西蒙娜·韦伊”的著名女士。以“W”为首字母的“Simone Weil 1909～1943”是一位女思想家。以“V”为首字母的“Simone Veil”则是本书所描写的女性政治家。

③ 莫里斯·斯扎弗朗：《西蒙娜·韦伊 命运》，弗拉马里翁出版社1994年版。

成功地通过考试后，西蒙娜于1957年，被法国监狱事务管理机关所录用。对一个女性来说，来到一个属于男性专属的领域中工作，开始有些不适应。在那个时候，该行业中仅有两位女性，另一位女士不久便辞职回家了。所以，有相当一部分人根本就不和西蒙娜打招呼。但在西蒙娜眼里，这算不上什么困难。就是在这样的环境下，这位新任的法官步入了新的工作岗位，即司法界。在上个世纪60年代，这是人们不很看重的行业。西蒙娜跑遍了法国的四面八方，甚至包括假期她都用来考察各地监狱的基础设施，特别是考察那些条件极差的监舍。考察工作使她看到了，在自认为尊重人权的国度里，在脏乱的、卫生条件非常勉强的监舍里，仍旧关押着各类囚犯。

1957年，法国还没有缓刑的刑法（该刑法于1959年开始实行）。直到1975年，法国才开始实行拘留所羁押的刑法。该刑法一方面是帮助犯人重新做人，另一方面也是刑法建设的一个进步。

在那个时候，民众的舆论是非常支持死刑罪的。百姓们很少考虑被羁押和被判刑人员的具体情况。然而，在法国执行死罪是一件很困难的事情。对此，西蒙娜试图向她的上司汇报法国各监狱极其恶劣的卫生条件。在这般极差的卫生环境下，我们仍关押着男男女女的各类囚犯。这大批的囚犯很容易染上由于人员密集、食物匮乏、医疗服务不到位而流行开来的结核病。由于西蒙娜的努力，这种状况在1959年得到了明显的改进。司法部长E. 米什莱任命G. 菲利医生为医务顾问，负责处理西蒙娜呈交的解决犯人医疗卫生问题的特殊报告。就这样，西蒙娜·

韦伊法官的名字开始在所涉及的部门流传开来。

西蒙娜同时还负责女性犯人的监管工作。这些被囚禁的女犯大多都是身负家人或邻居的血案人命。虽然这类女犯不能算是最多的，但是为数不少。这些女犯主要被羁押在下莱茵省和雷恩省所辖的拘留所。西蒙娜后来回忆说："由于这些女囚从来就没有发生过违反监狱管理制度的问题，所以当时并没有受到人们的关注。"①

那时，监狱的管理制度，主要是针对阿尔及利亚民族解放阵线被关押的犯人制定的。当法国监狱动用酷刑的做法，在各大城市引起了强烈反响的时候，戴高乐将军的亲信之一，米什莱派西蒙娜前往阿尔及利亚处理问题。

在一种敌视的气氛下，西蒙娜在阿尔及利亚各地监狱做了一次巡查。当时，费拉加②与法国的军队关系极度紧张。在阿尔及尔，巴尔贝卢斯监狱的状况令西蒙娜非常愤慨。

所以，西蒙娜要求将一些阿尔及利亚的囚犯转押至城区里面的监狱。因为，在阿尔及利亚，他们的人身安全受到了严重的威胁。后来这些犯人中，有一些被转送到了市区监狱，比如加米拉·布帕莎就是其中之一。由于怀疑布帕莎置放了炸弹，她于1960年2月，在阿尔及尔被捕入狱。鉴于在狱中受到了拷打与折磨，她的处境被女律师G. 哈利米曝光。同时，哈利米

① 2004年3月8日在法国参议院举行的"（19～20世纪）女性与权力"学术研讨会上的讲话。

② 费拉加（阿语音译）指法国殖民主义者对争取独立的突尼斯和阿尔及利亚武装部队的诬称。原意为：劫贼、盗匪——译者注。

还动员了很多知识分子（S. 波伏瓦、J. 萨特、G. 蒂利翁、A. 维奈）为她四处呼吁。不久，就出版了一本书。在与蒂利翁和维奈接触后，西蒙娜提醒司法部长米什莱将布帕莎转押至市区监狱，免予拷打与折磨。哈利米说："是谁下的命令？我始终没有得到准确的回答。只是有些人私下议论，是西蒙娜鼓动她的上司作出的决定。同时，他们也看到了问题的紧迫性。"① 就是这样，布帕莎和 Y. 贝尔卡萨姆以及其他的阿尔及利亚囚犯被西蒙娜从死刑的断头台上夺了回来。

就是从那个年代起，西蒙娜便开始了维护人权的斗争。

在司法部工作的 7 年时间里，西蒙娜同样也非常敏锐地感受到那些没有读过书、处于文盲状况下的青少年罪犯的问题，并且经过努力，为这些少年犯提供了教育的支持（如给他们提供图书和相关课程）。作为法官，西蒙娜还向由多个部委联合组成的委员会提交了有条件释放罪犯的很多文件。她所提交的这些文件，有的被联合委员会采纳，有的却遭到否决。

西蒙娜甚至还指出，在法国还缺少由司法部推出的鼓励犯人重返社会的相关政策。她在司法部工作的这段时间里，对法国社会的性犯罪和累犯人数的不断攀升而感到非常惊讶。同时，还对"司法部门以及医生们释放那些明显危及社会的罪犯所表现出来的宽容与容忍而感到不理解。"②

她在工作中精力十足，非常高兴有一份自己喜欢的工作，

① 吉塞勒·哈利米：《橙汁》，加利马尔出版社 1988 年版。
② 西蒙娜·韦伊：《一生》，斯托克出版社 2007 年版。

并能够坚持下去，而不像她的妈妈那样放弃了自己的工作。西蒙娜与其他女人，特别是她所接触的女人不一样。她的儿子让有一天回忆说：“我妈妈在工作，而我朋友们的妈妈却每日打牌或待在家里。”① 然而，工作并没有影响西蒙娜玩牌，即使在欧洲议会工作时，她也会和其他议员在闲暇的时间打打牌。

紧张的工作没有使她后悔选择了法官而不是律师的职业，反而在上层社会凸显出她的与众不同。掌玺大臣米什莱曾多次建议她到政府办公厅来工作。

法国前总理 R. 普莱文就试图邀她到国民议会来工作，但是西蒙娜却选择了去负责民事事务的领导机关工作。实际上，1964 年，法学教授，第五共和国宪法设计人之一的 J. 富瓦耶担任了司法部部长一职。他一上任，便着手进行家庭权利的改革，主张男女权利均等。第一部法国民法典就突出了人的权利。从 1963 年到 1964 年，法国颁布的法律除婚姻和民事法，其他所有的首部法律都在突出自由和平等。

在这项重大的工程中，西蒙娜起到一个非常重要的纽带作用。她有一位助手名叫 J. 卡尔博尼耶。在民事问题上，直到 1970 年，后者主要是负责夫妻财产认定、成年人年龄确定和离婚法等方面的工作。而西蒙娜则在司法部部长的领导下，负责多方面的工作：如夫妻关系的问题研究、父母权利的规范等。尽管司法部部长思想上略显保守，却在工作上给予卡尔博尼耶充分的自由。在领养孩子的问题上，卡尔博尼耶持竭力反对的

① 《世界报杂志》第 25 期，2010 年 3 月 20 日。

态度，拒绝开展该问题的法律研究工作。

因此，西蒙娜便成为专门研究收养孩子法律问题委员会的秘书。在这个岗位上，她会晤了很多养父母协会的成员、社会救助机构的负责人，并且参观了收养孩子的慈善机构。1966 年 7 月 11 日颁布的关于修改领养弃婴法律的草案便是西蒙娜的杰作。当时，时任法国政府总理的蓬皮杜先生就主张修改这一法律条文，因为他自己就收养了一名弃婴。所以他非常看好这位工作能力十分出色的女法官。

在国民议会上，西蒙娜坐在司法部部长的身后，向他提供一些必要的建议。然而，她并不知道，在不到 10 年的时间里，在议会上，西蒙娜竟然也坐到了部长的位置上。

在民法上，草案特别增加了已修改的第 350 条。该条款表明，由个人、机构或者儿童社会救助部门收养的孩子，其父母必须在声明放弃抚养权利之前的一年内，明确地表示放弃的意愿，并向法院声明放弃对孩子的抚养权，但深处困境的父母除外。再由个人或儿童社会救助机构提出对弃儿领养的申请。

正是这样，数年后，法国民众发现，是西蒙娜首先提出了允许妇女堕胎的议案。在西蒙娜的身上，开始体现出女性的意愿，但绝不是女权思想，即表达了妇女在社会上与男人享有同样地位的意愿。

也就是在这一时期，西蒙娜还参加了意在鼓励妇女参加工作的联络委员会的工作。

对西蒙娜来说，这一阶段负责民事方面的工作并不是偶然的，而是她职业生涯的一个完美的补充。在这以后，她意识到，对妇女而言，很多事情都需要改变。1964～1968年，她结识了一位令她人生走向发生改变的人物——M. 加罗。她在司法部部长富瓦耶身边供职。

然而就在此时，法国迎来了1968年的5月风暴。西蒙娜意识到，自己生活在一个相对封闭的环境中，因此，面对这场风暴不知所措。她也参加了1968年7月成立的司法部门的工会活动。而她的儿子，尼古拉，年仅19岁，每天和很多大学生在街上跑来蹿去。西蒙娜非常不理解，于是便来到了奥德翁剧场倾听人们对社会改革的要求。这场社会运动首先导致M. 姆维尔代替蓬皮杜出任法国总理，然后，在1969年4月举行的关于参议院的改革和地方分权问题的全民公决遭到失败，迫使戴高乐将军离开政坛。这些都没有使西蒙娜表现出极大的兴趣。

在全民公决中，西蒙娜投了反对票。因为她已经受够了“戴高乐主义和这种混乱的社会”。由于戴高乐退出政坛，在1968年10月才开始出任参议院主席的A. 波埃先生便担负起临时共和国总统的职务。尽管韦伊一家与波埃先生有着非常好的关系，但是在总统选举时，西蒙娜还是将选票投给了蓬皮杜。西蒙娜后来说：“波埃是一个很不错的人，但是他心胸不够宽阔。我们甚至都竭力劝他放弃竞选。”

1969年6月20日，新当选的总统任命J. 戴尔马为总理。后者在组建新一届政府时，委任普莱文为司法部部长。

这位新上任的司法部部长，原本就试图让西蒙娜离开目前的工作岗位。这一次，他成功地劝说西蒙娜在1969年7月至1970年3月去担任技术顾问的工作。另一位顾问P. 撒东先生后来坦言道："当时她很高兴，因为办公厅是一个权力机构，她很喜欢权力。"①

在这个新岗位上，西蒙娜的工作非常繁忙，每天早出晚归已是司空见惯的事情。并且，这个岗位使她接触到了另一个领域，也就是几年后她全身心投入的政治领域。

不久，她便明白了，这是一个由议会、各类议员吹捧、争辩、谋略、狡诈而组成的领域。这里的人们，每天穿梭于议会或参议院铺满地毯的走廊里，或者钻进警备森严的大门，包括各部委的大门。

高法秘书长和法国广播电视局成员

1969年，西蒙娜遇到了共和国总统蓬皮杜。她后来回忆说："我很欣赏他的性格，他目光温和且为人亲切礼貌，他虽然口碑很好，但在工作上，对合作者要求甚高。"②

西蒙娜与蓬皮杜夫妇的私人关系很好，所以，共和国总统在1970年3月14日将她任命为最高司法委员会秘书长，同时兼任由蓬皮杜创建的老、弱、病、残基金会的秘书长。该基金会以蓬皮杜夫人的名字冠名。西蒙娜对这份事业始终表现出热情与执着。

可以说，与蓬皮杜夫妇的密切关系使西蒙娜得以重任有直接的因果关系，这是因为，历任最高司法委员会的秘书长都是

---

① 莫里斯·斯扎弗朗：《西蒙娜·韦伊 命运》，弗拉马里翁出版社1994年版。
② 西蒙娜·韦伊：《一生》，斯托克出版社2007年版。

总统最为信任的人选。甚至有一些人不仅是司法委员会委员，同时还为总统负责处理一些具体的司法事务。一些不认识西蒙娜·韦伊的人，在《世界报》上开始逐渐地熟悉这个名字。

法国最高司法委员会是依据 1883 年 8 月 31 日颁布的法律规定而成立的司法机构。根据第四共和国（1946 年 10 月 27 日）的宪法，该司法委员会是一个独立的服务于宪法的组织机构，共和国总统为该机构的主席，司法部部长为副主席。第五共和国的宪法（第 64 条款）再一次明确了该组织机构存在的必要性。最高司法委员会还规定了成员结构，即由 9 名成员和共和国总统组成，目的是保障司法的独立性。其作用是双重性的：首先作为惩戒机构，负责追究法官的违纪行为；其次作为组织机构，有人事任命建议的权利，它有权向共和国总统提交最高法院组成成员的建议名单和上诉法院首席院长的候选名单，以及大型法庭庭长的候选人名单等。

西蒙娜就在阿尔玛宫上班。在过去，这里是拿破仑三世车马侍从候令的地方。从节奏上看，这里的工作远不及司法部机关的工作繁忙，也没有带给她工作的激情。她负责对法官的日常行政管理，在具体细节问题上为总统提供建议等，这使她很快就熟悉了日常工作。

同时，西蒙娜应蓬皮杜总统的要求，以董事会成员的身份兼任了法国广播电视局的行政领导工作，掌控着法国的视听媒介。广播电视局是 1964 年 6 月 27 日由戴高乐将军亲自组建的。这是一个具有工商特征的公共机构。她的上司是一位高官，名叫 J. 布雷松，是戴高乐将军情报部 A. 佩雷菲特部长办公厅的负责人。

董事会由20多名成员构成，有一半的成员代表国家（西蒙娜代表国家参加该董事会），另一半成员代表听众与电视观众。在1970年至1973年间，是法国电视广告较为普及的年代，也是法国电视3台成立的年代（1972年12月31日），还是巴黎法广新闻电台FIP开播的时期（1971年1月5日）。

如果说西蒙娜对布雷松评价不高的话，那是因为布雷松和她的继任者A. 孔特都很聪颖。后者是保卫共和联盟推选出来的议会议员，并兼任B. 莫努里政府[①]负责工商界的国务秘书。作为历史学家和众多作品的作者，孔特后来夸耀西蒙娜说："她是一个非常完美的吉斯卡尔思想的践行者。"[②] 在莫努里卸任总理职务很长时间以后，西蒙娜于1972年7月14日出任法国广播电视局总裁。

也就是在这个时期，法国在权力控制的新闻领域里，爆发了多次大罢工和示威游行，以摆脱权力对新闻的控制。其标志性的事件，就是要求弹劾部长佩雷菲特。

此外，在1972年7月3日通过的法律表明，总统有权在征求诸位部长意见后，任命法国广播电视局总裁。在出现罢工的情况下，广播电视局仍要保证向听众和观众提供最低的广播电视服务。

不论是在最高司法委员会，还是在法国广播电视局，西蒙

---

① 该政府仅持续4个月（1957年6～9月）——译者注。

② 阿尔蒂尔·孔特：《第五共和国的总理们》，文人论坛出版社1986年版。

娜始终就职于十分重要的岗位，承担着国家责任。她的通讯录手册，由于安托万的人脉关系，已经填得满满的。尤其是通过蓬皮杜总统，她与很多高层领导要人有着密切的工作接触，特别是与总统保持着良好的关系。从那时起，西蒙娜的名字便开始在法国女性中间广泛地流传开来。

1974 年的春天，一个变故给西蒙娜的人生带来了异常深刻的影响。

希拉克政府

荣耀往往伴随着试图回避它的人。

——查理·罗兰（1661～1741）

一场残酷的竞选

1974年4月2日晚，法国总统乔治·蓬皮杜的突然离世震惊了整个法国。尽管人们知道总统患病，但是败血症竟会如此快地夺走他的生命，令法国人毫无准备。这是在戴高乐将军5年前突然辞职后，法国政界又一次强烈的地震。

在法兰西第五共和国的历史上，这是第二个没能在任期内完整履职的总统。面对总统位置的空缺，法国制宪会议很快就公布了选举新总统的日期。一场既荣耀又诡诈的政治较量即将拉开帷幕，很多人都希望自己能够进入这个像鬼堡一样的香榭丽舍宫。

呼声最高的首先是J. 戴尔马。他是戴高乐将军的忠实继任者，是法国武装警察部队赫赫有名的将军。曾任法国国民议会主席，在蓬皮杜任期内的一段时间里，曾出任过法国政府总理(1969～1972)，致力于恢复法国社会的良好秩序。

时任法国财政部部长的德斯坦处事宽容大度，主张欧洲一体化。在 1969 年总统大选中，曾想与蓬皮杜一决高低，此时认为自己出任法国总统的时机已到。还有就是自 1972 年以来，一直担任总理的 P. 梅斯梅尔先生，也置身于这场总统选举的风口浪尖上，得到了内政部长的推举。至于希拉克，如果说他渴望入主爱丽舍宫还为时过早，那么他对自己成为马蒂尼翁宫的主人倒是十分看好。

当蓬皮杜过世的消息一经公布，这场竞选便在由朋友变成敌手的政客中拉开了序幕。时任参议院议长，在 1969 年曾经参与总统竞选而光荣落榜，之后又两次担任临时总统的波埃先生，目睹了这场政治斗争的激烈程度。特别是密特朗，他更期待左派力量能够在这场斗争中，战胜戴高乐的残余力量。因为密特朗清楚，在 1965 年戴高乐将军被迫参加第二轮的总统竞选，就已经表明戴高乐政治集团的颓势。

一切迹象都清晰地表明，J. 戴尔马将自然成为下一届的总统。然而，他却在关键时刻犯下了一桩愚蠢而低级的错误：为了在其他候选人前面占得先机，他在已故总统葬礼的当天公开了自己竞选总统的意愿。

民众指责的舆论即刻转向了他。因为，前教育部部长 E. 富尔和多年来在奥弗涅地区独领风骚的德斯坦也都宣称参加竞选。应该说是希拉克给 J. 戴尔马以致命的打击。他不仅鼓励梅斯梅尔保守有可能参加总理竞选的秘密，还在国民议会组织了一个由43位议员形成的，有利于德斯坦竞选总统职位的政治势力。

对未来的总统而言，借用一位先人的话说："如果要拯救我们的祖国，就要做一个不讲情面的人。"

当然，西蒙娜对这场总统竞选非常关注。由于候选人德斯坦欲想力推现代自由的社会制度，他坚定地表示，如果他当选为下一届新总统，他将在下一任政府中起用更多的女性。

"鉴于德斯坦意识到，在未来的社会中，女性所发挥的作用。他认为女性实际上仍被排斥在政治生涯之外，这是一种愚昧的表现。他认为妇女会给他的政府带来新的理念与非凡的能力。"[①] 西蒙娜感慨地说。

还有就是女性在领导岗位上的比例甚小，而众多的民众则希望提高这一比例。甚至《嘉人》杂志在一期特刊上有意登载一幅仅由女性组成政府的照片。

这简直是不可信的。难道让西蒙娜·韦伊去担任总理职务吗！

尽管这样，在中产阶级社会中，西蒙娜所接触到的女性，她们的丈夫均毕业于名牌大学，特别是还有一些人手持综合科技大学的毕业文凭，所以西蒙娜经常需要面对这些妇人们的冷嘲热讽。西蒙娜与安托万都力挺J. 戴尔马竞选总统，因为他们

---

① 2004年3月8日在法国参议院举行的"（19～20世纪）女性与权力"学术研讨会上的讲话。

觉得，与极具有保守思想的德斯坦不同，在“新社会”的奠基人——J. 戴尔马身上，他们看到法国人拥护社会改革，希望得到一个民主的氛围，期待法国人之间的对话。盼望有能力的议员和政治人物能够使法国摆脱戴高乐思想的影响。随着1974年春天法国总统大选的不断深入，由于受到戴高乐政治力量的竭力抨击，J. 戴尔马在参选中逐渐受挫。而德斯坦和密特朗却成为这场大选的热议人物。

德斯坦给人以年富力强、谦逊和现代总统的形象，主张持续不断的社会变革，他以“法国的肯尼迪”形象来赢得民众的选票。

在首轮选举中，作为社会党、法国共产党和左派激进党的候选人密特朗在选票毫无悬念的情况下，获得43.25％的选票，德斯坦与前者有着明显的差距，仅获得了32.6％的得票率，J. 戴尔马也仅为15.11％。

西蒙娜年仅20岁的儿子P. 弗朗索瓦十分讨厌密特朗，他带着非常遗憾的心情，四处游说，公开地表明妈妈西蒙娜选择了德斯坦。

1974年5月19日，德斯坦以50.81％即比社会党的竞选对手多出40万张选票的优势，当选法兰西第五共和国第三任总统。

易如反掌

1974年5月27日，这位新总统毫无疑问地起用了为他的竞选取得成功而作出极大贡献的希拉克。两位行政巨头希望新政府将由亲总统的政客组成，同时还要选用无党派知名人士和著名学者。德斯坦的侍从长 M. 波尼亚托夫斯基曾任 P. 弗林姆兰办公厅主任，1973～1974 年在梅斯梅尔组阁的政府中担任卫生部部长，被德斯坦任命为国务部部长，负责处理国内事务，成了德斯坦的贴身耳目。

德斯坦将自己的嫡系都安排在了几个重要的岗位上，如 J. 富尔卡德任财政部部长；M. 奥尔纳诺工业部部长；C. 博内农业部部长；在 1965 年总统大选时戴高乐将军和密特朗的劲敌，左派激进党的领袖 J. 勒卡尼埃任司法部部长。

还有两位记者，也是西蒙娜喜欢阅读的周刊《快报》的创始人施莱贝尔和 F. 吉鲁也被吸纳为内阁成员：施莱贝尔任改革部部长（任期短暂）；1974 年 7 月 F. 吉鲁作为女性接任国务秘书。西蒙娜后来说："德斯坦非常看好吉鲁出色的表现，并将其作为自己 7 年任职的现代标志。总统非常欣赏吉鲁的睿智、魅力、幽默与非凡的领导能力。"①

至于卫生部部长的人选问题，总统的最初想法是让具有医学博士学位、与施莱贝尔关系密切的摩泽尔省议员 A. 弗里奇出任。除了任命属于中右派的施莱贝尔和 F. 吉鲁外，任命 A. 弗里奇为卫生部部长一职希拉克是不会接受的。"对这三位人选的任命，在戴高乐派的议员眼里简直就是一种政治上的挑衅。我告诉总统先生，我要让国家元首知道我极力反对这三个候选

① 克里斯蒂娜·奥克朗：《弗朗索瓦兹·吉鲁，一位法国女性的抱负》，法亚尔出版社 2003 年版。

人。冒着难于组阁的危险，我建议总统将卫生部部长这一职务授予一位在各方面都能被接受的一位女性，这就是西蒙娜·韦伊。……我认为西蒙娜是一个与众不同的人物，不论在人品上，还是在能力上都是可以接受的，她是一个有勇气，敢于面对任何困难的女性。”希拉克说。

由于M. 加罗在新任总理的耳边不断地吹风，对西蒙娜的任命问题成为希拉克和德斯坦争论的议题。

在政治上，共和国总统是妇女权利的捍卫者，他回忆说：“对于女性的任命总是要经过一番艰苦的斗争来获得男性的认可，但是对西蒙娜的任命例外。希拉克总理即刻接受了西蒙娜的人选。”① 希拉克用不同的口吻说：“吉斯卡尔对西蒙娜不很看好……他沉默不语，显然是不同意，但是在我的执意坚持下，他最终只能是让步了。”对西蒙娜的任命也使一个人很不幸，这个人就是加罗。在沉寂了几年之后，她也非常希望在政府中谋到一个理想的位子。

1974 年 5 月 27 日，当西蒙娜在巴黎大众运输公司秘书长家里，与R. 阿拉斯先生和夫人共进晚餐的时候，西蒙娜接到了希拉克打来的电话，获知后者建议她出任卫生部部长的职务。

我们可以设想一下当时的情景：深夜 22 时，当电话铃声响起的时候，西蒙娜和她的丈夫安托万与R. 阿拉斯夫妇正在聊天，他们聊的事情很多，当然也离不开一些政治话题，如共和国的新任总统以及未来的政府总理等。通常情况下，在这么晚

① 吉斯卡尔·德斯坦：《权利与生命》第一卷，12 出版公司 1988 年版。

的时候不会有谁还能打来电话。

听到电话铃声后，家庭主妇向客人表达了歉意，向后略移动了一下椅子，便站起身来。一会儿，她返回餐厅，眼睛看着西蒙娜说：

——找你的。

——谁呀？

——我不知道，但是，他说事情很急，很急。

在电话的另一端，政府总理希拉克先生邀请西蒙娜加盟新一届政府。对于这样的消息，直到今天西蒙娜仍负责任地说，“当时，我真回不过神来。”

放下电话，西蒙娜非常平静地回到了自己的座位上。然而，对这个紧急电话大家所提出的这样或者那样的问题，她简单地回答说：

——没什么要紧的事情。

晚宴照样进行。“但是一直到晚宴结束时，我所表现出来的平静却让我的丈夫异常吃惊。”① 直到今天西蒙娜仍然十分诡秘地回忆说。

西蒙娜虽然对希拉克有一些了解，但并不很多。“我被他在工作中所表现出来的令人难以置信的充沛精力所吸引，当你与他接触时，你会感受到他的随和、热情、平易近人，但有明显的派系思想。你会遗憾他为什么不是左派分子。一句话，他身

---

① 西蒙娜·韦伊：《一生》，斯托克出版社 2007 年版。

上有一种磁性般的魅力。”[①]

根据相关人士的说法，任命西蒙娜为政府阁僚的想法是由加罗女士提出的。西蒙娜很了解加罗女士，她和P. 朱耶均是新任总理的心腹。

就这样，西蒙娜在1974年5月被任命为卫生部部长。“外界评论说，由于她的个人才华和经历，所以才被任命为新政府的内阁成员。”[②] 直到现在吉斯卡尔·德斯坦仍这样认为。尽管他在电视里宣布新政府成员时，搞错了这位新部长的个人简历，说西蒙娜在二战期间与家人被关押在拉文斯布吕克集中营，而不是奥斯威辛集中营。

但是应该说，这个提议是希拉克最先提出的。他当时在新政府的组阁问题上，可以选择的人员不多，只有5位值得委任的忠臣。他们分别是：J. 苏夫莱任国防部部长，R. 加莱任设备部部长，A. 雅罗任保障民生质量部部长，V. 安斯凯出任商务及手工业部部长，N. 塞加尔任外贸部部长。还有几位国务秘书，代表微弱的戴高乐阵营在政府中任职，他们是：O. 斯蒂恩，主管海外事物；C. 蓬斯莱，负责国家预算；A. 博尔，主管老战士工作；P. 马佐，负责青年与体育工作。

《世界报》的记者P. 布歇是这样描绘这位新上任的女部长的：“她有一双清澈碧蓝的眼睛，宽容大度，永含微笑。她爽朗的笑声，刚步入成熟女性的魅力和磁力般的嗓音形成了她个人

① 西蒙娜·韦伊：《一生》，斯托克出版社2007年版。
② 威廉姆·卡海尔：《德斯坦 权力的舞台》，法国电视3台，2002年。

与众不同的风格。”①

西蒙娜是法国历史上第二位女性部长，上一位是G. 沙皮伊，后者于1947年在R. 舒曼政府担任人口与卫生部部长（1947年11月24日至1948年7月26日）。

西蒙娜从没有对自己作出过高的评价：“我之所以能够出任部长，首先因为我是一名女性，其次就是机遇，毫无疑问女性总是会得到别人的关照。”②

就是这样的一个电话通知，西蒙娜走进了她完全不熟悉的政界。然而，她全然不知意想不到的敌手在等待机会向她发起攻击。

同时，她还不知道，接受了这个部长职务，只是她在政治生涯中迈出去的难以置信且具有历史意义的第一步。西蒙娜仅是政府这部机器上的一名普通一员，不久她将成为政府官员的楷模。

她是一名公仆，将会成为法兰西具有象征意义的标志性人物。

---

① 《世界报》1974年5月30日。

② 2004年3月8日在法国参议院举行的“（19～20世纪）女性与权力”学术研讨会上的讲话。

关于女性自愿终止妊娠的法律

旧制度下的女性虽然受尊敬，但不受重视。

可是自大革命以来，即使她们得到了别人的尊重，

也仍然得不到社会的重视。

——奥伦比·德·古日：《公民和妇女权利宣言》，1791。

一份急件

1974 年，当西蒙娜身着令人陶醉的浅粉色上衣参加第一次部长会议时，她就深切地感到，在德斯坦总统与希拉克总理之间存在着分歧。因此，西蒙娜认为，“也许用不了半个月，最多一个月，我就会做出蠢事来，重操法官的工作。”① 新任总统非常急切地想在 1974 年夏天就推行其关于社会问题的改革方案，自 1974 年 7 月 5 日起，承担民事责任的成人年龄从原来的 21

① 威廉姆·卡海尔：《德斯坦 权力的舞台》，法国电视 3 台，2002 年。

岁降至18周岁，并着手于1975年7月11日执行75－617关于离婚的新法令，规定了夫妻离婚的三个条件（双方同意，感情破裂，一方错误），还有就是委托卫生部部长西蒙娜制定允许妇女自愿终止妊娠的法律条文。

德斯坦回忆说："这是我参加总统竞选时的诺言。我非常大胆地抛出这项法律改革，是不符合我所在政治阵营的文化的。"①

与反对派的F. 吉鲁相比，共和国总统更欣赏西蒙娜的人格和独创精神。此外，总统没有任命一位妇女解放运动的女士是担心在政界里引起强烈的反响。而西蒙娜在某种程度上则属于资产阶级，不会引起骚动。哈利米曾补充道："西蒙娜不会让男士感到威胁。她有足够的才智去理解男人，而不会与他们制造纠纷与矛盾，更不会有颠覆政府的想法。在她的身上处处体现着和谐的精神。"②

几年来，在大众百姓当中，人们期待着允许妇女自愿终止妊娠的法律条文，至少是在法律上应该有一个明确的说法。因此，对此议题的法律改革是非常必要的。

应该说，从立法上讲，这不仅是一个很棘手的问题，也是一个具有划时代意义的问题。实际上，早在1920年7月31日颁布的法律就已经严厉地禁止堕胎行为，认为这是一种犯罪，自那以后堕胎往往是私下秘密进行的。

---

① 《世界报杂志》第25期，2010年3月20日。

② 吉塞勒·哈利米：《橙汁》，迦利马尔出版社1988年版。

在法国，妇女堕胎属于犯罪行为，往往被判处苦役或死刑。M. 吉鲁，当时被人称为非法替人堕胎的接生婆，私下堕胎 27 起，被判有罪，于 1943 年 7 月 30 日，被维希政府送上了断头台。在第二次世界大战以后，由于国家在重建恢复时期出生率的不断刷新，众多事件引起了不少司法上的流言蜚语。就连一些反对堕胎的人，也纷纷指出出生率的失控会给社会带来负面的影响。

可是，到了 1960 年，由于人们在道德上接受了性解放和避孕措施的普遍推广，法国的出生率便开始下降。1967 年 12 月 28 日通过了由议员 L. 诺伊维尔特提出的避孕法案。该法案允许人们采取避孕措施，同时废止了 1920 年开始实施的旧法律。

“对于我来说，很难处理令人棘手的堕胎问题。不论是从教育上看，还是从信奉天主教的角度说，由于对医学界和社会上的信息掌握得不全面，我和大家一样，目睹了由堕胎而带来的与日俱增的社会问题。”①德斯坦回忆说。

然而避孕技术的推广并没有解决所有问题。对于那些没有采取避孕措施或者得不到避孕技术的妇女来说，仍然会遇到在卫生条件极差的情况下非法堕胎的问题，仍有大量的妇女在接受非法堕胎手术后死去。

在这方面仍存在着严重的不平衡。那些拥有足够经济能力的妇女跑到英国或者荷兰接受合法的流产手术。

此外，多家妇女联合会（如争取堕胎与避孕自由运动组织）

① 吉斯卡尔·德斯坦：《权利与生命》第一卷，12 出版公司 1988 年版。

举行各种活动来表达妇女自愿怀孕而非强迫怀孕的诉求。

最后还需要解决一个妇女被强奸后导致怀孕的问题。大家都知道，在几年前，也就是在1972年10～11月提起诉讼的“博比尼诉讼案”，引起了整个法国社会的热议。一名未成年的女孩，作为一起强奸案的受害者，决定终止妊娠，结果被强奸犯告上法庭。该女孩被迫面对这起诉讼案件，并引发了一场真正意义上的、围绕自由选择堕胎问题的全国性的政治争端。

当时有一位阿尔及利亚的女性律师叫哈利米曾遭到法国士兵的拷打，她与法国著名女作家S. 波伏瓦共同领导一个为女性争取堕胎、免于刑事责任的妇女联合会。她曾为D. 布巴夏担任过辩护律师。由于该名女性律师主动申请为受害女孩出庭辩护，使得“博比尼”这桩诉讼案件在全法兰西引起了强烈的反响，促使政界官员开始考虑妇女自愿堕胎问题。他们当中有很多人，如M. 罗卡尔都来旁听为被告人的辩护。

最终，这桩案件的审理结果是：未成年女孩获得释放；女孩的母亲被判罚金500法郎，缓期执行；为女孩实施堕胎手术的被告人被判有期徒刑1年，缓期执行。实际上，法院的判决在宣判以后根本就没有执行。在这桩案件中，哈利米和她所领导的妇女联合会取得了政治上的明显胜利。结果，1973年6月，时任司法部部长J. 泰坦热首先提出了法律议案，并举行了42场听证会进行论证。该法律议案仅希望，在很局限的医学缘由条件下，能够允许妇女终止妊娠。但是，这一提案在490位议员投票中，遭到255位议员的反对，未被通过。

就是在这样的社会背景下，1974年夏天，在西蒙娜上任卫生部部长时，再次提出了允许妇女自愿终止妊娠的问题。

西蒙娜的助手是前文化部办公厅主任 D. 韦尔，前文化部部长 M. 德吕翁任办公厅主任，还有多位女性顾问，如 C. 梅姆、M. 埃兹拉蒂、M. 贝拉尔。

在西蒙娜和前任卫生部部长交接工作时，她与 M. 波尼亚托夫建立了良好的关系，也感到了女性堕胎问题的紧迫性。因此，一上任，西蒙娜便很快投入工作。她非常坦率地说："几年来，我对妇女自愿堕胎问题就很敏感。这不仅因为我本人是一位女性，还因为我同时还是一名法官。和我的同事一样，为我知道的这些悲剧而感到震惊。"①

卫生部用了几个星期的时间，在办公厅的帮助下，做了大量的咨询与调研。西蒙娜在与总统办公室的合作下，开始起草法律条文。她先后多次接见了妇女联合会、计生运动组织的代表。"当西蒙娜接见我们的时候，她对我们说，她在考虑两个问题，一个是计划生育的问题，一个是妇女联合会的问题，没有考虑社会保险的补偿问题。"② 妇女联合会的创始人之一，某大学教师 R. 塔尔曼回忆说。

西蒙娜同样也接见了哈利米律师。"我和西蒙娜有时同进午餐，有时在电视机里面对面地讨论问题。我很喜欢与她会面，观察她的言行举止。在法律方面，我坚信她的能力，对社会上的不公平，她略显保守。她说'不论你怎么做，社会上总是有

① 西蒙娜·韦伊：《一生》，斯托克出版社 2007 年版。

② 瑞达·塔尔曼与里贾纳·多古瓦斯合编：《为争取自愿终止妊娠权利的斗争》，女性问题研究中心文献资料汇编 4～5 月，1995 年。

贫与富的差别，亲爱的吉塞勒女士，这些你是改变不了的。'"①这位女性律师回忆道。自那以后，这两位女士以各自不同的方式，投入到共同的斗争当中，并且建立了相互间非常珍贵的友情。

此外，由卫生部所负责的其他工作和混乱的作息时间，西蒙娜都要逐一推进落实。尽管会议繁多，工作有时令人感到非常疲倦，但是，她所负责起草的法律文件已初见端倪。

从政治上看，西蒙娜所负责的问题，不仅是一个具有爆炸性的问题，并且还将这位女部长本人推到了风口浪尖上。"我一点都没有意识到，我所提交的法律文本是一个充满剧毒的礼物。"② 西蒙娜回忆说。"不管怎么说，如果西蒙娜不看好的问题，她是不会做下去的。"③希拉克政府主管工人劳动条件的国务秘书，也是西蒙娜的密友 L. 斯托勒吕补充说。

"作为政界人物，有时要做一些别人不喜欢做的事情。当他接受了一个职位的任期或者承担一项任务时，他就得不考虑个人的性格和情感因素，他必须选择一个最能体现整体利益的政治原则。这就是这一职业的伟大一面，被人们称之为热忱。"④西蒙娜后来这样说。然而，在很多具体情况下，西蒙娜都将实现全民利益作为自己追求的信仰。

卫生部的工作在她的领导下，紧锣密鼓地展开。同事们也在努力地工作，以避免引起部长的不快。记者 A. 迪哈梅尔在

---

① 吉塞勒·哈利米：《橙汁》，迦利马尔出版社 1988 年版。

②③ 威廉姆·卡海尔：《德斯坦 权力的舞台》，法国电视 3 台，2002 年。

④ 2010 年 3 月 18 日，在法兰西学院欢迎西蒙娜成为院士的致辞。

相关报道中这样写道："作为卫生部部长，她每天都要来到位于塞居尔大街上一幢十分简陋的办公楼里上班。在走廊里，我们时常会听到她严厉的训斥声。……当她在布置工作时，她希望得到别人的服从，以形成自己的权威。"①

在这个由集体决策的政府机关里，西蒙娜认为，在推进妇女自愿终止妊娠的问题上，她能够得到同事们的支持，特别是能够得到吉鲁的援助，因为后者多次在《快报》上发表了很多具有进步理念的文章。然而，西蒙娜在政坛上毕竟是一个新手，她很快就意识到，平日里的微笑只是面容上的一种表现形式。而那些攻击你的重拳，则隐藏在拥抱你的或者恭维你的那些人的身后。她原以为敌人存在于外部，但是，很快她就明白了，敌人同时也存在于内部。她有意接近当时负责妇女工作的吉鲁女士。后者是位由西蒙娜遴选的、在总理直接领导下配合西蒙娜工作的国务秘书。但是，在与这位她追捧多年的记者会晤后，给她留下的只有苦涩的回忆，令这位卫生部的女部长有些心灰意冷。西蒙娜在怀疑："吉鲁是否真正对妇女事业感兴趣？对此，我难以确信。"②

如果说在女人之间，尤其是在政界女性之间的竞争是非常激烈的话，那么她们之间一定存在着某种形式的相互嫉妒，也许在F. 吉鲁和西蒙娜之间就存在着这种嫉妒的心态。

两个人都将对方视为政治家的女性顾问。加罗不经意地指

① 阿兰·迪阿梅尔：《追求者》，迦利马尔出版社1988年版。
② 西蒙娜·韦伊：《一生》，斯托克出版社2007年版。

出：吉鲁“没有想到西蒙娜会一下子就成了政府的内阁成员，并且根据各方的舆论看，自己与她无法相提并论。作为一名记者，心胸如此狭窄，只能说明她很幼稚。”① 然而，作为梅斯梅尔政府负责社会事务的前顾问 Y. 萨布雷更为直率地说：“两个人的关系是互相提防、讨厌、嫉妒。西蒙娜的荣誉令吉鲁不快；反过来，F. 吉鲁的魅力也令西蒙娜不爽。”②

除了穿梭于社会事务部门和司法部门，来协调法律草案的起草工作外，吉鲁在哈利米和塔尔曼的帮助下，付出了极大的努力，试图对 11 月份的选举施以一定的影响。

但是，在西蒙娜看来，“F. 吉鲁设计的堕胎法案就是应付司法的需要，承认妇女的这种权利，没有任何程序，也没有附加任何特殊的条件。”③ 直到 2003 年过世时，F. 吉鲁对她们两人的关系依旧怀着苦涩的记忆。她用三句话坦率地概括了她们之间的怨恨：“实际上，我很苗条优雅。她显得有点胖。但是，她不肯接受这一现实。”④ 其实，《快报》的很多记者对女部长的服饰，至今还保留着当时的评价。

西蒙娜同时还要公关时任司法部部长的勒卡尼埃，他是该项法律改革的关键性人物。因为 1920 年法国颁布的法律规定，妇女堕胎属于一种犯罪行为。同样为政府阁僚的 J. 德尼奥先生面带微笑地回忆说：“这不仅仅是卫生部一个部门的问题，同样也是司法部部长的问题。”⑤ 他又进一步明确地指出，“鉴于他

---

①②③④ 克里斯蒂娜·奥克朗：《弗朗索瓦兹·吉鲁，一位法国女性的抱负》，法亚尔出版社 2003 年版。

⑤ 威廉姆·卡海尔：《德斯坦 权力的舞台》，法国电视 3 台，2002 年。

本人涉及选举问题，司法部部长拒绝参与这一法案的改革论证。”

勒卡尼埃作为人民共和运动的继承人，民主中间派的领袖，他所领导的这个天主教民主大党，拥有大量的天主教信徒，他们当中有相当一部分人反对改革该项法案。《世界报》一位叫P. 布歇的记者，在对此问题的报道中写道：“勒卡尼埃觉得堕胎法案是一个非常棘手的问题，难道他不希望将这项工作转嫁到别人的身上吗？”①

西蒙娜的丈夫与基督教民主界人士保持着良好的关系，所以她在丈夫的斡旋下，非常谨慎地与天主教上层人士保持经常性的沟通。尽管他们反对这一法案，但是他们之间的交流不存在任何问题。剩下的问题就是解决原教旨主义者的问题，因为他们会在合适的时候对西蒙娜发起人身攻击。

尽管希拉克认为这是一个小问题，但是他还是站在了这位女部长的一边，支持这一法案的改革。直到今天希拉克仍然为自己辩解说：“我应该表明，我与很多政界的朋友以及多数选民不同，我一开始就力挺这一改革法案。”他的很多合作者对此均持反对意见。这样记者出身的、希拉克的新闻发言人F. 博纳曼坦言道：“就其个人来说，他是反对这一法案的。但是他认为，在这个问题上，他没有权利站在个人的角度来考虑问题。所以这就说明了为什么他在夜以继日异常艰难的博弈中，选择了全

① 《世界报》1974年5月30日。

力支持西蒙娜的原因。”[①]

由于西蒙娜得到了共和国总统无条件的支持，这使得她的工作得到了较快的推进，并使相关文献顺利地送达相关部门。不管怎么说，那些老奸巨猾的政客们，原本以为这位女部长已经深陷泥潭，一定会放弃改革这一法案，但是结果并非如此，女部长没有放弃。为此他们付出了十分惨重的政治代价。

首先，时任伦敦“自由法国”电台的发言人，也是推崇戴高乐思想的急先锋，后来成为蓬皮杜政府的外交部部长的 M. 舒曼也来警告西蒙娜这事不妥。L. 斯托勒吕补充说：“这不是一件让女人做的事情，这是一件欠思考的事情。”[②]

终于该法案提交到了部长联席会议上。在此必须指出的是：这个也许称谓不很正确的堕胎法案允许妇女自愿终止妊娠。但是，这一法案并没有给堕胎行为任何权利，并且始终认为堕胎是在极其特殊和万般无奈的情况下使用的手段。因此该法案指出：“促使政府颁布该法案的目的，在于整治私自堕胎的混乱和非法的局面，并对我们目前所遇到的、最困难的问题之一，找到一个可控的、人道主义的解决办法。关于堕胎的问题，它为我们每一个面对生命应该负起责任的人，提出了一个严肃而痛苦的问题。”

该法案明确规定，所涉及的妇女，在其妊娠的十周内，她是唯一有权决定是否接受堕胎手术的人。而那些怀有身孕的未

---

① 菲利普·马德兰：《雅克·希拉克传记》，弗拉马里翁出版社 2002 年版。
② 威廉姆·卡海尔：《德斯坦 权力的舞台》，法国电视 3 台，2002 年。

成年人，则需要提交父母的同意协议书。自愿接受堕胎手术的妇女，应该咨询相关的医生。而医生必须向当事人指出由此而带来的医学上的危险，并指导当事人，到计划生育部门或家庭教育中心去详细了解一些必要的信息，如领养孩子和妇女应该享有的社会权益等方面的信息（特别是单身母亲所应享受的社会权利）。

最后，最根本的问题是，必须由医生在医院或私人诊所里实施自愿终止妊娠的手术。

这样，人们就堕胎问题而起草的法律文本最终被呈交于国民议会，接受专题委员会的审议。正是在这一阶段，围绕妇女自愿堕胎的立法才遇到了真正的阻力。

11 月的考验

1974 年 11 月 19 日，国民议会负责社会事务的专题委员会开始审议堕胎法案。委员们一接到法案，便表达了他们极度的不满。尽管西蒙娜属于议会多数议席党派的成员，但是他们当中仍有一部分议员强烈反对修改堕胎法案。H. 贝尔热是一位乡村医生，是科多尔省保卫共和联盟（戴高乐派）的议员。在他的主持下，委员会连续 12 个小时就法案问题进行了激烈的辩论。

原本为该法案作论证报告的人也是一位戴高乐派的议员，他来自大西洋岸边卢瓦尔省，名叫 A. 博洛。他认为，该法案较为随意。因此在接受任务后，执意推脱为该法案进行解释工作。根据委员会主席的说法，围绕法案的辩论既严肃又庄重。

全体会议的争辩异常激烈。尽管大部分医生出身的议员赞成女部长提交的法案，但是医师工会委员会却坚决反对。就在投票表决的前一天晚上，天主教公开出面对此进行干预，就犹如在意大利，天主教反对离婚法案一样，呼吁基督教届的议员否决这一法案。

1974年11月26～29日，国民议会围绕妇女自愿终止妊娠法案举行辩论，法国电视台首次全程直播辩论实况。由于法国广播电视局举行罢工，西蒙娜和国民议会在三个电视台同时亮相。

当日16时，在法国电视台，当国民议会主席E. 富尔宣布“今天大会的议程将讨论关于妇女自愿终止妊娠的法律问题”时，西蒙娜明白了，她期待的时刻终于到来了。

在该法案的报告人H. 贝尔热作完了相关的介绍后，卫生部部长受议会主席的邀请，向大会对法案作了详细的介绍。

她身着蓝色长袖上衣，佩戴珍珠项链，慢慢地走上了讲坛。然后以非常平和且庄重的声音说：“主席先生，女士们，先生们，作为一名女性，卫生部部长，非议会成员，今天我站在讲台上请求你们对妇女自愿终止妊娠法案进行投票，这是一个力度较为深刻的法律改革。请你们相信，面对这一问题带给我们的困难，面对每一位法国人内心的巨大反响，怀揣着对人类的深深情爱，我们在此共同承担起这一历史责任。”

西蒙娜在1974年11月26日的演讲，是第五共和国成立以来，最有影响的演讲之一。她指出了难以容忍的女性堕胎现状，由此带来的矛盾，某些妇女的无助以及悲惨的命运。该法案不仅对那些鼓励生育的人是一个致命的打击，同时在这场争辩中，也唤醒了父亲的责任。她在讲话中最后指出，“历史向我们表明，虽然大范围的争辩会造成法国人的分歧，但是随着时间的推移，必然会迎来新的社会共识，这反映出民族的宽容与国家的措施，对此我和大家一样充满信心。”①

1974年11月26日，西蒙娜·韦伊在法国，甚至可以说，在全世界崭露头角，阔步走进了法国的历史。如果说通往地狱的道路为西蒙娜的人生奠定了良好的意愿，那么历史的道路则为她布满了嘲笑与辱骂。因为，这一天是围绕堕胎法公开争辩的开始。作为社会事务委员会主席，该法案的报告人H. 贝尔热就曾明确地指出，每个人都会依个人的良知表明自己的态度。已经有74位议员报名要求在大会上发言，这就使得这场争辩变得更加激烈，甚至是充满了恼怒与仇恨。

如果说以M. 罗卡尔、P. 莫鲁瓦和L. 马兹为代表的社会党左派看似赞同这一法案，然而多数派的一些头面人物并没有登台谴责这一法案，在多数派当中也没有任何迹象表明会投票赞成改革这一法案。就连西蒙娜在其手下担任法官时就非常熟悉的前司法部部长富瓦耶也都没有表态。他在与第五共和国之父M. 德布雷的谈话中说：“长时间以来医生异常愤怒地抵制堕胎行为的工业化，无需很久，我们就会亲眼目睹法国就像一个屠宰场，大量未成熟婴儿遍地横尸……法国政府让我们接受一项违心的、令人失望的、极其消极的法案。”M. 德布雷温和但

① 1974年11月26日西蒙娜在国民议会上的讲话。

强有力的指责将这场争辩视为根本不能成功的闹剧。他指出，赞成改革堕胎法案的人不会超过四分之一。

议会大厦已经变成了火药味极浓的战壕：当你说服了一位议员时，另一位议员又改变了主意。随着支持者的增加与流失的反复变化，有关妇女自愿终止妊娠的争辩已经变成了凡尔登激战。西蒙娜的支持者在议会大厦到处游说，他们的耐力在这个极度过热的半圆形建筑中，受到了严酷的考验。在议会大厦的走廊里，针对女部长西蒙娜所迸发出的一股强烈的、反犹太人的、带有性别歧视且侮辱人格的情绪弥漫在整个大厅。后来西蒙娜回忆道："自大会辩论以来，我感到十分疲惫。有时，我会感到，我需要让我的腿能够活动一下，稍作休息。这样，我便离开会场5分钟。甚至当时站在讲台上发言的人都会问我，离开会场是否是去卫生间。"① 一位女性议员与西蒙娜一家人同住一幢楼，虽然她对法案投了反对票，但是为了向西蒙娜表示敬意，私下里偷偷地送给西蒙娜一束漂亮的鲜花。

议会留给西蒙娜的难题，似乎还不足以让这位女部长放弃改革法案。她还要面对一群天主教徒和原教旨主义者们的人身攻击。这些诽谤，不仅充斥着凌辱，包括这位在纳粹集中营遭受死亡蹂躏的难民家的门上都给刻上了德国党卫军的十字符号。

当西蒙娜行走在大街上，也总有人用手对她指指点点，就像见到了中世纪的巫婆一样。以至于她的同事不得不将寄给她的、仇视犹太人的信件藏匿起来。

---

① 洛尔·阿德勒：《整洁的女性》，塞伊出版社1993年版。

更有甚者，在若干年后，当西蒙娜的儿子成为律师以后，仍然会收到一些辱骂恫吓的信函。与此同时，她也会收到更多的、充满敬意和鼓励的信件。同样也是在大街上，一些妇女与她打招呼，以表示对她的支持。对于这些不同的态度，西蒙娜说："社会的改革始终是在痛苦中完成的。"

西蒙娜非常落落大方地返回会议大厅，继续参加法案改革的讨论。她亲眼看到，在讲台上那些虔诚的教徒，手持念珠，像一群极其贪婪的恶人一样，期待着西蒙娜的落败。

同样，也在这个半圆形的议会大厅里，一小部分人陆陆续续地离开了会场，这不仅仅是对法案的不满，也是对这位女部长的无声抗议。

博洛先生，他不仅辞去了法案报告人的工作，还在议会上就法案问题发表了措辞严厉的指控。在他的讲话中，十分险恶地指出司法部部长勒卡尼埃没有在辩论的现场。

在政府部门中，虽然只有几位部长支持西蒙娜的改革法案，但是她却坚信希拉克总理的支持。因为她知道，希拉克与那些反对该法案的戴高乐派的人物不同。Y. 盖纳多尔多涅省保卫共和联盟推举的议员坦言道："整个争辩的气氛乱作一团，对她来说真是太难了，但是她的能力和镇静给我们每个人都留下了非常深刻的印象，她赢得了国民议会的敬重。"

辱骂的声音像潮水一样，从讲台上已经蔓延至议会大厦议员的座席上。R. 费伊特是隆勒索涅市德斯坦派推选出来的议员，他认为"如果通过了这项屠杀人类的法案，就是对人类文明的破坏。"他还补充说"我们竟然主张对残疾人、无法治愈的病人、丧失劳动能力的人采取措施，这是效仿纳粹的种族主义行径。”为了强调他的讲话，这位议员从衣袋里掏出了录音机，一个八周零两天婴儿的心跳声顿时回荡在法兰西国民议会大厦的上空。

此时已是23点34分。

与之相反，议会中多数派的其他议员，却力挺这位女部长和她所提交的法案。如F. 帕纳菲厄的母亲H. 米索夫夫人，她是一个抚养了8个孩子的妈妈，政治上属亲戴高乐派，事业上是温德尔冶金集团的继承人。在这场争辩中，她是第一个站出来支持法案改革的议员。她说：“你们根本不了解妇女，对于那些借助于堕胎终止妊娠的妇女，你们认为是一种犯罪的行为，在我看来，这种看法是可鄙的……部长夫人，在这个问题上，你表现出了勇敢与正直……有你的领导，我对未来充满信心。”不久，在西蒙娜向米索夫夫人表达敬意时说：“她的讲话和所表现出来的果敢，起到了非常重要的作用。因为一个有8个孩子的妈妈所表现出来的情感、人性、人格使任何人无法对她的责任感提出质疑。”[①] 后来，在1994年投票通过生物伦理法案时，H. 米索夫夫人又一次支持了西蒙娜提交的议案。

当议员J. 达耶针对西蒙娜发言时，污辱可以说达到了极致：“请你设想一下，我们刚刚抓获了一名躲过惩罚的纳粹医生，他是对人类施以酷刑，包括活体解剖的医生之一。我现在

---

① 2004年3月8日在法国参议院举行的“（19～20世纪）女性与权力”学术研讨会上的讲话。

要问的是，他的所为和我们在法国医疗机构将要实施的行为，有什么本质上的区别？这简直是令人难以置信的妄为，你们可以直率地说，胎儿是侵略者。这样，部长夫人，你会看到将要发生的事情，那就是，这些胎儿被扔进焚尸炉或者遗弃在垃圾箱里！”若干年后，达耶对自己这番讲话的懊悔，始终无法擦去凌辱留给西蒙娜的记忆。以至于德斯坦不得不承认：“虽然西蒙娜没有议会争辩的经验，但是她所表现出的尊严与勇气有助于议会通过该法案。”①

西蒙娜决定坚持到底，赢得了法国人民、共和国总统包括反对派的赞誉。法国的政界人物L. 斯托勒吕愤愤地说：“当她坚信自己所做的事情是正义的，困难都无法阻止她前进的脚步。她能走出奥斯威辛集中营，这点辱骂又算得了什么？”② 然而，1974年11月28日那一天，西蒙娜坐在自己的座位上，她双手抱头，身体前倾，已略感体力不支，濒于崩溃。戴高乐思想的追随者盖纳也承认，“当时，我们主要是反对德斯坦，而不是西蒙娜和她的堕胎法案。”尽管辩论时德斯坦没有到会，但是他非常清楚地知道，那些反对改革法案的戴高乐派人物绝不会放过对她人格上的侮辱。所以德斯坦说：“她以坚定的信念为法案进行了辩护。从人性的角度看，她的崩溃是可以理解的。也就是说，她曾有过一段时间的无力和焦躁，所以我们才能见到她坐在政府的席位上切切哭泣。”③

---

① 《世界报杂志》第25期，2010年3月20日。

②③ 威廉姆·卡海尔：《德斯坦 权力的舞台》，法国电视3台，2002年。

所有看到这一场面的人都承认这一点，只有当事人西蒙娜承认自己确实有些体力不支，但绝没有落泪。甚至到现在她仍不愿意回忆起当时她是如何受到冷言恶语的攻击，不愿意提及这段伤心的往情，不情愿让那些男士们感觉到女人比男人脆弱得多。多年以后，西蒙娜在欧盟议会工作时的一位同事说："西蒙娜简直就是一块碾压不碎的花岗石。"作为重要人物，希拉克毫不犹豫地指出："在她感到束手无策的时候，西蒙娜眼含泪水，于1974年11月29日到30日的夜里给我打电话，请求我的援助。在议会宣布休会以后，辩论的局势变得异常不利。为了支持她，我立即赶到了会场。在没有充分措辞的情况下，我让那些固执己见的保卫共和联盟的议员们懂得改革这项法案的道理。"然后，希拉克将矛头直接指向德斯坦："在今天夜里，一些观察者们已经注意到了这一点：除了一张纸贴表明了总统支持改革的立场外，爱丽舍宫始终保持沉默的态度。"然而，希拉克，这位共和国的前总统（1995～2007）却忘记了11月29日3点40分，也就是28日到29日的那一天夜里，议会对法案进行了投票表决！"我并没有跟踪议会辩论的具体细节问题。这不是我的责任。但我在报刊上看到了相关报道，并且，在电视新闻节目中，我也目睹了现场的实况。"① 德斯坦反驳说。

在她的回忆录《一生》中，西蒙娜选登了另一张辩论的照片。有没有眼泪不很重要，但她顽强的战斗意志、她果敢的勇气和坚韧不拔的精神使整个法兰西备受感动。这也使得她在S. 舍尔谢、

① 吉斯卡尔·德斯坦：《权利与生命》第一卷，12出版公司1988年版。

J. 饶勒斯之后，在 R. 巴丁代尔之前载入我们共和国的史册。

左派试图为堕胎手术提供一些经济上的补偿。这样便形成了一个折中的办法：通过不提高手术费用的价格，达到不予补偿的目的。在这种情况下，医护人员便会拒绝实施自愿终止妊娠的手术。人的良知，也是每位议员的良知，在投票表决前备受磨难。时任《新观察》杂志的记者 F. 吉埃斯贝尔发文指出："瞬间，一种没有人性的气氛笼罩在议会大厦半圆形会场的上空，飘荡在多数派，也就是总统这一派的席位上。"[①] 就是 11 月份的短短几天，彰显了法国人的精神，并且在辩论达到白热化的程度时，男女议员们将通过投票决定法案的命运。

右派中有好几个关键性的人物，可以说他们是这场辩论天平上的重要砝码。他们不仅是巴黎地区的议员，还是二战抵抗运动组织重要的成员：J. 富瓦耶、L. 诺伊维尔特和 E. 克洛迪于斯，他们在议会中属于德高望重型的人物。如诺伊维尔特作为律师，曾是主张通过口服避孕药物实施避孕的倡导者。他坦言道："对于我来说，我反对堕胎法案，但是我同情妇女，因为这是我们社会的错误，也是男人私欲使她们处于十分尴尬的境地。" 1973 年 6 月，他曾竭力反对泰坦热提交的堕胎法案，但是这一次他终于赞成西蒙娜提交的法案。他说："我与一切导致堕胎的行为作斗争，但是对西蒙娜提交的法案我会投赞成票的。" 接下来，还有几位议员也表示赞同该法案。这是因为，在议会大厦的走廊里，内务部长 M. 波尼亚托夫斯基穿梭于议员

① 《新观察》第 523 期，1974 年 12 月 2～8 日。

之间，不断地做解释工作，要帮助西蒙娜使法案获得通过，同时还要避免极有可能给共和国总统带来负面的影响。社会党和主张共产主义思想的议员们毫不顾及德斯坦的形象问题，将矛头直接指向了总统，以争取最后的抵制机会。

准确地说，1974 年 11 月 29 日星期五的夜晚，西蒙娜提交的妇女自愿终止妊娠的法案以 284 票赞成、189 票反对获得了通过。然而，德斯坦所领导的政党却没有全力支持本派出任的女部长。左派投了赞成票，戴高乐派则分成了不同的阵营：以 M. 埃尔佐格、J. 勒塔克、L. 诺伊维尔特代表的少数派形成了一个支持改革法案的阵营；以吉塔尔、C. 姆维尔为代表的多数派组成了一个反对改革的势力。戴高乐政治派别主办的《十字路口》周报则将法案称为“韦氏罪恶法”。甚至有些人毫无掩饰地说：他们之所以投了反对票，那是因为这是一次卑鄙的选择。也就是说，对这一法案的态度将我们民族的伟人同追随者区分开来。一位名叫 M. 斯扎弗朗的记者在报道中写道：“在这种情况下，你既不属于左派，也不属于右派。你既不是集中营里的囚犯，也不是部长。你还不是犹太人，更不是女人。你就是西蒙娜·韦伊。”[①] 不久，全国医生工会委员会被取缔。通过的法案在 1975 年 1 月 17 日开始实施，并从实施之日起的 5 年内，将评估妇女自愿终止妊娠法律的社会效应。1979 年 11 月 28 日，那些反对这一法律的反对派明知战败，但为了荣誉，还是举行了抗议活动。遗憾的是，就是在这一时刻，法国更换了卫

① 《玛利亚娜》2010 年 8 月 6 日。

生部部长，由J.巴罗替代了西蒙娜。这是因为，在西蒙娜传奇般的人生中又搭建起了新的平台。不久，针对妇女自愿终止妊娠的法律，政府制定了经济补偿方面的一系列调整（1982年12月鲁迪法案获得认可）；延长了实施人工流产的法律期限，从原来的10周延至现在的12周；对于未成年的女性取消了家长同意的条款（2001年7月通过了奥布里提交的法律议案）。

该法律的通过可以说受到国家新闻媒介几乎一致性的高度评价。《世界报》主编A.方丹在向西蒙娜表达敬意时说："妇女终于获得了决定是否生育的权利。因为，不论在什么情况下，是女性承担着生育的责任。她用自己的勇敢与正义赢得了法案的通过，在同事中赢得了威望。"[①] F.吉埃斯贝尔也在文章中写道：那些收看过辩论直播的电视观众"能够非常清楚地看到正义的导向和改革的愿望"[②]。《巴黎竞赛》也积极报道了"在人工流产法案的争辩中，一位妈妈是如何经受住历史的考验"[③]。对德斯坦来说，这是一次重大的胜利，正如他的女性卫生部部长所回忆的那样："在自己政治阵营的反对下，他赢下了这场需要胆量的赌注，在总统7年任职的初期，这种象征意义非同小可。"[④] 就在她回到家里的时候，她发现了"一束最美丽的鲜花，这是她从没有收到过的鲜花。这束鲜花是希拉克送来的"。西蒙娜回忆说。

① 《世界报》1974年11月29日。
② 《新观察》第525期，1974年12月2～8日。
③ 《巴黎竞赛》第1331期，1974年11月30日。
④ 西蒙娜·韦伊：《一生》，斯托克出版社2007年版。

法律一旦通过，就要在生活中贯彻实施。有些人至今仍还记着，西蒙娜在 1974 年 11 月所表现出来的果敢与信念，这些人在落实法案中，特别是在跟踪公共卫生机构医生执行法律情况的过程中显得尤为谨慎。法国记者 A. 鲁瓦在《快报》发表文章指出："我们要承认她的才能就是敢于向清规戒律挑战，在她看来，要改变某些习惯就需要持久的行为（她认为医疗行业的严格规定，有些显得过于保守）。"① 对此，西蒙娜反驳说："有些法律无需外力就会落实。但是堕胎法则不是这样的法律。因为，该法律宗旨不是创建一种新型的职业，也不是组建一个服务机构。它是冲击了人们的伦理道德，至少涉及我们要正式接受的道德理念。这一法律表明，尽管过去禁止做的事情现在已经解禁了，但是它却不能深刻地改变一部分人的偏见：即堕胎是一种犯罪的行为；或者是在道义上应该受到谴责的行为；或者是一种影响国家人口增长的错误行为……值得庆幸的是，事情一周一周地得到了好转。"②女部长一方面要求公共卫生机构的医生要积极参与法律的落实工作，另一方面努力倡导避孕措施，包括在道德理念上，要接受妇女自愿终止妊娠的行为。她还认为，有必要在学校中开展相关的宣传活动。

著名作家巴尔扎克在《猫打球商店》一书中写道："我们的心在危机之中破碎或者变得冷酷无情。"如果说自 1945 年以来，西蒙娜的心就已经变得冷漠无情，那么她的心将最终与造就共和国英雄们的冷峻与坚强紧紧地融合在一起。

---

①② 《快报》1979 年 7 月 7 日。

从雅克·希拉克到雷蒙·巴尔政府

我们盛衰荣辱的酒杯盛着五味十色的酒液。

——莎士比亚：《亨利四世》，1596

政策的连续性

在卫生部部长的位子上，西蒙娜的业绩不仅仅是推动实施了妇女自愿终止妊娠的法律。应该说这一法案的实施，是她职业生涯中较有影响的业绩之一。正如戴高乐派的前任部长Y.盖纳所回忆的那样："为此她收到了许多赞誉的信函。"经过这次考验，我们的女部长变得更为坚强，继续执行她所欣赏和敬重的共和国总统赋予她的使命。她曾经这样评价这位谋求成为部长会议的主宰、但又喜欢倾听大家意见的共和国总统，"他思维敏捷、工作能力卓越、仪表堂堂，对自己的职责评价甚高，让人印象深刻。"

医疗机构设备落后和设施翻建问题，包括医院和养老院，同样都是共和国总统优先考虑的事情。这些文件一部分转到了卫生部部长西蒙娜的手里。在她的努力下，1975 年 6 月 30 日，两院议会投票通过了两项法律：一项是关于残疾人的法律；另一项涉及设立社会机构和社会医疗体系的法律。关于关注残疾儿童利益的 75－534 号法令，她特别提到预防、普查、治疗将成为国家义务。同时，根据儿童残疾的状况，国家承担对残疾儿童和残疾青少年提供免费义务教育的义务。在涉及组建社会机构、建立社会医疗体系的 75－535 号法令中，法律文件指出，要对新建和扩建的社会医疗机构实行真正的审计。监察他们收容老年人、残疾人、未成年人和重度嗜酒者，并为这些人提供社会援助的情况。

西蒙娜言行一致，充分展示了政府欲在这方面加快工作进度的决心。为了参加新建医疗机构的开工剪彩，她穿梭于法兰西的城乡之间：1976 年 10 月 1 日，她在格拉斯参加了克拉瓦里医院的奠基仪式，是她为这家医院的建设砌放了第一块砖。在巴斯德医疗研究中心，有一个 1887 年成立的非营利性的私人基金，用于扶持对疾病和开发疫苗的研究工作，当时该机构的经费极其困难，是她改善了巴斯德医疗研究中心的财务状况。后来，她还在国民议会提出了一项法案，修正公共卫生法典中与化妆品和保健品的生产、进口、市场投放有关的第 5 章条款，尤其禁止在生产中使用有害物质。最后，她在国民议会的讲坛上，捍卫了政府在制定政策方面所取得的成就：社会保障、家庭补助、就业和为母亲以及未来母亲提供医疗设备与服务等。

1976 年春，法国发生了两起印象深刻的社会丑闻。一桩是

C. 拉努齐案件，他因在马赛附近杀害了一名少女，遭到逮捕并获刑；另一桩案件是 P. 亨利，因被指控在特鲁瓦谋害了小贝特朗而遭到拘捕。这两起案件，让整个法兰西惊恐不安。最后，C. 拉努齐在 1976 年 7 月 28 日被处以极刑（德斯坦 7 月 26 日驳回了罪犯要求总统特赦的请求，故该犯是德斯坦 7 年执政期间首位被判极刑的罪犯）。1977 年 1 月，在主张免除死刑的律师，即后任司法部部长的巴丁代尔的辩护下，罪犯亨利被判处无期徒刑。这两起案件，在法国围绕死刑的问题上，又引起了真正意义上的司法辩论。

西蒙娜作为司法局所属的前法官、最高司法委员会的前秘书长，负责直接向蓬皮杜总统提交犯人特赦申请，她一直竭力反对死刑。她说："即使在取缔死刑之前，我也是一直反对死刑的。"同密特朗总统一样，她要面对多数民众支持死刑的舆论压力。①

也就是在这一时期，西蒙娜还负责其他方面的工作，如推出维护妇女权益的法律议案。反对吸烟，这在当时还是一个较为时髦的议题，在法国社会和医学界引起了很强烈的争论。记者 A. 孔特将这一争论称为"吉斯卡尔思想的正义之战"②。医生们认为，禁止吸烟涉及每个人的自由问题，对此立法毫无道理。

由于这种个人自由可能会受到一些外部因素的影响，牵扯

① 法国在密特朗任总统期间取消了死刑——译者注。
② 阿尔蒂尔·孔特：《第五共和国的总理们》，文人论坛出版社 1986 年版。

到经济利益，所以西蒙娜在共和国总统的支持下，又掀起了一场禁烟运动，目的就是让民众百姓认识到吸烟的危害，认识到吸烟有致癌的危险。

西蒙娜本人也是一位烟民，在这场抵烟运动的初期，也曾有过退缩的想法。但是，自从她充分认识到这一运动的重要性之后，便毫不犹豫地勇往直前。

M. 蒂比亚纳是一位著名的治癌专家，1988 年成为法兰西科学院院士，兼任法国卫生部抗癌委员会的主席。针对西蒙娜戒烟的问题，他回忆说："由于一系列的烦事，西蒙娜当时吸烟很厉害。就其个人来说，她不喜欢禁烟的议题，但是，她知道，这是一件有益于民众的公益事业，经过了多次艰难的争论之后，她作出这一决定，并且承诺以后绝不在公开场合吸烟。西蒙娜真的做到了这一点。"①西蒙娜又一次面临着与不同恶劣行为做艰苦斗争的挑战。全法医学工会主席，G. 梅拉医生说："在实施预防措施方面，她提出了反吸烟、反酗酒的大型运动。这些运动并不是规劝个人的行为，而是涉及触犯国家法律的问题。"②

从某种意义上说，政府也表现出明显的行业保护主义的倾向。因为，政府更多的是关注烟草消费给它带来的经济效益，而不是烟草带给消费者的危害。

西蒙娜始终坚持自己的信念，并最终在争论中取得了胜利。

---

① 《法兰西学院通讯》特刊第 3 期，2010 年。

② 《快报》1979 年 7 月 7 日。

1976 年 4 月 2 日，她成功地向国民议会提交了抵制烟草中毒的法律议案。该法案强调了对民众提供吸烟有害身体健康的相关信息和烟草消费的限度，同时提出禁止电视、广播以及所有公共场合为烟草业做广告。此外，法律还规定禁止烟草行业为体育赛事提供赞助，包括法律修正案所涉及的机械类的运动（汽车拉力）赛事。1976 年 6 月 29 日，法案终于在参议院获得通过，而后在 1977 年 9 月 12 日颁布的修改法案中增加了一些条例。而在 1978 年 10 月 2 日颁布的法令中，明确规定了某些禁止吸烟的公共场所：如在飞机上和在对身体健康造成不良后果的场所。

由于西蒙娜在工作上的不懈努力，出色地履行了部长的职责，这使她获得了 L. 格里富艾勒学科奖。该奖项本来用于奖励那些在治疗癌症方面取得显著成就的研究人员和研究团队。正是这个原因，在 1974 年，她把该奖转交给了牛津大学的一位 R. 多尔教授。因为，他的研究工作表明，吸烟导致肺癌的可能性极大。

对于 1991 年 6 月颁布的埃万法案，西蒙娜也做了较为坚实的基础工作。对这一法案的争论，直到今天，法国人都要在教育和法律方面付出沉重的代价。当时希拉克也是一个头等烟民，对这个问题兴趣不大。原因是，1976 年初夏，他在思考其他重要的问题。

由于总统与总理之间的紧张关系不断加剧，两位行政首脑间的冲突已经进入了潜伏期。德斯坦曾经认为，在政治的天平上，希拉克能给他带来更多的戴高乐派的力量，然而事实并非如此。又因1973年第一次石油危机的重创，法国的经济和社会动荡，始终看不到改善的迹象，使得两人之间的矛盾愈加公开化。

在法国如何摆脱危机的问题上，德斯坦派与戴高乐派的意见相悖。即使希拉克的经济政策得到了共和国总统的采纳，但是，由于面对接近10%的通货膨胀率，再加上法郎的不断贬值，法国必须在1976年3月走出汇率浮动的欧洲货币蛇形体系的阴影。西蒙娜仍然没有忘记，在作出放弃欧洲货币蛇形体系决定前的那一时刻，共和国总统要求出席部长联席会议的每一位成员轮流发表意见，以便了解大家的看法。

然而，这种暂时的平静，并没有缓和德斯坦与希拉克的紧张关系。德斯坦拒绝解除内务部部长波尼亚托夫斯基和经济部部长富尔卡德的职务，加之右派在区政选举的失利以及他拒绝解散国民议会，这些都加剧了两人关系的破裂。面对这一局面，朱耶还有希拉克的心腹加罗都劝希拉克辞去总理的职务。1976年7月，西蒙娜遇见了正在休假的总理希拉克，后者向西蒙娜透露了打算离开总理府的意愿。这位在妇女自愿终止妊娠法案的争辩中充分得到希拉克总理的鼎力支持的卫生部部长，在总统面前就希拉克辞职的意愿问题只字未提。时任负责大学教育的国务秘书J. 苏瓦松回忆说："他们之间非常默契。"[①] 希拉克多年的好友，在希拉克任总理期间兼任其办公室主任的J. 弗里德曼袒露了实情："她对他怀有深厚的友情，但是一旦他们谈论

① 威廉姆·卡海尔：《德斯坦 权力的舞台》，法国电视3台，2002年。

到政界问题，他们便会让对方感到不快。西蒙娜是一个彻底的中间派，而希拉克无论如何都不会让步妥协。”① 后来他又补充说：“由于多方原因，我也走进了政府机关，就在我刚到那里工作不长时间，他就离开了政府的工作，至今我仍对此感到十分遗憾。”② 其实，在德斯坦总统和西蒙娜之间没有任何友谊，更多的只是后者对前者的尊敬。但是，随着时间的推移，这种尊敬逐渐地被怀疑所替代。

希拉克终于在 1976 年 7 月 26 日将他欲辞去总理职务的决定告诉了共和国总统。但是，直到 8 月 25 日在部长联席会议后，希拉克才正式对外公布自己的决定。面对全国上下的一片哗然，希拉克站在全法多家电视台的摄像机前说：“在我今天看来，实在找不到非常合适的方式来有效地履行总理的职务，在这种条件下，我决定不再担任总理一职。”

德斯坦和西蒙娜不断地听到人们的叹息：大家对希拉克的离任感到十分惋惜。

巴黎之战

也就是在 1976 年 8 月 25 日的当天，R. 巴尔入主总理府。时任商务部部长的巴尔被德斯坦视为全法国最出色的经济学家。实际上，就在他担任总理职务的前几个月（1976 年 1 月），便开始着手组织新一届内阁。除了波尼亚托夫斯基继续留任国务

① 莫里斯·斯扎弗朗：《西蒙娜·韦伊 命运》，弗拉马里翁出版社 1994 年版。
② 法国国际广播电台，2010 年 3 月 9 日。

大臣和内务部长的职位外，戴高乐派的O. 吉夏尔和J. 勒卡尼埃不仅分别担任了司法部部长和国土规划部部长，还被封以国务大臣的头衔。

由于总理直接负责经济和金融事务，所以富尔卡德被降职为装备部部长。尽管希拉克在一片纷纷议论中离开了政府，但是德斯坦派（奥尔纳诺、博内）和戴高乐派（斯蒂恩、博尔、布兰、加莱）仍在政府中合作共事。而西蒙娜仍在政府中担任卫生部部长的职务。她回忆说："希拉克曾试图劝说我一起离职。由于我和他在对总统的评价上存有差异，所以我看不出离职的必要性。这样我就同意在新一届政府中继续任职。"①

然而，政治上的紧张局势并没有因希拉克的离职而缓和。希拉克曾告诉德斯坦，辞去总理职务以后，他将远离政治，打算开一家艺术画廊。可是希拉克深受其追随者的敬重，在他们的帮助下，他试图将一个老朽的戴高乐派的政治团体（共和民族联盟）改组成保卫共和联盟，并于1976年12月15日成为该党派的党首。当时，希拉克也曾试图将西蒙娜拉进保卫共和联盟，却遭到后者的拒绝，这令前总理希拉克非常气愤。毫无疑问，这一定是希拉克的高参们建议他将法兰西最受百姓欢迎的女中豪杰拉进自己的政治阵营，以便能够瓦解德斯坦炫耀的现代化特色。

从这一时期开始，西蒙娜与希拉克之间的关系开始发生变化。他们之间的友情虽在，但不影响他们之间对政治问题的争

① 西蒙娜·韦伊：《一生》，斯托克出版社2007年版。

辩。尽管希拉克在妇女自愿终止妊娠法案的辩论中，曾给过西蒙娜强有力的支持，但是他对抵制禁烟运动所表现出来的冷漠也许是他们之间关系破裂的初兆。1979 年，两人之间的关系最终破裂。这是因为，不仅希拉克没有离开政坛，反而在议会多数派中成为与共和国总统进行抗衡的危险力量。当时德斯坦尚没有足够的政治力量与这位前总理进行政治上的较量，而就是在 1976 年年底和 1977 年年初，这位前任总理决定对国家元首施以最大程度的压力。

在 1977 年 3 月举行的市政选举中，包括巴黎市在内，一开始就呈现出非常清晰的政治格局：德斯坦决定要给法国的首都设一个市长的位子。因为，1870～1871 年，J. 费里曾担任过巴黎市市长。自那以后，巴黎一直是由各大区区长联合管理，而对于巴黎本地的一些问题，则由巴黎市的行政长官代表国家出面解决。1975 年 12 月 31 日通过的法律，终止了巴黎所享有的这种特殊地位。巴黎变成了与其他市镇完全一样的普通城市。

这样巴黎市市长可以兼任市政议会的主席，行使第一行政官员的职务和省议会主席的职权。希拉克当时还没有宣布参加巴黎市市长的竞选，但是，为了对抗左派联盟的候选人、共产党派的议员 H. 菲兹宾，希拉克首先想到的就是西蒙娜。

为此，卫生部的同事甚至还制定了初步的竞选策略。希拉克指出："如果她是巴黎市市长的候选人，我绝不参加竞选。你们听到我说的话了吗？绝不！"[①]

① 莫里斯·斯扎弗朗：《西蒙娜·韦伊 命运》，弗拉马里翁出版社 1994 年版。

然而，共和国的总统也打算给他最厉害的对手，在通往巴黎市市长的道路上设下重重障碍，同时主张在自己的阵营内物色一位候选人。他也首先想到了西蒙娜。这是因为西蒙娜在制定妇女自愿终止妊娠法案的全过程中已身负众望，一定能成为一名出色的市长。所以她不仅是一个与戴高乐派可以达成共识的候选人，还能增添现代化的色彩。正如 A. 迪阿梅尔在文章中所写的那样："德斯坦确实想到了西蒙娜是巴黎市市长的最佳人选。也许她本人对此也很感兴趣。但是，由于西蒙娜本人没有这样的想法，故此这项动议未能明确地表示出来。"①

一个女人成为法兰西首都的市长，这是多么大的一个进步啊！遗憾的是，西蒙娜没有正式地向德斯坦提交她的候选人申请。无奈，德斯坦最终选定工业部部长 M. 奥尔纳诺为候选人。该人是拿破仑时期的大元帅 P. 奥尔纳诺与拿破仑的波兰情妇 M. 瓦莱夫斯卡所生的后代。面对奥尔纳诺的挑战，希拉克于 1977 年 1 月正式投入巴黎市市长的竞选之战。

竞选如同战场一样，斗争也是异常残酷与激烈的。M. 奥尔纳诺的先辈 P. 奥尔纳诺在 1812 年 11 月份的克拉斯内战役中，在俄军撤退时被当作死人遗弃在战场上，仍显示出强盛的战斗力。而今天，P. 奥尔纳诺的后裔，以其父辈为榜样交战于没有硝烟的战场上。对于 M. 奥尔纳诺和共和国总统来说，投票箱已变成真正的"别列津纳"战场。希拉克以 26.2%的选票排在左派联盟（菲兹宾、萨尔）的后面，却在 M. 奥尔纳诺

① 阿兰·迪阿梅尔：《追求者》，迦利马尔出版社 1988 年版。

（22%）的前面。在第二轮选举中，希拉克当选为巴黎市市长，M. 奥尔纳诺却遭到了历史的奚落，仅获得13.8%的选票。不仅如此，在第18区也被L. 若斯潘和B. 德拉诺埃领导的社会党人击败。此外，希拉克在市议会的多数派中，还可以依靠一位已经引起人们注意的新当选者——安托万·韦伊。

从那时起，这位新入主巴黎市政厅的市长，就不断地向总统和总理提出挑战。因为，从这一时刻起，希拉克只想着一件事情，那就是1981年的总统大选。对此，卫生部部长总结说："那时多数派已经名存实亡了。"①

在市镇议会的选举中，左派取得了胜利。他们控制了156个拥有3万以上人口的大型市镇。这样，在1978年的议会选举的前一年，爱丽舍宫显得十分紧张。

医保改革

在1977年3月份举行的法国市镇议会选举中，左派取得了胜利，导致政府重组。M. 奥尔纳诺继续留任内阁，但是更换了岗位，改任文化部部长。而勒卡尼埃、波尼亚托夫斯基和吉塔尔则离开了政府，分别被A. 佩雷菲特（司法部部长）、博内（内务部部长）和莫诺利（工业部部长）所取代。西蒙娜继续担任卫生部部长，同时归并了过去由M. 迪拉富尔负责的社会保障部。

在这个新的领域中，西蒙娜得到了H. 米索夫的积极辅助。

① 威廉姆·卡海尔：《德斯坦 权力的舞台》，法国电视3台，2002年。

后者被任命为国务秘书，协助卫生和社会保障部部长开展工作。在围绕妇女自愿终止妊娠法案的争辩中，米索夫曾给西蒙娜提供了强有力的支持。

对处于经济危机的法国来说，公共财政是社会保障部遇到的最大难题。社会保障部是在1945年由戴高乐将军根据全国抵抗运动委员会的建议成立的，之后该机构经历了多次调整。

1947年，社会保障的范围包含公务员；1952年、1961年和1972年分三次扩展到了农业经营者；1975年4月开始覆盖整个就业人口；1975年7月通过的法律，使所有的劳动力人口都享有养老保险。但是，法国的经济状况不容乐观。总理提出了一项苛刻的计划：增加个人所得税、公司税，以及提高石油产品和汽车税以缓解经济上的压力。

同时，居民消费价格和公共费率保持不变，并将增值税下调两个百分点。正是通过这项严厉的手段，暂时减少了社会保障领域的赤字。然而，1977年社会保障的赤字竟高达60亿法郎，这也是西蒙娜必须面对的一项十分艰巨的任务。这样，作为卫生部部长，她需要重新考虑医疗机构的分布，以便有效地发挥每一家医院的作用。在可能的情况下，关闭一些耗费国家资金而就诊人数不多的医疗机构。另外，对医药费的报销实行严格的审查制度。

财政上的节俭使法国的社会保障体系更趋合理化，并在1977年7月12日通过了一项法律：从1978年1月1日起，所有在法兰西国土上的居民均享有同样的家庭补助标准。尽管1979年伊朗革命带来了新一轮的石油危机，但是由于政府的努力使法国保持了3%的经济增长，也使法国的国债维持在1973年的水平。大量的工作任务压得卫生部部长在体力上有些吃不消。在1979年的《快报》上，人们可以看到这样一句话："甚至西蒙娜也无法创造奇迹。"

在她看来，巴尔的政府是一个"无法预见"[①] 的政府。在1978年举行的一次部长联席会议上，总理对"排忧"问题作了一番令人感到含糊不清的讲话。事后，西蒙娜曾威胁共和国总统她要辞职。然而，事实上，西蒙娜继续完成总统交给她的每一项工作。1977年4月，在她的领导下，建立了家庭补助机制，用以救助中低收入的家庭；改善丧偶者的生活水平；下调那些过去曾被纳粹流放和囚禁人员的退休年龄等。在1977年5月至7月间，政府提高了一些退休人员的养老金，而且在1979年4月还进行了医疗机构的改革。

尽管这样，这些政策仍旧激怒了那些只关注社会服务，而不考虑国家财政的人士，甚至还有医疗卫生界的专业人士。他们联合起来组成了一个可怕的游说团，在爱丽舍宫企图劝说总统在这个问题上作出让步，其中包括医疗机构的布局问题。不仅如此，他们还利用这个机会在总统面前说尽了卫生部部长的坏话。

1975年11月15日《巴黎竞赛报》在发文中竟然流露出是"西蒙娜阻挠抗癌研究"的绯闻。这实际上只是肿瘤学教授，即1964年组建全国保健和医学研究所的创始人G. 马岱先生不经

① 西蒙娜·韦伊：《一生》，斯托克出版社2007年版。

意间说出的一句话。

面对舆论的压力，西蒙娜从来就没有屈服过。全法医师工会联合会的J. 博佩尔回忆说："西蒙娜非常固执，在她那里只有同意或不同意，没有其他的选择。"①

权力的腐蚀

在卫生部部长的位置上工作几年后，西蒙娜开始感觉到权力的削弱，更何况她在很多方向性的问题上与总统有着明显的分歧。正如记者 A. 迪阿梅尔当时发文所指出的那样："对于德斯坦总统，她表现出来的是一种矛盾的心态，既崇敬又厌恶。"② 在总统 7 年任期的后半期，西蒙娜更多的是厌恶。"他越来越把自己封闭在总统的官邸，喜欢国务委员们跟他讲一些冠冕堂皇的话。他丝毫没有意识到，他已经和他的国家断绝了往来，渐渐地远离民众百姓。这与他曾经承诺的时刻关注国家的诺言大相径庭。尽管 7 年的任职在一片鼓吹中开始，但是目前已经失去了当初的光泽。"③

有时，这种厌恶以部长联席会议上的少言寡语来作为一种表达方式。当负责劳工和移民问题的国务秘书 L. 斯托勒吕严厉指责为了达到竞选的目的，随意减少劳工卡的做法时，只有西蒙娜一个人对此表示支持。

1978 年 12 月 6 日，她在死一般寂静的会场上果敢地站了

① 《快报》1979 年 7 月 7 日。

② 阿兰·迪阿梅尔：《追求者》，迦利马尔出版社 1988 年版。

③ 西蒙娜·韦伊：《一生》，斯托克出版社 2007 年版。

起来，以客观的口吻说：“虽然这不是部长们有能力去干预的实质问题，但是鉴于我曾受过系统的法律教育，一眼就看出了所提交的议案违背了宪法的宗旨，并且，该议案也有可能被宪法委员会否决。”斯托勒吕回忆并补充道：“争辩就此结束，从这以后再没有听到有人提起这一法案……我非常敬重西蒙娜，在部长联席会议上，她是唯一一个敢于向共和国总统挑战的人。”①

1978年3月举行的立法选举，正孕育着一场悲剧。因为市镇议会的选举结果也已经注定了总统权力的削弱。然而，德斯坦总统却认为自己已经掌控了政治力量，这就是1978年组建的法国民主联盟。他认为，这一党派可以当作政治斗争的武器，再加上有足够数量的议员支持，他完全可以和希拉克领导的保卫共和联盟展开竞争，甚至可以排斥希拉克的党派，以强势来面对1981年的总统大选。

在德斯坦执政的四年间，虽然法国社会在很多方面都取得了较大的进步，然而，巴尔政府却给人留下了异常严厉的印象。故此，政府所推行的决策让人难以接受。

1978年1月27日，在杜河边上的凡尔登市，德斯坦坦言：“即使遭遇失败我也不会辞职。这是因为，我的离职会使整个国家陷入瘫痪状态。”他的言下之意就是呼吁多数派的支持，而多数派表示：“尽管我们之间存在一些令人遗憾的纠葛，但是，我们还是会发挥作用的。”共和国总统则认为：“人们要遵守制度，

---

① 利昂内尔·斯托勒吕：《部长先生，生命是什么?》，普隆出版社2003年版。

制度的稳定为我们提供了机遇，多数派一直致力于遵守制度。他们支持了政府的工作，通过了国家的预算。”然而，德斯坦同样知道，这一部分力量距离取胜还有一定的距离。1978 年 3 月 19 日，保卫共和联盟和法国民主联盟多数派的微弱胜出已经让人尝到了失败的苦涩。不仅社会党和共产党的反对派获得了近 40%的选票，而且，在多数派中拥有议员最多的政治团体则是希拉克领导的保卫共和联盟，获得 31.36%的选票，占有 154 位议席，而法国民主联盟仅有 123 位议席（仅获 25.05%的选票）。西蒙娜意识到“这将导致某些方面的改革和政治上全局性的变化，令一定数量的选民感到震惊”[①]。自市镇议会选举以后，在与前任总理斗争中，德斯坦遭遇到第二次失败。而就在同时，左派势力却在不断地壮大。

这些立法选举的结果导致政府于 1978 年 3 月 31 日进行第三次改组，即成立了巴尔领导的最后一届政府。这也就是说，在政府的改组中，西蒙娜在政府中的地位不断上升，排序第三，仅次于总理和司法部部长佩雷菲特。作为深受民众喜爱的、不可缺少的女性，西蒙娜从此成为德斯坦总统 7 年履职中最重要的支柱之一。此外，她对佩雷菲特也是非常严厉的。女记者 M. 科塔透露说：“她曾对我说过，佩雷菲特在一些问题上经常不假思索地乱说。”[②] 在 1974 年，她悄无声息地访问了很多地方，所以，她被人们视为真正的政治动物。

---

① 威廉姆·卡海尔：《德斯坦 权力的舞台》，法国电视 3 台，2002 年。

② 米什莱·科塔：《第五共和国密件汇编》第二卷 1977～1986，法亚尔出版社 2008 年版。

1979年5月《查理周刊》发表了一篇文章，标题为《西蒙娜·韦伊的私密生活》。这篇文章以讥讽的口吻指出“西蒙娜就是一个男人”[①]，并举出了一些例证，证明西蒙娜惊人的智慧、超强的工作能力和责任感。

对西蒙娜的这些描述，不仅直接表明在政界她已经成功地占据了一席之地，同时还意味着在法国政府，女性也是同样可以承担重任的。女人同男人一样，完全有能力来治理国家，这也是女性奋斗的目标。对于西蒙娜来说，她曾经看到，她的母亲为了实现自己的梦想，放弃了自己心爱的化学事业，转身投入到不懈地为争取女性权利的斗争当中。甚至就在那一个时期，在政界中开始流传着一种说法：由于巴尔总理在百姓中间的声誉渐渐下滑，西蒙娜有可能会成为总理的继任者。在1978年11月组建的新政府中，R. 布兰任劳工部部长，C. 博内任内政部部长，西蒙娜的老朋友、爱丽舍宫的前任秘书长J. 蓬塞取代L. 吉兰戈出任外交部部长。

但是，从1978年年底，这一届政府便不再像1974年那样充满着激情与活力。共和国总统制定了一项对钢铁工业进行调整的宏伟规划，这一规划就需要加强欧洲的建设。令总统非常高兴的是，他的这一想法得到了西德总理H. 斯密特的支持。1978年12月，两人就欧洲和货币机制问题达成协议，这就在欧共体国家间解决了不同货币的汇率稳定的问题。由于总统也非常赞成强化欧洲议会的权利，所以他寄希望于直接普选能够

① 《查理周刊》1979年5月3日。

通过这一提案，以便使该机构的存在更具合法性。1979 年 6 月，选民将行使他们的权利，为设在斯特拉斯堡的欧洲议会选出他们的代表。

德斯坦根据波尼亚托夫斯基的建议，将西蒙娜定为法国民主联盟参选的首位候选人。为什么是这样的选择呢？面对民意调查结果非常不利的总理，德斯坦是想让这位深受民众喜爱的部长西蒙娜（根据 1979 年《观点》报所做的民意调查看，西蒙娜是政府中最得人心的部长）离开政府呢？还是他认为，她将成为欧洲最美的标志呢？因为在欧洲议会第一轮选举中，让一个前纳粹集中营的“囚犯”作为候选人，不仅可以实现民族和解，还能促进欧洲的统一。总统肯定地说：“我非常清楚，她十分热衷于欧洲的事业，我深信有必要推进欧洲的统一。”① 也就是出于这种想法，德斯坦总统在 1978 年 9 月对巴西进行正式访问结束后，对西蒙娜提出了这样的建议。

就像德斯坦在回忆录中所描述的那样，西蒙娜即刻接受了总统的建议。“总统先生，我非常荣幸作为候选人名单中的首位人选。现在我已经在政府的同一个岗位上工作了 5 年，我认为，在这个岗位上，我已经投入了我大部分的精力。我希望能够为欧洲的进步贡献我的力量。您可以想象到，对于我来说，没有什么比这项事业更伟大的了。”②

就是在这种情况下，西蒙娜·韦伊开始续写她人生历史的新篇章。

---

①② 吉斯卡尔·德斯坦：《权利与生命》第三卷，12 出版公司 2006 年版。

女议长履职

巴黎提出的建议，令欧洲人深思；

巴黎人启动，欧洲人承续。

——维克多·雨果：《在制宪会议上的讲话》，1848 年

神圣的使命

1979 年春季开始的欧洲议会的选举运动是前所未闻的，因为这是欧洲历史上，第一次由全民通过直接普选的方式选出欧洲议会的议员，而不是由各国的议会所指派。这样由数百万公民选出的欧洲议会更具合法性，该机构将与欧洲理事会一起设在法国的斯特拉斯堡市的一幢大厦内。在这座大楼里，人们经常会碰到 P. 斯巴克（比利时首相，北大西洋公约组织秘书长）和 W. 丘吉尔（英国政治家，二战期间任首相）。欧洲各国的许多重要政治人物都参加了这次竞选，其中包括德国社会党的首位候选人、前任总理 W. 勃兰特，意大利则派出了意大利共产

党的强势人物，总书记E. 贝林格，主张联邦思想的重量级人物A. 斯皮内里以及社会党书记B. 卡西。

鉴于西蒙娜一直是巴尔政府内阁的成员，她接受了共和国总统这一党派（法国民主联盟）把自己作为候选人名单中的首选这一决定。法国民主联盟是一年前，也就是1978年刚刚组建的政治阵营。在这次欧盟议会的选举中，法国仅有81个议席，而这81个议席要依据法国选举比例分配于各政治派别，也就是说，每个政治团体都要提出一个81位候选人的名单，依据这些人的得票多少，最后确定议员的数量。

如果说西蒙娜得到了德斯坦总统对她的充分信任，但是她尚未得到右派，特别是戴高乐派绝大多数人的支持。自1976年以来，希拉克作为保卫共和联盟的党首，他所领导的戴高乐派政治团体以非常不满的情绪接受了在欧洲议会候选人上的失利。

自1976年希拉克离开总理府以来，这位巴黎市市长就从没有停止过与共和国总统德斯坦的较量，他渴望有朝一日能够取而代之，至少也要阻止他继续连任。因为，1977年，他已经从爱丽舍宫推荐的候选人M. 奥尔纳诺手中夺取了巴黎市市长的位置。

欧洲问题和已渐清晰的欧洲议会选举问题成为德斯坦和希拉克论战的新战场。德斯坦试图借助西蒙娜，在1981年总统卸任前，来削弱前总理希拉克的势力。而希拉克则梦想让共和国总统蒙受彻底的失败。

与德斯坦和西蒙娜提出的欧洲理念不同，在建设欧洲的问题上，希拉克更多地倾注了他对法兰西的情感。1978年12月6

日，希拉克因一次交通事故，住进了科尚医院，正是在住院期间，他发表了著名的《科尚呼吁书》。该文是由希拉克的两位心腹 P. 朱耶和 M. 吉鲁撰写的，其言辞锋利，直接否定了德斯坦的思想。在文章中，针对法国民主联盟提出的欧洲联邦制理念，前总理希拉克强调了建立一个"联盟欧洲"的重要性。即使他没有公开挑明他所批评的对象，但是文章中指出的"外国党派"毫无疑问是针对德斯坦所领导的法国民主联盟。当时希拉克的一位密友兼顾问 D. 博杜安对 P. 朱耶说："如果你们把这篇文章发表出去，这是要出大事的。"然而，P. 朱耶回答说："这正是我们所期待的。"① 这篇文章一发表，即刻在戴高乐派的阵营中引起了截然不同的反响。法国议会议长 E. 富尔异常愤怒，他退出了保卫共和联盟，转而加入了西蒙娜的阵营。1978 年 12 月 7 日法国《晨报》发表了一篇题为"希拉克向德斯坦的欧洲思想宣战"的文章。

正是在这样异常紧张的政治气氛中，西蒙娜开始了竞选欧洲议会议员的艰苦之旅。1979 年 5 月 4 日，西蒙娜向她的竞选团队提出了自己的竞选口号："为了法兰西，与西蒙娜一起来建设欧洲。"她召集了人民共和运动的几个很有影响的大人物，如 P. 弗林姆兰、J. 勒卡尼埃。该政治阵线在第四共和国时期曾多次组建政府，并且与 1962 年戴高乐将军提出的欧洲政策相抵触。他们认为，戴高乐的欧洲政策过于国家化。E. 富尔的政治立场属于中间偏右，在第四共和国时期，他曾多次担任内阁总

① 德尼·博杜安：《在权力的路上》，让-克劳德·拉戴斯出版社 1990 年版。

理，属于第三号人物，接下来的人物分别是外交官兼部长的J.德尼奥先生和年富力强的年轻部长P. 梅艾涅里。

作为法国民主联盟的首位候选人，西蒙娜一方面要接受保卫共和联盟推出的重量级人物的挑战，如德布雷、梅斯梅尔以及经历两次大战、在欧洲很有影响力的超级人物L. 魏斯；另一方面，还要面对与社会党候选人密特朗（时任该党第一书记）、P. 莫鲁瓦、R. 施瓦岑贝格和J. 德洛尔的竞争。

竞选运动并不是一件很容易的事情。尽管自1974年以来，西蒙娜在政界中学到了很多东西，已经成为一名老道的女政治家。但是，在这场竞争中仍旧缺少经验，还需要跨过竞选这道门槛。她对竞选活动感到有些不适，甚至局促不安，有时，对蛊惑人心的狂热激情感到十分厌恶。1979年4月25日，在马赛游说时她还犹豫不决。5月9日，在图卢兹她便感觉良好。应该说她一直在和已经当上律师的儿子让与丈夫安托万在练习演讲。尽管对中间派推选的人选有争议，但她在妇女自愿终止妊娠法案论战中与希拉克建立起来的友谊，使得他们之间无法进行人身攻击。西蒙娜很高兴地说："那些不停说大话的人就是一些不想干事的人。"而希拉克所更关注的是，如何应对法国民主联盟和共和国总统的挑战。

1979年5月4日，在为四位首位候选人举行的电视辩论中，西蒙娜将面对三位竞选对手，他们分别是希拉克、马歇和密特朗。由于未来的共和国总统给她以深刻的印象，并没有让她感到惊慌不安。所以，西蒙娜更倾向于将自己的对手锁定在法共全国总书记身上。虽然西蒙娜比其他人更了解欧洲，但是她的回答还是略显犹豫，况且密特朗并没有放弃对她的攻击。1979年，关于欧洲的建设问题，对法国来说是一次难得的机会，在德斯坦推选的首位候选人西蒙娜与法共第一书记之间存在着不同的观点。密特朗说："尽管她的态度看来显得不很严肃，但是她担任部长已足足5年！这是一个虚伪的无知，我不希望西蒙娜·韦伊夫人的修炼期成为一种终身的愿望。"①

希拉克有理有节地抨击了德斯坦的观点和反对建立欧洲联盟的思想。保卫共和联盟的政治顾问Y. 盖纳回忆说："我们大多数人都不希望欧洲议会的产生采取普选的方式。"1979年5月15日，在雷恩参加完一次会议后，希拉克对女记者M. 科塔坦言道："西蒙娜·韦伊和弗朗索瓦·密特朗面对的是一个复杂的问题，他们要将欧洲很好地组织起来……但是，对我来说，我只想在此引用作家尚福的一句话，'在自己的家里都很少能够得到幸福，在别人家里就更无幸福可言！'"② 1979年6月初，在法属留尼旺巴加泰勒举行的一次会议上，希拉克指出，在欧洲建设的问题上，我们与法国民主联盟的分歧无法使我们走到一起。事实上，支持西蒙娜的巴尔总理和政府所面临的经济危机险些对西蒙娜的参选构成极为不利的因素。对此她反驳道："除了希拉克以外，谁又能够既任总理又当保卫共和联盟的总书记呢？不能让体制砸伤了我们的脚。"③

① 吉斯卡尔·德斯坦：《权利与生命》第三卷，12出版公司2006年版。

② 米什莱·科塔：《第五共和国密件汇编》第二卷1977～1986，法亚尔出版社2008年版。

③ 《快报》1979年5月12日。

记者科塔跟随西蒙娜来到了南锡，在亲眼目睹了西蒙娜的竞选演讲后承认：“西蒙娜用通俗的语言，以从容、平静的声音谈了她对欧洲稳定的看法。即使面对听众的骚动，西蒙娜仍然显得非常稳重，她既没有因此而改变讲话的声调，也没有改变讲话的语速。不论是与结帮成队的人群，还是与个别民众的单独对话，她都能做到坦然面对。她十分冷静，没有丝毫的冲动，她的演讲让人感到安心。”①

西蒙娜不仅自始至终领导着这场竞选活动，并且动员了法国民主联盟的拥护者关注欧洲议会的选举。西蒙娜明确地指出：“面对一群异常激动的人群开始听我的演讲，这根本不是我的强项。我也很不喜欢在我的身边簇拥着吵闹的人群。”②对此，一位名叫 S. 布罗索莱特的女性记者在文章中写道：“难道通过四个星期的电视辩论和一系列的会议就能够改变她的风格吗？这简直是太难了。再说，她本人也不愿意这样做。她认为，她的魅力就在于她不要让自己显得像一位职业政客。她的不利条件，有可能会成为获胜的法宝。”③ 这场欧洲议会的竞选活动，始终围绕着国家和民族的主题，法兰西也不例外。由于很多问题均涉及各个国家和民众的利益，所以，选民们踊跃参加投票选举。德斯坦回忆说：“尽管大多数对手非常强势，她还是取得了竞选的胜利。可以说，她勇敢并出色地参加了这场支持欧洲联盟的

---

① 米什莱·科塔：《第五共和国密件汇编》第二卷 1977～1986，法亚尔出版社 2008 年版。

② 西蒙娜·韦伊：《一生》，斯托克出版社 2007 年版。

③《快报》1979 年 5 月 12 日。

竞选活动。”[①] 然而，这场选举运动并没有让普通民众产生兴趣，所以，有一位漫画家画了一幅西蒙娜为了说服昏昏欲睡的电视观众在电视里吼叫的漫画。

1979 年 6 月 7 日晚，欧洲议会的选举终于有了结果。经过不懈的努力，西蒙娜所属的竞选团队获得了 27.61% 的选票，有 25 位候选人当选欧洲议会的议员，独居各参选团队之首。这一成绩得到了政界的认可。法国社会党和左派激进党联盟位居第二，获得 23.53% 的选票。排序第三的是法国共产党，获得 20.25% 选票。而希拉克期望借此机会使总统领导的参选团队遭到失败的梦想得以落空，他所领导的阵营仅获得了 16.31% 的选票。之所以在本次选举中失利，可以说是《科尚呼吁书》给他带来的难以吞咽的苦果。

在走廊里，人们在悄悄地议论说，西蒙娜将成为欧洲联盟议会的议长。西蒙娜也向记者科塔透露说：“如果不出意外，7 月份我就可能成为欧洲议会的议长。但是，请你放心，如果我落选了，我也会以平和的心态面对选举的结果。”[②] 她非常清楚地知道，高层间的协商正在紧锣密鼓地进行着。

1979 年 7 月 4 日，西蒙娜·韦伊正式离开了政府卫生部部长的职务，她的继任者是雅克·巴罗。在爱丽舍宫大门前的石阶平台上，她收到了德斯坦总统的祝贺。总统非常热情地握着她的手说：“不能经常看到你的笑容，我们感到十分遗憾。”

---

① 《世界报杂志》第 27 期，2010 年 3 月 20 日。

② 米什莱·科塔：《第五共和国密件汇编》第二卷 1977～1986，法亚尔出版社 2008 年版。

在成功当选为欧洲议会议员以后，西蒙娜便开始与自由党派加强往来，并于1979年7月17日提交了竞选欧洲议会议长的候选资格。但是，选举需要一定的时间才会有结果。为了使西蒙娜的候选资格得到德国总统的支持，在背地里德斯坦做了大量的说服工作。特别是他对德国总统说："我认为，作为欧洲议会的首位女性议长，让一个曾经是纳粹集中营的女'囚犯'、并且承担过政治责任的女士来担任，其象征意义非同寻常。对此我曾经和我的朋友德国总理斯密特讨论过，他也在私下里为西蒙娜当选做积极工作。"[①] "我也非常同意。这是一个非常理想的人选，我也很喜欢西蒙娜这个人。"[②] 德国总理对德斯坦回答道。

尽管事情的发展比较明晰，但是还要注意避免出现意外。避免来自于巴黎市政厅的节外生枝，因为保卫共和联盟已经明确指出要抵制德斯坦的势力和抨击德斯坦欧洲建设的思想。因此，保卫共和联盟同样推出了前任部长C. 马莱纳作为议长的候选人，他也许会从西蒙娜那里夺去一部分选票。

1979年7月17日，在斯特拉斯堡欧盟总部的走廊里，爆发了一场持续时间较长，且让西蒙娜看不透结局的争论战。

就在选举前不到一个小时的时间里，人们仍旧能够嗅到某种反对西蒙娜的政治势力，就连共和国的总统也不得不急派他的亲信波尼亚托夫斯基去清除戴高乐阵营所设置的种种障碍，

① 《世界报杂志》第27期，2010年3月27日。

② 吉斯卡尔·德斯坦：《权利与生命》第三卷，12出版公司2006年版。

以建立足够强势的自由联盟，为西蒙娜争取可能的选票。不仅如此，总统还准备了另一套方案：一旦西蒙娜当选受阻，则由E. 富尔去冲击欧洲议会议长的宝座。这样看来，富尔排在候选人名单第三位并非是一件偶然的事情。

前任欧洲议会议长E. 科隆博最终接受了政治委任，他在基督教民主党人的支持下，欲寻求连任。故此，基督教民主党人带着讥讽的口吻说："西蒙娜前三天给人的感觉还不错，但之后呢？"[①] 第四共和国倒数第二任部长联席会议主席，后来任欧洲议会议长（1984～1987）的弗林姆兰说："为了劝说人民党的大多数人去投西蒙娜的赞成票，我和勒卡尼埃遇到了很大的阻力，因为在他们当中还有一些人对她持有偏见。"[②] 一方面，西蒙娜在这方面缺少经验；另一方面，一部分基督教民主党人认为她是妇女自愿终止妊娠法案的倡导者。就连卢森堡公国的总理G. 托恩在投票选举的前夜还在抵制德斯坦总统推举的候选人。他的观点也得到了一些荷兰人的支持。作为国民议会的议员，勒卡尼埃当年没有参加妇女自愿终止妊娠法案的争辩，他积极地在天主教派，尤其是在意大利人当中，为西蒙娜多方游说。他后来说："最艰难的就是看到意大利基督教民主党人士沉默不语，因为他们担心，将来会出现一个巴黎-波恩模式的轴心国，对他们不利。还有就是德国人担心，德斯坦总统利用西蒙

① 《快报》1979年7月7日。

② 皮埃尔·弗林姆兰：《一位欧洲人的回忆录，从第四共和国至第五共和国》，法亚尔出版社1991年版。

娜在欧洲议会施加他的影响。”① 而其他的基督教民主党人士，如德国年轻的基督教民主党议员，后来曾任欧洲议会议长（2007～2009）的H. 珀特林，他们都非常希望西蒙娜能够担任议长的职务。

至于希拉克的态度，他是在选举前的头一天晚上才抵达斯特拉斯堡的。这一次，他有一个非常明确的目的，就是力图阻止德斯坦推荐的候选人当选，以此来削弱总统的政治力量。希拉克的一位亲信Y. 盖纳回忆说：“这种做法并不是针对西蒙娜的，因为就她个人来说，她一直深受戴高乐派的尊重。”当欧洲议会年龄最长的议员L. 魏斯登上讲坛，做欧洲建设史上最为出色的演讲时，最后的政治结盟已初露端倪。她在演讲中指出：“欧洲只有点亮人类意识的灯塔，体现人类生命的价值，每个人充分享有人权才能重放光芒。”

经过两轮投票，西蒙娜以192票对133票战胜了社会党候选人，意大利政府前部长M. 扎加里。而意大利共产党候选人G. 阿曼德拉仅得47票，西蒙娜成功当选。

位于斯特拉斯堡的欧洲委员会议会半圆形的会议大厅也是欧盟议会的会议大厅。时针已是21点52分，西蒙娜坐在议会大厅的最后一排，第375号议席上。当投票结束，西蒙娜当选得以确认的时刻，在场的全体议员同时站起身来，目光投向了这位性格稳重而坚韧不拔的女性身上。在这个昨日还聚集一些

① 米什莱·科塔：《第五共和国密件汇编》第二卷1977～1986，法亚尔出版社2008年版。

反对势力的地方，一部分人为她鼓掌祝贺，另一部分人则用非常赞许的目光，看着这位从奥斯威辛和贝尔根-贝尔森集中营活着走出来的女性。从今天起，她将主宰欧洲公民的命运，哪怕他们当中有些人是刽子手或者是受害者。1979 年同时当选为议员，承担欧洲使命的 J. 德洛尔在回忆中指出："西蒙娜的当选是不言而喻的事情，因为她是欧洲希望的象征。"①

西蒙娜与魏斯的握手具有极高的象征意义，被载入史册。两位女性都酷爱法语，在为争取妇女权益、建设和平的欧洲上历尽艰辛。1979 年 7 月的这一天，西蒙娜成为战后的魏斯，而魏斯被视为两次大战中的西蒙娜，她们均献身于争取妇女权利的斗争，献身于建设欧洲的事业之中。

魏斯曾拒绝成为 L. 布鲁姆政府中的阁僚，而西蒙娜则成为法国历史上第二位女性部长。1975 年魏斯曾两度试图当选法兰西学院的院士，而西蒙娜则在 2008 年荣幸当选。虽然时代不同，习俗各异，但是对于这两位女性来说，奋斗的目标是一致的。时任欧共体执行机构信息办公室主任、记者 P. 科娄沃德回忆说："会议结束，当我走出会场时，我看到魏斯那双湿润的眼睛里充满了喜悦与自豪。"②

在西蒙娜当选后的首次演讲中，她首先向魏斯夫人表达了崇高的敬意，"感谢她，在为妇女解放的斗争中所作出的贡献。"在对通过普选而产生的欧洲议会的使命问题上，她指出："如同

---

① 《世界报杂志》第 27 期，2010 年 3 月 20 日。

② 《路易丝·魏斯》，让·莫内欧洲基金会，洛桑欧洲问题研究中心，1994 年。

上一届欧洲议会一样，不论我们的分歧有多大，本届议会的主要责任是维护欧洲的和平，这对每一个欧洲人来说是极为珍贵的。”在西蒙娜看来，欧洲议会应该加强欧洲的团结、独立与合作，所以“对于我个人来说，我要将全部的时间与精力，献身于摆在我们面前的历史重任。”①

她的观点对众多议员产生了积极的影响，也使他们意识到，西蒙娜当选为欧洲议会议长，并不是一件偶然的事情。德洛尔认为，西蒙娜提出的这三个主题，构成了“三个紧密相连的思想，这与我后来担任欧洲议会下属执委主席时所坚持的观点非常相似。”

1979 年 7 月 26 日出版的，带有巨幅插图的晚报刊出了大型标题：“西蒙娜神奇的命运”。《巴黎竞赛》周刊不仅用整版登出了西蒙娜的头像照片，还专门到西蒙娜巴黎的寓所里，采访了这位应该打点行囊准备穿梭于斯特拉斯堡、布鲁塞尔和卢森堡的女性。就是这样，西蒙娜又一次书写了新的历史。但是，这一次，她要书写的是欧洲的历史。1979 年 7 月，她开始思考：“我要在斯特拉斯堡各种会议的间隙，亲手安置我在那里的住所，整理我的壁橱，找来电工检修宅舍，把一切搞得井然有序。”②

欧盟的建制问题

在西蒙娜当选为欧洲议会议长的时候，欧洲议会远还没有

---

① 西蒙娜·韦伊 1979 年 7 月 17 日在欧洲议会上的讲话。

② 《巴黎竞赛》第 1574 期，1979 年 7 月 27 日。

像今天这样庞大。很长时间以来，该机构的存在更多地体现着一种象征意义。就在1979年以前，欧洲议会的议员还是由各国议会推举出来的议员所组成。由于欧洲议会自1962年成立以来，仅被视为一个咨询机构，所以在70年代，该机构经历了一次重要的变革，特别是1974年12月9日至10日在巴黎举行的峰会决定：今后欧洲议会的议员将由直接普选产生。

这种决定的动议在于提升欧洲议会的民主性与合法性，接下来就是在欧洲议会内组成一些基本机构，将欧洲意识形态相似的主要政治团体，组织在同一机构内。自由党、社会党和基督教民主党共同构成了现在欧洲议会的政治基础。

尽管他们各自的创举受到多次的抵制，特别是那些来自于法国和英国的阻力，但是欧洲议会还是变得更为重要了。正如欧共体新闻发言人B. 奥利维所指出的，“就像各国政治势力所期待的那样，这个平台有利于促进欧洲一体化。它能够将政治舆论贴近欧洲的未来，为扩大立法权铺平了道路。”[①]

在经过了一段具有象征意义的选举期以后，西蒙娜通过深度变革，领导欧洲议会进行了组织机构的改组。由于欧洲议会是一个拥有410名议员、6种工作语言，各国议会模式差距明显的组合体，因此机构的建设就显得异常重要。她立即着手这项工作。她首先遇到的问题，就是机构的财政预算。70年代末，预算问题一直是大家讨论的主要议题，甚至可以说，是欧

① 比诺·奥利维：《困境中的欧洲，欧共体的历史》，福利奥史籍出版社1998年版。

共体各组织机构间争吵不休的问题。几年来，欧洲议会始终为各部门间的权力均衡问题你争我吵。1970 年 4 月 22 日签署的《卢森堡条约》和 1975 年 7 月 22 日签署的《布鲁塞尔条约》，均扩大了欧洲议会的预算权。欧洲议会有权提出修改预算的建议或者总体上拒绝预算。这样，通过直接普选而产生的新欧洲议会试图行使这些新的权力。

西蒙娜一走马上任，便在 1979 年 12 月 13 日通过拒绝 1980 年的财政预算，来推进改革方案。主要分歧表现在削减不正当的或非必要性的支出，特别是在人道主义方面，以及把欧洲发展基金的科目也纳入了预算。

然而，西蒙娜首先要面对的是法国前总理巴尔徒劳无益的质疑和反对。不久，西蒙娜的一个朋友，也是巴尔政府的外交部部长 J. 彭塞坦言道，“她用信念的力量和一种特殊的威信”[①]履行了议长的职务。她以非凡的勇气抵制了多方的批评，包括来自于本国的压力。就连在 1979 年当选的欧洲议会议员 H. 波特林都承认：“为了扩大欧洲议会的权力，她在担任议长期间多次改变了欧盟的方针、路线。”

为了方便与欧共体其他机构进行更有效的沟通，西蒙娜在 1981 年邀请了英国首相撒切尔夫人来欧洲议会当面解释欧洲委员会所作出的最终决定。撒切尔夫人在 1979 年 5 月当选为英国首相，并同时兼任欧洲委员会的主席。关于撒切尔夫人，在西

① 让·弗朗索瓦-彭塞：《奥尔塞河岸，37 号，今天与未来的记忆》，奥迪勒·雅各布出版商 2008 年版。

蒙娜的记忆中，她是“一个体形很瘦的女人，她是一个很苛刻的女人，也是一个对各种情况都非常清楚的领导者”①。这次访问后，欧洲委员会、欧洲议会和下属各委员会，在1982年6月30日发表了一份共同宣言，这预示着各组织机构之间的良好合作。

新上任的女议长认为：“特别是当我们处于困难时期，欧共体的进步需要各机构在充分尊重各自使命的前提下，采取统一的行动。我们希望欧洲委员会能够充分意识到，通过普选诞生的欧洲议会，会给欧洲建设带来难以估价的财富。”② 也许，人们还未清楚地意识到这一点。

这位欧洲议会的女议长，同样对扩大与欧洲老牌殖民地国家的合作问题非常关注。在这一方面，西蒙娜回忆道：“在相当长的一段时间里，新的欧洲议会受到了欧盟以外很多国家的密切关注。这种关注度的不断提升还在于议长是一位女性，这在当时是一个不很常见的现象。这在与洛美和非洲、太平洋地区以及加勒比地区国家签署条约时，我已经注意到了这一点。”③ 1979年10月31日，西蒙娜在多哥首都洛美签署了一份协议书，又被称为洛美2号文件。该协议明确了欧共体与非洲、加勒比地区和太平洋地区（ACP）61个国家的关系。前殖民地与前殖民列强之间的这些关系问题，在欧洲议会内引起了广泛的争议，特别是围绕南北之间不平衡的问题，争辩更为激烈。然

① 西蒙娜·韦伊：《一生》，斯托克出版社2007年版。
② 西蒙娜·韦伊在欧洲议会全体会议上的讲话。
③ 欧洲议会前任议长们的语录，见网址：publications. europa. eu。

而，欧洲议会的女议长认为，我们应该重新考虑工业化国家和第三世界的关系，以避免“严重的极端冲突”。在她看来，“我们已经开始面对一场真正意义上的斗争：反饥饿、反贫困、反暴力、反战争。”①

在那个时期，欧共体内的各成员国仅拨付各自国民生产总值的0.7%用于帮助贫困地区的发展。为了实现尊重人类和人类文明的发展与进步，西蒙娜积极活动，以推进多样化的、非同一模式的发展。

1980年9月，围绕世界性的饥饿问题，西蒙娜主持了一个规模较大的辩论，还有关于外国劳工问题。当时，欧洲议会与《洛美协议》签署国之间围绕渔业问题还筑起了便利的沟通渠道。

如果说，欧洲议会具有重要影响的事件，应该是西蒙娜在1980年3月29日，对希腊首都雅典的正式出访。当时，希腊正在准备加入欧共体大家庭。访问期间，西蒙娜重申了希腊对欧洲的重要性：“希腊是欧洲的一个国家，拥有辽阔的海域。希腊的加盟会使以莱茵河和北海区域国家组成的盟国，通过增加地中海的版图实现真正意义上的欧洲。”②

就在几个月之后，西蒙娜非常高兴地表明了自己的观点：“欧盟可以扩展至东欧。甚至到中东地区，这样可以在这些地区巩固欧盟的地位。”③ 1979年5月，在与这个刚刚摆脱独裁制度

① 1981年10月4日的讲话。
② 1980年3月29日的讲话。
③ 1980年7月17日在居乃卡的讲话。

国家签署了加入欧共体备忘文件后不久，希腊便在 1981 年 1 月 1 日正式加入了欧共体组织。

在西蒙娜的整个任职期间，对于欧洲的建设，她始终坚守一条不变的理念：维护欧洲的团结与统一。这是她在 1980 年 5 月 9 日，在纪念舒曼宣言发表 39 周年的庆典仪式上提出的。她指出"正是这一理念将我们团结在一起。我们应该意识到，没有长期的、广泛的团结，我们任何一个国家都无法保持它的强大，维护它的独立，甚至保证它的存在。"①

尽管身处布鲁塞尔，但是西蒙娜同样关注法国的政治时局和德斯坦总统 7 年任期尾声日趋衰落的声誉。

1979 年 10 月 30 日，对劳工部部长 R. 布兰死因的猜疑，还有同月《鸭鸣报》报道的博卡萨的钻石丑闻，指控共和国总统在他担任蓬皮杜政府财政部部长期间，接受了非洲独裁者送给他的钻石纪念章，以及 1980 年 2 月，在政治上属中间派的前部长 J. 丰塔内惨遭谋杀的悬案，所有这一切最终都给总统蒙上了一层阴影。

在距总统大选还不足一年的时间所作的民意测验表明，总理的排位最差。民众对总理的不接受给现任总统的连选带来了直接的负面影响。1980 年 10 月 3 日，在哥白尼大街发生了一起袭击犹太教堂的事件。事件发生后，总理巴尔不得体的讲话不仅没有扭转不利的局面，反而使局势变得更加糟糕。西蒙娜不仅以个人的名义谴责了总理被视为仇视犹太人的言论，还公

① 1980 年 5 月 9 日的讲话。

开参加了在1980年10月4日举行的抗议总理言辞的游行示威。面对民众的不认可，总统告诉总理，他会坚持到任期结束，所以总理丝毫没有辞职的意思。西蒙娜说："我可以想象到，巴尔会认为他肩负着一种责任，所以他不打算离职。"①

1980年年底，在圣诞节期间，面对密特朗和M. 罗卡尔的总统竞选，德斯坦甚至曾经设计过这样的可能性：如果撤换了总理，能否给他的总统竞选带来新的转机。如果竞选获胜，在第二个任期中，他将再次委任巴尔担任总理一职。

就在这时，总统在马蒂尼翁宫接见了希拉克的前顾问P. 朱耶先生。希拉克在和朱耶闹翻之前，曾不惜一切代价要击败德斯坦。

朱耶建议总统撤换总理，并且举荐戴高乐的儿子——海军上将P. 戴高乐出任国防部部长，代替已故的J. 特勒。但是让谁来担任总理呢？

朱耶坦率地说："现在主要的问题是要有一个新总理，尤其是他能用不同的声音表达自己的观点。我们本来认为特勒是最好的人选，我想您也曾经有过这样的想法。您也可以考虑让西蒙娜担任总理，当然还有其他人选了。"②

不论怎样，不能再让巴尔继续留在总理的职位上了，德斯坦也这样认为。"我已经跟他打过招呼了。在1978年议会选举后，当我重新任命他时，我对他说，这只是一个两年的任期，

---

① 威廉姆·卡海尔：《德斯坦 权力的舞台》，法国电视3台，2002年。
② 吉斯卡尔·德斯坦：《权利与生命》第三卷，12出版公司2006年版。

因为，在总统大选到来的前一年，我要组建新政府。”①

朱耶离开了爱丽舍宫，总统非常了解朱耶对政治有着非常敏锐的嗅觉。他思量着：“在没有讨论的情况下，我和他有着同样的结论。我在考虑各种可行的人选。西蒙娜无疑是一个全新的人选，符合民众的心愿，但是，她现在是欧洲议会的议长，如果终止她的任期，这将是一个难以饶恕的罪过。可以肯定地说，她会拒绝我这样做。”②

1980年，西蒙娜有可能成为总理吗？回答是很有可能的。就在她当选为欧洲议会议长后，很多记者都在他们发表的文章中，提到了这种可能性，只不过她自己在装糊涂罢了。1979年7月，记者A. 鲁瓦在他的报道中曾经写道：“当我们面对命运的恩赐时，我们无法表现得如此淡定。”③ 1978年3月，在各家媒体发布新闻的大厅里，关于立法选举不很精确的调查结果，也许会让人联想到，西蒙娜将领导一个改良的政府。对于多数派来说，尽管选举的结果无可争议，但是并没有像他们所希望的那样，获得较多的票数。在谁有可能成为法国人下一任总理的调查中，1979年11月7日公布的民调数字表明，西蒙娜仅获得10%的选票，名列第三位，排在C. 戴尔马（14%）和希拉克（11%）之后。法国人觉得，她很有可能当选为总理。与很多政界人物一样，西蒙娜也是一个很有抱负的人。1980年年底，她非常清楚，尽管她在欧洲议会任职，但是她仍可以选择

①② 吉斯卡尔·德斯坦：《权利与生命》第三卷，12出版公司2006年版。
③ 《快报》1979年7月7日。

入主马蒂尼翁宫，取代焦头烂额的巴尔总理。

今天回过头来看待这一选择，西蒙娜直率地说："当时，我的确没有接受这项艰巨任务的意愿，再说我很喜欢议长这一职务。还有就是在我的身后没有一个政党来支持我。"

为了维护自己的尊严，她也许在等待命运的降临，就像她现在这样，不仅经历了最美好的风光，也遭遇到最恐怖的噩梦。

然而，在政界，大家都知道，很多事情都事在人为。这一点希拉克和萨科齐都非常清楚。这也许就是西蒙娜在当时最缺少的东西。难道这是她个人的性格所决定的吗？也许吧。

那时，在接受希腊一家妇女杂志记者采访时，西蒙娜这样说："我想这是一个性格的问题。总的说来，女人远没有男人那样有抱负，这也许是一个传统，也许是女人没有这样的想法。即使女性对某项事业充满激情，但是女人没有这种冲动。但对于男人来说，即使很年轻，这种冲动有时也会让他们去争权夺势，让他们去表现自己，去奋斗。女性所不具备的，就是对权力的欲望。要想在政界承担责任，这一点是不可缺少的。"①

会晤萨达特

1981 年 2 月 10 日，埃及总统 A. 萨达特到访欧盟，西蒙娜接见了他。这是一件她任议长期间值得回味的，甚至可以透露的事实。对于这位因在美国卡特总统的倡议下与以色列总理 M. 贝京签署了《戴维营协议》（1978 年 11 月），从而获得 1978

---

① 1980 年 7 月 17 日在居乃卡的讲话。

年诺贝尔和平奖的埃及总统的印象，西蒙娜的评价是：“他简直令我着迷。……这是上帝恩赐的、一位非同寻常的男士。”[①]

该项协议恢复了埃及与以色列两国间的和平关系，并且启动了约旦河西岸和加沙领土归属问题的谈判。后来担任欧洲议会议长的 H. 波特林先生，那天在卢森堡议会的半圆形的大厅里回忆说：“我对这次会晤仍然记忆犹新，仿佛就像发生在昨天一样。对西蒙娜来说，这是一件很有影响的举动。”

1981 年 2 月 10 日，在一片欢呼声中，萨达特走进了卢森堡庄严的欧式半圆形大厅。西蒙娜用这样的语言表达了对他的欢迎：“您是一位国家元首，您的勇敢与坚韧不拔的精神，终有一天会在被战争撕裂近 30 年的中东地区迎来难以想象的变化：促成交战双方的对话。”[②] 在讲话中，女议长重申了欧洲议会对中东地区冲突的密切关注。因为“一个强大的欧洲能够并且应该对维护和加强世界的稳定发挥应有的作用”。在讲台上，埃及总统分别用法语、德语和英语发表了演讲：“我唯一的期望是：我们今天的会晤是今后不断对话的开始。”

不久，萨达特与西蒙娜就耶路撒冷问题举行了一次会晤。欧洲议会议长对这位埃及总统的冷静与乐观，感到非常惊讶。然而很不幸的是，这位总统不到一年的时间，即 1981 年 10 月 6 日，就在开罗被潜入军队的伊斯兰教徒杀害了。

直到今天，西蒙娜仍旧回忆说：“他的离去令我非常痛心。

① 西蒙娜·韦伊：《一生》，斯托克出版社 2007 年版。
② 1981 年 2 月 10 日的讲话。

他是一个很有远见的领导者，也正是因为如此，他像其他那些十分卓越的人一样惨遭杀害。”在她看来，是真正的友谊将她与这位埃及总统连接在一起。

在巴以冲突的问题上，萨达特那些令人欣慰的讲话推进了巴以双方的和解。时至今日，这仍是人们虔诚的愿望。2007年，西蒙娜仍在提出这样的问题：“这么多年以后，巴以局势非但没有改善，反而变得比当年还要严峻，难道我们不感到痛心疾首吗?”

巴以问题是她任职期间一直关注的问题。1980年6月13日，在威尼斯举行的欧洲峰会上，她明确地表明，必须承认巴勒斯坦人民的合法权利，同时，也要承认以色列的生存与安全的权利。

不久，欧洲议会也强调了这一点。直到今天，欧洲议会的大部分议员，都很欣赏西蒙娜在这个令人棘手问题上的客观态度。1981年10月4日，在意大利里米尼的讲话中，她又一次提到“希望看到巴勒斯坦人民拥有自己祖国”。1982年3月18日，在日内瓦举行的纪念瑞士法语作家A. 科昂的仪式上，她也指出：“帮助以色列实现安全和拥有和平的生活，是欧洲30多年前的承诺。我希望，欧洲人永远不会忘记这一点。”可以说，西蒙娜对圣地冲突的看法与很多具有理性思维的人是一致的：巴勒斯坦人在争取一个国家，以色列需要得到承认和安全。

西蒙娜对解决巴勒斯坦问题的承诺，更广泛的是落实在政治层面上：即以维护和促进人权为宗旨，并努力扩大媒体在该地区的视野。对此，1979年当选欧洲议会议员的J. 德洛尔说：

“西蒙娜拓展的欧洲议会重要的职能之一，就是将欧洲议会的视觉扩大至欧洲以外的其他地方，特别是世界各地的人权状况。”他还回忆说：“虽然，西蒙娜和我并不是来自于同一个政治阵营，但是，在欧洲的建设问题上，我们有着很多共同的观点。”①

从勃列日涅夫执政后期的前苏联，包括分裂分子以及A.萨哈罗夫的命运问题，到罗马尼亚齐奥塞斯库的独裁专制，还有阿根廷的军统制度等，西蒙娜曾收到数百封信件。这些信件列举了大量的践踏人权的事实，这些也都是她所要面对的问题。这其中有一封来自阿根廷一位女性公民的来信。这位女士叫马蒂尔德，她在写给西蒙娜的信中，请求西蒙娜帮助她寻找33岁的女儿格拉西拉。后者是在1976年9月25日，在布宜诺斯艾利斯被捕的。这位母亲这样写道：“尊敬的夫人，我是一位年轻姑娘的妈妈，女儿在阿根廷失踪了。这很恐怖。据说，我是千百万具有同样经历的妈妈之一。为了获得惨遭逮捕和无故失踪孩子们的消息，我们一直在坚持不懈地斗争。”

面对这封和后来陆陆续续接到的、让她深感不安的来信，西蒙娜于1981年10月，给阿根廷的独裁者R.维德拉写了一封信，意在干预这样的事件。然而，这样维护人权的行为，并没有使人权斗士避免“他人的猜疑。面对公众舆论和新闻媒体的种种压力，人权斗士承担着一种政治责任。……此外，还有一个所谓普遍意义上的人权问题，始终困扰着我，准确地说，人

① 《世界报杂志》第27期，2010年3月20日。

权并不是一个普遍的问题，对于人权总是有两套衡量的标准。”①

这位前法国卫生部部长，曾为妇女自由终止妊娠法案的通过进行了艰苦卓绝的斗争。今天，在捍卫和推进妇女权益的征途上，她又无法停下自己的脚步。况且，议长的职位又给她搭建了极好的平台。西蒙娜曾多次应邀，就这个主题发表自己的观点。

她为争取妇女自由终止妊娠法案的斗争事迹，也被传到国外。一位来自葡萄牙的年轻议员 J. 博塔说：“她给予我们极大的鼓舞，尤其是作为右派政府的一位部长，远比左派政府的部长动作大。所以，她在我们葡萄牙很有名气。”直到 2007 年，葡萄牙才把妇女自由终止妊娠的行为视为合法。

还有就是，她和英国首相撒切尔（1979～1990 在任）、葡萄牙总理 M. 平塔西尔戈一样，她所担任的欧洲议会议长的职务表明，女性同样可以担任较高的政治领导职务。这也可以说是几十年来不懈斗争的结果。1981 年 11 月 28 日，她在女性政治联盟会议上指出：“妇女的地位正在朝趋于平等方向发展，承认妇女的权利也是不可逆转的事实。”同时她很惋惜地指出：“但是女性权益的推进速度远不如人权发展的那样快。”②

在西蒙娜的主持下，成立了一个妇女权益专门委员会。该委员会由 69 位女性议员组成，负责用 14 个月的时间，来研究

① 西蒙娜·韦伊：《一生》，斯托克出版社 2007 年版。
② 1981 年 11 月 28 日的讲话。

欧盟各国妇女的现状，以便最终能够提出改善妇女地位的建议。这里需要指出的是，在直接普选欧洲议会议员之前，欧洲议会仅有 11 位女性议员。

在西蒙娜担任议长期间，尽管在 15 个专门委员会中，仅有一位女性担任某个委员会的领导，但是局面还是有所改善。1981 年 2 月 11 日，议会曾就妇女问题展开过讨论，通过了一个解决问题的方案，并委托 I. 里夏尔负责落实，他是欧盟就业和社会问题专题委员会的负责人。

这一方案包括很多方面的问题，如妇女参加经济和社会生活（工资待遇平等）、妇女接受教育和职业培训、卫生保健和社会保障等问题。这里，我们仅举出几个方面的问题。为了深入了解这些问题，还专门成立了一个调查委员会。

议长的职位确实给她提供了一个真正的平台，在女性和权利问题上，她增强了人们的意识，引起社会的重视。

在欧洲议会，她有机会去观察欧洲各国不同的政治模式。在议长的位子上，她注意到了，法籍欧洲议员的庸俗思想：他们竭力想把欧洲变成不幸法国的替罪羊。“25 年以来，在法国，哪位政治家能勇敢地说：我们做出一些牺牲吧，确切地说，做出一些让步吧，对于欧洲的建设来说，难道不值得吗？”① 然而，在她看来，欧洲的优惠政策，有很多是对法国有利的，特别是共同体的农业政策，加速实现了法国农业的现代化。

此外，西蒙娜还尖锐地批评了欧洲议会，其所在地不停地

① 《快报》1982 年 2 月 26 日。

在布鲁塞尔、斯特拉斯堡和卢森堡之间搬来移去。作为欧洲议会的议长，她甚至为此向德斯坦总统提过此事。因为她知道，总统在这个问题上态度是十分明确的：欧洲议会总部可以定在斯特拉斯堡。

虽然，西蒙娜身处斯特拉斯堡，但是，她始终关注 1981 年春天法兰西的政治局势，因为总统大选迫在眉睫。

共和国总统必须面对他的竞争对手：希拉克、G. 马歇，当然，还有密特朗。对于这些要人，西蒙娜在两年前的欧洲议会的普选中曾经领教过他们的厉害。

很久以来，她的选择就已经非常清楚：她支持德斯坦。因为，“针对左派共同纲领的过分夸张，尽管我对德斯坦执政后期的政策有所保留，但在我看来，德斯坦是我唯一可以投赞成票的候选人。”①

在西蒙娜任职期间，她经历了一个不平凡的时期。这期间，不论是在国际上，还是在欧洲大陆上，发生了很多动荡的事件。

这期间，许多重大事件相继发生：1979 年 12 月 24 日，苏联武装入侵阿富汗，加速了苏维埃制度的垮台；1980 年 5 月 4 日，铁托元帅的过世，拉开了南斯拉夫解体的序幕，而就在 1980 年的 4 月 2 日，欧共体与南斯拉夫签署了合作协议；1979 年 11 月，在伊朗发生了美国人质的危机事件；还有 1981 年 2 月 23 日，在西班牙，特赫罗上校军事政变流产等。

同时，在她履行议长职务期间，也有机会会见了许多国家

---

① 西蒙娜·韦伊：《一生》，斯托克出版社 2007 年版。

的领导人、总统、总理、首相甚至国王。

她会晤了德国首相斯密特（1974～1982 任职）；到医院拜见了比利时国王博杜安。

那一天，在与国王和王后法比奥拉共用临时安排的午餐时，他们还谈到了妇女自愿终止妊娠法案的问题。1982 年 1 月，在东德公务旅行时，她耳闻目睹了人们实现东、西德统一的强烈愿望。她还访问了美国、加拿大、中国、日本、澳大利亚和新西兰。陪同她前往新西兰访问的一位年轻的德国议员波特林回忆说："她非常注意自己的尊严，她拥有深厚的欧洲文化底蕴。很显然，在政治上，我是一个新手，而她则是一位伟大的女性。至今，我仍旧记得我们之间非常坦诚的讨论。"

1980 年，西蒙娜坚决抵制在莫斯科举行的奥林匹克运动会。在她看来，"奥运会不是和政治没有关系的！"① 在这个问题上，她毫不犹豫地反对法国对抵制本次奥运会所表现出来的暧昧态度。她所采取的这一立场，再次表明了她对苏维埃制度的敌视。而这种果敢的态度，得到了欧洲议会的认可。

在西蒙娜的领导下，欧洲议会审议了大量的、前所未有的文件和报告，包括那些过去看来不可操作的一些议案，如军工企业合作必要性的议案等。这些都为欧洲防务政策的出台奠定了基础。

大家公认的是，由普选产生的欧洲议会在西蒙娜的领导下

---

① 米什莱·科塔：《第五共和国密件汇编》第二卷 1977～1986，法亚尔出版社 2008 年版。

取得了如下业绩："她的领导作风，不仅提升了欧洲议会的地位，也增加了她本人的威望。"① 弗林姆兰这样评价道。在弗林姆兰眼里，1981年，西蒙娜完全有理由获得查理曼奖。因为该奖主要是表彰那些为欧洲统一作出杰出贡献的重要人物。她还有资格在埃及总统萨达特后，获得由魏斯亲自颁发的魏斯基金奖。专门研究国际关系的历史学家Y. 德内谢尔说："1979年，西蒙娜就表现出一种迫切建设欧洲的积极性。自从经过普选担任欧洲议会主要领导人后，她在欧洲建设方面发挥了非常重要的作用。在欧洲议会中，当很多政客将这视为一个无足轻重的职务时，她则是法籍议员中全身心建设欧洲议会的优秀楷模。"②

她是欧洲的声音，也是欧洲的形象代表。1984～1994年间任欧洲委员会主席的德洛尔回忆说："在她任职期间，她表现出异常罕见的才能：这就是远见卓识。"③

1981年10月，在意大利皮尤·曼祖财经与科技国际研究中心的讲话中，西蒙娜提出了建设一个新的国际经济秩序的建议。这个新秩序是"全球性的，不可分割的，也就是说，它包含政治、经济、金融、货币、食品和能源等方方面面。该秩序的根基就是团结、平等的原则。"④

也许，是她这个人对能源危机非常敏感的缘故，就在她当

① 皮埃尔·弗林姆兰：《一位欧洲人的回忆录，从第四共和国至第五共和国》，法亚尔出版社1991年版。

② 议会，《对欧洲的思考与建设》，2007年3月。

③ 《世界报杂志》第27期，2010年3月27日。

④ 1981年10月4日的讲话。

选后不久，伊斯兰主教霍梅尼在伊朗掌权（1979），并爆发了第二次石油危机。在她担任议长期间，欧洲各国的石油价格几乎增加了 2.5 倍。

西蒙娜还认为，欧洲可以在美苏两大阵营间扮演重要的角色，开辟出另一条经济发展的道路。因为“欧洲内部的市场即使不是完全独立的，也仍能在世界很多地方起到重要的作用……相反，危机反倒加强了欧洲各国间的内聚力”①。

对于任期的总结，西蒙娜没有过多的言语。但是，她却对欧洲的未来提出了设想，表明了她对欧洲的看法：“对于欧洲的奠基者来说，欧洲，首先是一个政治话题。但是，欧洲的建设必须回归到这样的一个理念上来，即为了发挥欧洲的作用和体现民主意识，将欧洲建设成为一个机构。未来要将欧洲扩大到 20 个国家，甚至更多。我们不要限定欧洲未来的规模，它的规模，要根据必要性和有益性来确定。我们可以从长远的眼光，审视这些机构组织所发挥的作用。”②

尽管有很多人支持她，鼓励她去竞选下一个为期两年半的任期，西蒙娜还是选择了遵守过去已经签署的协议。就连戴高乐派的很多人都支持她连任。正像 D. 博杜安所说的那样：“她的连任也许被看成是一件非常正常的事情，就像法国的参议院立下的规矩一样，让她在欧洲议长的位子上干 5 年、7 年或者 10 年。”③

---

① 《丹麦工业》1980 年 2 月。
② 网址：Toute l’ Europe. eu。
③ 德尼・博杜安：《在权力的路上》，让-克劳德・拉戴斯出版社 1990 年版。

西蒙娜希望欧洲议会“与世界其他机构不同，它更多是体现欧洲的意识”①。她非常满意地离开了这个具有历史意义的议长席位。她后来撰文写道：“我在这一职位上，虽然有时会遇到很大的困难，但这始终是一项让人感兴趣的工作。这段经历，在我的人生中是最丰富的一部分。”②

在欧洲议会半圆形的大厅里，人们站起身来，以数分钟长的掌声和欢呼声，向这位具有划时代意义的女性议长期满离任致以崇高的敬意。

① 1980 年 5 月 9 日的讲话。

② 欧洲议会前任议长们的语录，见网址：publications. europa. eu。

普通议员

如果说事业是美好的，
那是因为它需要有坚韧不拔的精神。
如果说事业是令人不悦的，
那是在于它自身的顽固性。
——劳伦斯·斯特恩：《项狄传》，1759—1767

回归普通的政治生活

1982年1月19日，西蒙娜离开了欧洲议会议长的职位。她的继任者是个荷兰人，名叫P. 丹克特。这也许就是命运的安排，这位继任者就是1972年9月在欧洲委员会议会负责起草关于“欧洲委员会各成员国控制人口出生、计划生育和流产问题报告”的执笔人。他所撰写的这份报告，几年以后，对西蒙娜所主张的允许妇女自愿终止妊娠的法案影响较大。告别议长的席位后，西蒙娜并没有离开欧洲议会和欧洲的政治舞台。尽管西蒙娜是民主自由政治派别的副主席，协助德国人 M. 班格曼工作，但是，她始终是一位令人尊敬的、不可缺少的普通议员。由于她懂得博得自由派大多数成员的支持，或者策略性的让步，所以，她始终控制着权力斗争的局面。

在欧洲首次通过普选组成的欧洲议会任期的后半期，西蒙娜非常熟悉欧洲议会的机制，全力捍卫自己的信念。在欧洲议会与西蒙娜隶属同一政治派别的一位成员、葡萄牙籍的议员 J. 伯塔回忆说："在坚守政治信念方面，她在我的脑海里始终印有一个刚直不阿的人物形象。"

在接下来的机构改革中，西蒙娜担任了法律事务委员会的主席，主要负责处理欧洲议会与非欧盟国家之间的公约与协议问题。

1984 年 4 月，作为司法委员会的报告人，她负责欧盟旗帜的选择问题，以及与欧洲委员会相关问题陈述司法委员会的意见。

欧美关系评议委员会是欧洲议会早期成立的机构之一，西蒙娜作为该委员会的成员，曾多次访问美国。通常该委员会每年都与美国的相应机构举行两次会晤，一次在欧洲，一次在美国。在美国，她多次受到高层人士的接见。1982～1984 年间，在华盛顿，她受到了美国副总统、后来成为美利坚合众国总统 G. 布什的亲切接见。布什总统对她的评价是：这是一位"敏锐的、让人心悦的女性"[1]。

---

① 西蒙娜·韦伊：《一生》，斯托克出版社 2007 年版。

在政治上，她始终为争取妇女的权益而斗争。她意识到，欧洲一些国家，在男女平等方面还要不断完善。尽管法国在这方面比欧洲其他国家略有进步，但是，在世界范围内，还是相当落后的。通过联合欧洲议会的女性议员，她展开了有理有节的斗争。在一次应荷兰西门子总裁邀请的就欧洲问题所作的演讲中，西蒙娜指出："欧洲议会女性议员的现状使我注意到，与斯堪的纳维亚国家和荷兰相比，法国参与政治生活的女性极为稀少。在斯堪的纳维亚国家和荷兰，女性参与政治生活的人数与男性基本相等，在这些国家中，女性同样担负重要的职责。然而，在经济生活、行政管理和大型企业的领导岗位上，女性还明显滞后于男性。"① 西蒙娜指出，在现有经济方面的领导岗位上，没有一位是女性。

在忠实履行欧洲议会议员职责的同时，西蒙娜也十分关注法国政治局势的风云走向。在 1981 年 5 月举行的总统竞选中，德斯坦被密特朗击败，后者成为第五共和国首位社会党出身的总统。

西蒙娜作为反对社会党执政的主要代表人物，不时地抨击共和国总统和莫鲁瓦政府所推行的一系列政策。

面对社会党执掌政权的局面，A. 迪阿梅尔认为："西蒙娜是右派和中间派'最可求助的人选'。"②

在 1982 年的区政选举后，1983 年举行的市政选举让人们

① 2004 年 3 月 8 日在法国参议院举行的"（19～20 世纪）女性与权力"学术研讨会上的讲话。

② 阿兰·迪阿梅尔：《追求者》，迦利马尔出版社 1988 年版。

看到左派已经丧失了 31 个拥有 3 万人口的都市。这其中包括 P. 塞甘所在的埃皮纳勒市；A. 卡里尼翁所属的格勒诺布尔市；M. 肖蒂选区的南特市。希拉克在巴黎获得全胜，击败了社会党的高层候选人，如 J. 朗和 L. 若斯潘。在马赛，左派仅获得少数选票，险些丢了市长的席位。就在几个月之后，整个政界和媒体都将目光锁定在厄尔-卢瓦尔省的一个中等城市：德勒。因为就在这里，属于极右势力的政党民族阵线所获得的选票尽管微不足道，但是，却在政界引起了不小的震动。

J. 史提柏是 J. 勒庞领导的极右政党组织的总书记，作为该党派候选人名单中的头号候选人，在 1983 年 9 月组织的部分选举中获得了近 17％的选票。

法国曾经历过维希政体恶魔式的统治，虽然传统的右派力量保卫共和联盟和法国民主联盟处于主宰政治格局的地位，但是却目睹了极右势力的急剧攀升。这对于传统的右派力量来说，他们只有两种选择，要么与民族阵线结盟，以赢得更多的城市市民的支持；要么将这部分选民拱手让给左派政治力量。

很多人错误地认为：民族阵线的得势只是一个暂时的现象。与民族阵线的结盟能较为轻松地战胜带有社会主义和共产主义倾向的政治力量。多数持有这种错误想法的人，均为政治右倾的政府负责人，包括希拉克和巴尔，他们主张将候选人的名单混合排列。

同样，西蒙娜反对与具有共产主义倾向的政党结成选举联盟。她指出：中间力量和右派势力与极右党派的结盟是一种政治上的妥协。她同时认真地表白：如果她是德勒市的选民，她一定选择弃权。

直到今天她仍旧指出："不论我们付出多么大的代价，我们绝不能与极右势力结成政治联盟。"

由于梅斯梅尔政府（1973～1974）的前任部长，现任埃佩尔奈市市长 B. 斯达吉先生主张"没有斗志，便无政治"。所以，西蒙娜的愤怒并未引起强烈的回应。这样，民族阵线党派有 4 位候选人列入了由保卫共和联盟和法国民主联盟提交的候选人名单中。这样的举动，意味着政治冒险行为的开始，导致了极右势力的领导人勒庞进入了总统竞选的第二个阶段。直到 1985 年希拉克才作出决定，不再与民族阵线结成政治联盟。

1983 年，是密特朗政治生活中的一个重要转折点。他要面对严重的通货膨胀问题、不断攀升的失业率问题，以及部分民众对教育部推行的中等教育法极为不满的问题。

由 A. 萨瓦里提出的中学教育法，主张取消私立中学，这在 1984 年 6 月 24 日，引起了全法百万人的抗议大游行。许多中间派和右派政党的党首也都参加了这场大规模的示威游行，这其中包括西蒙娜、希拉克、巴尔、德斯坦和沙邦-戴尔马。这场示威游行导致了莫鲁瓦政府的解体。在 1984 年 7 月 17 日，催生了以 L. 法比尤斯为总理的新一届政府。

作为欧洲议会的前议长，西蒙娜从国家建设角度，提出了一些批评性的建议。她严厉地指出：国家开销过大和民众税收过重；批评政府在国家机器的岗位上，任用一些主张共产主义思想的人士；她不赞成政府推行的南北政策。像许多中间派和右派倾向的政治家一样，不仅强烈反对将共产主义作为社会发展的模式，还不赞成将共产主义作为一种政治制度，因此，她毫不犹豫地指出了“集体主义颇有争议的失败”①。

那时，她认为前苏联在西欧问题上是在唱双簧，就单方面裁军态度极为冷淡。1982年2月，在她刚刚卸任欧洲议会议长职务时，西蒙娜就明确地指出：“在对前苏联的问题上，我支持对其采取强硬政策。强硬，首先语言表述要明确。”② 1983年9月1日，前苏联战斗机在萨哈林岛外空击落了大韩航空公司的一架007民用客机，这一事件造成了严重的外交后果，也进一步验证了西蒙娜对前苏联的忧虑。

西蒙娜十分坦率地指出政府在推行政策方面所存在的问题。她说：“在政府的工作中，有些做法是很对的，也有一些做法我认为是不可取的。”③

西蒙娜十分赞赏司法部部长巴丁代尔所推行的司法政策；欣赏1983年8月政府为支持H. 哈布雷总统派兵平息乍得内战的军事行为；高度评价密特朗总统1983年1月20日，在德国联邦议院就维护军事力量平衡问题上的讲话；积极支持德国总理科尔在欧洲导弹危机事务中，针对前苏联SS-20导弹，在西欧部署潘兴2型导弹的决定。

选举连连

对右派和中右派政党来说，1984年6月17日结束的欧洲

---

① 法国电视2台政论性节目：《牌桌》1980年12月1日。

②③ 《快报》1980年2月26日。

议会选举，为他们提供了一次让社会党政权在1983年市政选举后又一次失利的机会。西蒙娜希望自己继续留在欧洲议会里工作，但是，法国民主联盟却推举她为该党派参加立法选举的头号候选人。如果说各类选举令法国民众十分淡漠的话（当时法国人的参选率仅为56.4%），那么，1986年希拉克试图扳倒密特朗总统的立法选举前的政治斗争还是异常激烈的。更为严重的是，在西蒙娜不知情的情况下，法国民主联盟和保卫共和联盟联合起来，力争在选举时获得更多选民的支持，给社会党蒙上更大的羞辱。

在候选人的名单中，西蒙娜排在首位，排在第二的是戴高乐派的B. 庞斯。该人在1974年11月曾在通过妇女自愿终止妊娠法案的斗争中，给予西蒙娜非常宝贵的支持。政治上属于中间党派的几位前部长，如勒卡尼埃、波尼亚托夫斯基，还有右派和中间派很有希望当选的D. 博迪、A. 朱佩也在其中。令西蒙娜非常失望的是，媒体界较有争议的阔佬R. 埃尔桑也榜上有名。

很显然，这是两个党派妥协后组成的联合候选人名单。对此，一些人对西蒙娜和希拉克之间的这桩龟兔式的“婚姻”十分担忧。西蒙娜是一位亲欧派的政客。而在5年前，希拉克则在欧洲建设的问题上，是法国不幸的罪魁祸首。他直截了当地抨击了德斯坦领导的政党在欧洲问题上的政策。希拉克的做法遭到了勒卡尼埃的驳斥。特别是看到埃尔桑也出现在候选人的名单上，西蒙娜撰文写道：“如果从获胜率较低的角度看问题，我勉强接受，但这只是一种高姿态的妥协。”[①]在私下里，她对希拉克的胜出也持半信半疑的态度。在采访希拉克后，女记者科塔在报道中写道：“不论怎么样，西蒙娜每次张口说话，她都会丧失一些选票。我专门约见她，并告诉她：如果你的目标是获得43%的选票，你可以讲话，你可以表达你想说的心里话；相反，如果在选举中，你的目标是锁定在50%的选票，那就请你尽早闭嘴吧。”[②]

法国民主联盟和保卫共和联盟联合推出的候选人名单，之所以将西蒙娜放在了首位，就是希望以此来集中力量攻击在经济、工业，还有在欧洲范围内联合反恐的问题上，共和国总统所推行的政策。还应指出的是，西蒙娜曾严厉抨击过密特朗所推行的欧洲政策。

由于对共和国总统在1984年6月访问前苏联的意愿感到失望，加之对在欧共体各国撤销了很多法国领馆感到不解，西蒙娜非常尖锐地批评了总统的政治态度。总统的这种做法导致了1984年3月在布鲁塞尔举行的峰会不欢而散。在这次峰会中，由于密特朗不妥协的态度，与英国首相撒切尔夫人在欧共体预算的投入上形成了较大的分歧。

1979年，自她首次参加竞选活动以来，她经历了5年欧洲立法机构建设的磨炼。这期间，她有一半的时间是在斯特拉斯堡度过的。尽管她对这样的候选人名单感到不妥，但是，她对

---

① 西蒙娜·韦伊：《一生》，斯托克出版社2007年版。

② 米什莱·科塔：《第五共和国密件汇编》第二卷1977～1986，法亚尔出版社2008年版。

自己在新一轮的竞选中取胜却充满了信心。正如迪阿梅尔在文章中所写的那样："她在讲台上的表现并不出色，电台和电视台的采访有时让她感到不知所措，但是，她在这样的环境中变得更加成熟了。"①

西蒙娜是一个对自己很了解的人。她知道自己在反对派眼中，是一个举足轻重的人物。想起这些她偶有担心。好几个政界敌手不遗余力地攻击她，特别是1984年5月上任的社会党第一书记若斯潘更是首当其冲。

1984年5月22日，在两个首位候选人的对决交锋时，《费加罗报》非常坦率地指出：在西蒙娜身上，我们看到了泰然从容的魅力。

1984年6月17日，在回答一位记者对她提出的不论选举结果如何，她是否会迁居斯特拉斯堡的问题时，西蒙娜给予这位记者最为自信的答复：这就是投票获胜的结果。

西蒙娜所领导的参选团队以43％的选票，在总计81个议席中获得41位议席的优势，取得了无可争议的胜利，使这位前任欧洲议会议长又一次重返欧盟首都。而社会党仅获得20.75％的选票。这就意味着该党今后将要面临政治斗争的折磨。法国共产党更惨，仅获得了11.2％的选票，预示着该党派的日趋衰落。至于民主阵线，它仅仅在德勒市形成影响不到一年的时间，就得到了10.95％的选票，显然略有起色。然而，西蒙娜把民主阵线在选举中能够得到这样多票数的责任，归罪

① 阿兰·迪阿梅尔：《追求者》，迦利马尔出版社1988年版。

于社会党人所推行的一系列政策。这引起了勒庞领导的民阵党派的强烈不满。

西蒙娜很自然地被选为自由、民主政治阵营的头领。该政治势力拥有31名议员。西蒙娜作出了一个让大家非常吃惊的决定，她选择参加环境、公共卫生和消费者保护委员会的工作，而不是通常人们认为的那样，党派的主要负责人都应该参与政策委员会的工作。实际上，在西蒙娜的第二个任期中，她在这个机构中仅工作了几个月的时间，即从1986年6月至9月。

这一任期西蒙娜遇到的主要问题，就是有关欧盟建设的激烈争论。欧盟建设的问题是由欧洲很有影响的人物A. 斯皮内利提出来的。他也是二战期间著名的文托泰内宣言的主要推动者，主张建设一个统一的欧洲。今天，作为欧洲某一委员会的委员，斯皮内利仍旧热情不减地主张建设一个联邦制的欧洲。他组建了一个思考欧盟建设的智囊团，取名为“鳄鱼俱乐部”。他甚至还起草了一个欧盟机构建设的方案，并提交给各国议会讨论。

该方案于1984年2月14日提交讨论，目的是要建设一个联邦式的联盟。对于欧洲议会来说，该方案目的在于形成一个辅助性的立法原则和共同决策问题的机制。作为自由党派的负责人，西蒙娜在辩论发言中支持斯皮内利的方案。她在辩论中指出：这个方案“反映了欧洲建设既大胆又实际的构思。我们不要回避现实问题。机构改革并非是灵丹妙药，它不能让我们不作任何努力就成为真正的欧洲人。我们只有敞开心扉，弘扬团结精神，以更大的勇气、聪明与智慧，同时还要准备作出某些必要的牺牲，这样才能建设一个强大的欧洲，我们的人民才能获得安全、安逸、自由”①。

该方案最终以231票赞成、31票反对、43票弃权获得了通过。尽管这一方案没有在短期内得到实施，但是，在未来几年始终指导着欧共体和欧盟机构的发展。

根据欧洲的立法，1986年1月1日，西班牙和葡萄牙加入了欧共体，后来希腊也成为其中的一员。西蒙娜非常赞同在南部欧洲的一些国家中，扩大欧共体的成员国，虽然与北部欧洲的一些邻国相比，这些国家的经济和农业仍相当落后，但是在70年代末期，这些国家彰显着民主意识。正是由于这些国家的落后，以希拉克为首的戴高乐派才反对这两个国家加盟。在欧洲议会内部，西蒙娜所领导的自由党派四处游说，为了促成这两个国家加盟，她还毫无迟疑地亲临西班牙进行实地考察，发现了这个国家所取得的进步。

就像对待掀掉铁幕后的中欧和东欧国家一样，西蒙娜深信，欧洲，特别是欧洲议会，借助于议员之间的相互接触，一定能够帮助这些国家步入民主的道路，哪怕这是一条全新的、非常脆弱的道路。然后，这种传入西班牙的民主文化，由于他们之间的共同语言，一定会间接地传播到阿根廷（1983）和乌拉圭（1984），促使这些国家尽快结束军事独裁。其他一些像智利和巴拉圭等国正在步入这一民主之路。

如果说在这一问题上，西蒙娜突出了德国自由党派所发挥

① 欧洲议会，西蒙娜·韦伊档案文献库。

的作用，那么在斯特拉斯堡，她对法国的议员要求还是非常苛刻的。在她看来，戴高乐派的议员不足挂齿，他们除了玩弄“兜圈子”的游戏别无他选。他们的这种做法就是想在欧洲议会里混一段时间，捞取一些政治资本，他们在议会中阻挠议事，试图在卸任前将位子留给后来的参选者。1979 年，他们的这种行为曾遭到谴责。在欧洲议会中，法国议员常以缺席而著名。他们“躲在家中，袖手旁观，丝毫感受不到丧失一个国家的影响力是一件多么悲哀的事情啊！”①

在欧洲议会中，法国的政治党派对欧洲问题表现出十分冷漠的态度。然而，这些党派的负责人，却在摄像机面前振臂摇晃着欧洲的旗帜，非常谨慎地割断了与欧共体其他国家的往来。与此不同的是，欧共体其他国家的最高领导人却以最庄重的形式，接见了欧洲议会自由党派的女性首领和各类代表团。

至于来自法国民主联盟和保卫共和联盟的欧洲议会的法籍议员们，他们在斯特拉斯堡或者在布鲁塞尔的议会大厦的走廊里，经常与西蒙娜相遇。在他们的记忆中，西蒙娜是一位威严、高傲的女性。如果说 R. 西诺仍旧还能回忆起西蒙娜“像火山爆发那样的狂怒”②，那么保卫共和联盟推举的议员 D. 博杜安（1984～1989 任议员）也是一个很有力的证人：“尽管经过认真准备，一切均安排妥当，或者说注意到了每个细节，西蒙娜总是能够挑出不足、训斥他人。在她的愤怒中，既让人感受到一

---

① 西蒙娜·韦伊：《一生》，斯托克出版社 2007 年版。

② 罗歇·西诺：《从吉斯卡尔到萨科齐，第五共和国的内幕》，阿希佩尔出版社 2009 年版。

种真正的鼓励，又能体味到不平的怒火。”[①]

另一位属于自由政治派别的成员，至今仍记着他与西蒙娜一起出访葡萄牙的旅行：在这次葡萄牙的出访中，她非常严厉地批评了一名欧洲议会的议员，令这位议员暗抹悔泪。在1989年至1994年间，作为葡萄牙自由保守派阵营的成员当选为欧洲议会的议员，J. 伯塔在控制了自己的情绪后说：“她简直是太独断专横了，也许这个词用得不很恰当。我是想说，她生来就有做领导的天赋，她非常坚持自己的观点。她根本无法意识到实现她的想法会带来什么样的损失。”

也许是她的这种爱批评人的性格，使她失去了组建第二届政府的机会。1986年3月，在第一届共同组阁的政府中，尽管出任总理的胜算几率不大，但是仍有一定的可能性，她的名字与沙邦-戴尔马、德斯坦、希拉克和佩雷菲特可以说是并驾齐驱。

然而，1986年年初，在法国民主联盟内部有人试图暗示西蒙娜，要她愉快地解甲归田。时任法国民主联盟领导人和瓦尔省议员的F. 莱奥塔尔说：“我们同样也预计到了密特朗派试图与沙邦-戴尔马、西蒙娜、德斯坦等人进行沟通。”莱奥塔尔和其他中间派人士组成了一个莱奥塔尔帮派（有A. 马德兰、G. 隆盖），他们联合希拉克和一些戴高乐派的政要人物试图采取一个策略：“共和党要给戴马尔设置障碍，保卫共和联盟则要抵制西蒙娜和德斯坦。”这位在首届联合政府中将担任文化部部长的

① 德尼·博杜安：《在权力的路上》，让-克劳德·拉戴斯出版社1990年版。

政要人士继续指出："实际上，这是一种交叉式打击的策略。"

希拉克本人也给这位欧洲议会的前任议长西蒙娜打来了电话。西蒙娜回忆说："希拉克在向我通报了与莱奥塔尔达成的协约和戴马尔的中立态度后，他还要求我不要接受任何东西。在他挂上电话机之前，还向我承诺愿意帮我做我想做的一切事情。"①

作为中间派，或者说，在对某些问题上持中、右立场的西蒙娜来说，她很有余地地赞同希拉克提出的方案。这是因为，在20世纪80年代，在劳动力市场弹性化和过度私有化的问题上，希拉克深受撒切尔思想和里根主义的影响。西蒙娜接着说："我不同意他和莱奥塔尔、隆盖、马德兰等人抛出的极端自由主义的纲领。"②

但是，在对待西蒙娜的问题上，莱奥塔尔则被密特朗欺骗了。巴黎国民银行总裁，即密特朗的私交，也是西蒙娜家里的好朋友R. 托马分析后指出："总统是不会接受基督教民主党人的。在他眼里，西蒙娜就是一个基督教民主党的代表，他认为，西蒙娜是不可用的，并且，还是一个满怀恶意的人。西蒙娜对政治党派是没有影响的人物，因为在她的周围没有一个团结紧密的政治势力。密特朗看重的只是党派和帮派势力。"③

对右派势力来说，他们深信取得了选举的胜利。在爱丽舍

---

① 莫里斯·斯扎弗朗：《西蒙娜·韦伊 命运》，弗拉马里翁出版社1994年版。
② 皮埃尔·法维耶、米歇尔·马丁-罗兰：《密特朗的十年》第Ⅱ卷，《考验(1984—1988)》，塞伊出版社1991年版。
③ 莫里斯·斯扎弗朗：《西蒙娜·韦伊 命运》，弗拉马里翁出版社1994年版。

宫，人们也确信失败的到来。在1983年市政选举失败和1984年欧洲议会选举失利后，为了减缓1986年立法选举失败所带来的伤痛，密特朗决定修改选举规则：将两轮单名投票改成按比例投票。这样的一种政治操作不仅导致农业部长M. 罗卡尔在1985年4月4日被迫辞职，也受到了很多政界人物的严厉谴责。

1980年以后，法国总理府马蒂尼翁宫的几扇大门又一次向西蒙娜敞开，但是这一次并没有像过去那样，敞开的力度那么大。她与A. 鲁斯莱增进了关系，后者是密特朗的亲信，也是她多年的老朋友。当西蒙娜的丈夫安托万作为国立行政学院的学生，在安德尔省实习的时候，他们之间就已经建立了良好的朋友关系。直到1982年，也就是在A. 鲁斯莱主宰法国一个全新电视台Canal＋命运之前，他一直担任密特朗办公厅主任的职务，能够自由进出爱丽舍宫。西蒙娜讲述道："关于任命我入主马蒂尼翁宫的前景问题，确实，我们与A. 鲁斯莱探讨过这件事情，我对他非常了解，但是这个话题始终只局限于朋友之间。"①

对于法国民主联盟党派的其他负责人来说，大局已定：如果密特朗邀请西蒙娜出任政府的总理，西蒙娜会接受这一重要岗位的。德斯坦派的前任部长、卡尔瓦多斯省议员奥拉诺明确地说："西蒙娜已经让我们知道了她可以接任总理的职务。在法

① 皮埃尔·法维耶、米歇尔·马丁-罗兰：《密特朗的十年》第Ⅱ卷，《考验(1984—1988)》，塞伊出版社1991年版。

国民主联盟内部，西蒙娜甚至对我们说：‘我不明白，为什么你们大家都不投赞成票，反倒听任希拉克的摆布。’”①

我们还远没有像记者迪哈梅尔在文章中所写的那样：“她承认，她不具备担任总理一职所应有的天赋……但是，如果她没有感受到对马蒂尼翁宫主人地位的追逐，她就绝对不会认为自己没有这方面的才能。”②

法国保卫共和联盟和法国民主联盟联合组成的政治势力获得了43.9%的选票，超过了仅获得31%选票的社会党。但是，应该指出，这是在各种不同右翼议员支持的前提下，才在国民议会中占据了绝对多数的议席。1986年3月的选举也同时表明，在议会中，民主阵线赢得了35位议席，其中当选的有勒庞、B. 戈尔尼施、B. 梅格雷。1983年，由于社会党强烈地抨击了德勒的选举联盟，所以，社会党要对今天民主阵线地位的上升承担一定的责任。但是，社会党和密特朗成功地绕开了民众对他们的指责，信心十足地开始准备1988年总统连任的选举工作。

由于法国保卫共和联盟在选举中，成为议会的多数党派，所以，密特朗只好邀请保卫共和联盟的党首希拉克来组成新政府。法国民主联盟也只能在痛苦中接受这样的现实。1986年3月17日，正是一个星期三，当各党派正在进行政治交易的时候，法国民主联盟的一些成员聚集在莫布尔塔大街上，公开地

① 皮埃尔·法维耶、米歇尔·马丁-罗兰：《密特朗的十年》第Ⅱ卷，《考验(1984—1988)》，塞伊出版社1991年版。

② 阿兰·迪阿梅尔：《追求者》，迦利马尔出版社1988年版。

拒绝支持希拉克。然而，希拉克却非常得意地得到了官方的支持，并于1986年3月20日被任命为总理，开始组建新一届政府。在这一届政府中，E. 巴拉迪尔在蓬皮杜任总统期间，曾出任爱丽舍宫的秘书长，此次将被委任为国务大臣，负责财经方面的工作。法国民主联盟的负责人 R. 蒙诺里任教育部部长，P. 梅艾涅里任设备部部长，莱奥塔尔出任农业部部长。卫生与家政方面的工作委任给了希拉克竭力推荐的一位年轻女士 M. 巴尔扎。这位女士的风格与西蒙娜截然不同。

不久，刚走马上任的卫生部部长对西蒙娜这样评价说："我很欣赏她的聪明才智，我也看好她的民族性格。她从不放弃自己的信仰。这在政界是非常可贵的。"[①] 令人遗憾的是，这位新部长在1986年5月却迈出了错误的第一步：面对切尔诺贝利核事故，这位女性卫生部部长武断地说：核电站的不幸事故不会给法国人带来危险。这样的一种讲话，不仅遭到民众的批评，无形中与西蒙娜形成了明显的反差。

西蒙娜与司法部长 A. 夏朗东也进行了一番艰苦的斗争。1974年，在争论妇女自愿终止妊娠法案的时候，尽管后者给予西蒙娜极为有力的支持，但是，他却希望通过处罚吸毒者来强化法律对毒品的限制，他说："吸食毒品的人首先是一种犯罪。"如果瘾君子不接受治疗，就要对他们采取强制禁闭的措施。他的这番话，在医学界引起了强烈的不满。左翼是一片愤怒，右派也是同样。在右翼阵营中，西蒙娜、M. 巴尔扎和其他人士

① 卡拉·布吕尼、米谢勒·巴尔扎：《欧洲基金倡导者》。

甚至公开谴责 A. 夏朗东。面对舆论的压力，希拉克不得不撤换这位司法部部长。

1987 年 6 月，在欧洲议会，西蒙娜在一个非常棘手的问题即承认亚美尼亚种族大屠杀的问题上持反对态度。但是，就在同年 6 月 18 日，欧洲议会通过决议承认了亚美尼亚惨遭种族大屠杀的历史事件。西蒙娜的这一立场遭到了很多散居亚美尼亚犹太人的抨击，甚至有一些人曾指责她，只知道二战期间德国纳粹对犹太人的杀戮，而不清楚 20 世纪其他一些令人发指的杀戮。对于这个问题，西蒙娜认为，不论是国家机关，还是欧洲机构，都不应该以窃取权力为目的，为历史作定论。至于土耳其加入欧共体的问题，尽管在 1963 年，土耳其与欧共体签署了合作协议，但是，这位前欧洲议会的议长对这个国家有资格加盟欧共体始终持怀疑态度。

在她看来，道理很简单：从地理位置上看，除了伊斯坦布尔，土耳其不在欧洲大陆的板块上。此外，这个国家还不具有民主文化。后来，西蒙娜在 2007 年写道：尽管希腊和土耳其两国政府首脑，在经历了 10 年的冷战后，开始了正常的往来接触，“我依然担心的是，在民主这个问题上，我们不能给土耳其施压。即使我们在欧洲板块上能够找到土耳其与欧洲接壤的边界线，我们还会有很多困难来界定他们的哲学价值观。”1988 年 1 月，在议会大厦的厅廊里，从人们的言谈中可以看出，欧洲议会接纳土耳其只是一个时间上的问题。

1988 年年初，所有法国人的目光都聚焦在了当年 4～5 月将举行的总统大选上。这次大选的博弈，将在届满离任的总统密特朗和即将卸任政府总理职务的希拉克之间进行。

左右共治的政治格局已很难维系下去，并且很快就将演变成一场持续性的选举大战。面对爱丽舍宫势单力薄的密特朗，希拉克希望利用这样的机会来扩大自己的实力。对中间派的政党来说，就像1965年、1969年、1974年和1981年历届总统选举一样，始终推举不出来本党派的候选人，只有1976～1981年间任政府总理的巴尔，被选为罗纳河地区的议员。而他本人却决定，加盟法国民主联盟，与西蒙娜分属不同的政治阵营。应该说，巴尔是政界中很少批评左右共治的政客之一。尽管巴尔与西蒙娜之间的关系不是那样密切，但是，后者还是认为这位前任总理是一位相当称职的国务活动家。西蒙娜果断地支持巴尔，她以自己欧洲议会前议长的身份，为巴尔的竞选增添人气。但是，西蒙娜并没有全力以赴地为巴尔的竞选摇旗呐喊。

巴尔的竞选口号是“团结、严谨、务实”，这与密特朗提出的建设一个“统一的法国”针锋相对。巴尔提出为解决失业而斗争，主张增加法国税收体制的透明度，建设一个开放性的社会，拒绝与民主阵线结盟的原则，使他在抽样调查中人气大增。

至于密特朗，他决定对中间派选民展开攻势，试图在选举中击败法国民主联盟，尤其要击败属于极左的民主-社会党（CDS）派。甚至，爱丽舍宫的部分要人已经开始与法国民主联盟的一些重要人物进行了接触，探讨在解散国民议会以后，有可能建立一个向中间势力倾斜的、属于社会党掌控的政府。这些被经常提到的、组成政府内阁的人员包括西蒙娜、B. 斯达吉、P. 梅艾涅里、M. 努瓦尔、L. 斯托勒吕等。在爱丽舍宫，有人不断地反复强调说："请你们放心，我们还会拒绝一些人的，我们的问题不在于选人，而在于分离他们。"[①] 难道西蒙娜会认为，她有可能成为密特朗的总理吗？也许会是这样，但是要有一定的条件。正如为密特朗写传记的作家J. 拉库蒂尔在密特朗的自传中所描述的那样：西蒙娜曾经透露说"与左派政府合作共事是没有问题的"[②]。

1988年4月26日，巴尔以16%的选票排序第三，仅排在密特朗（34.1%）和希拉克（19.9%）的后面。对此，巴尔责怪中间派的选民不够给力，并且还说，西蒙娜作为中间派的核心人物，没有给予他全力支持，反倒是在某种程度上帮了希拉克的忙，使他败给了希拉克。面对她的支持者，西蒙娜面带苦涩地说："巴尔有什么权利责骂我们，他的高级智囊团简直是一塌糊涂。结果是树倒猢狲散。"[③]

密特朗以54%的选票毫无争议地再次当选法国总统，这样右派也就再次成为在野党。至于属于中间派的政治力量，他们当中，有一部分人进入了由罗卡尔在1988年6月在立法选举后组阁的政府，另一部分人决定加盟反对派。德斯坦执政时期的前政府中的部长和国务秘书，如迪拉富尔、斯托勒吕、苏瓦松也都成为新多数派的成员，但西蒙娜没在其中。

在第一轮总统选举前，当很多政治力量开始多方接触的时

---

① 《新观察》第525期，1985年3月25日。

② 让·拉库蒂尔：《密特朗，法国人的历史-Ⅱ，峰端的眩晕》，塞伊出版社1998年版。

③ 皮埃尔·法维耶、米歇尔·马丁-罗兰：《密特朗的十年》第Ⅱ卷，《考验（1984—1988）》，塞伊出版社1991年版。

候，西蒙娜就敏锐地感觉到这样一个问题：法国中右派的政治力量能够与新的多数派达成最完美的政治默契吗？

也许是由于密特朗的再次当选，事情变得异常简单。

1987 年 2 月，密特朗对前司法部部长、后来担任负责设备与住房建设的国务大臣 M. 富尔坦言道："在竞选的第一阶段，不要考虑社会党与法国民主联盟的联合问题。对于社会党人来说，采取断然行动的时机还尚未成熟。应该让法国民主联盟独自去面对第一阶段的选举。西蒙娜不适合担任总理的职务，所以任用她毫无意义，再说她这个人脾气不好。"①

西蒙娜对这位社会党总统既敬畏，又恐慌，甚至有时还感到异常的愤怒。因为总统非常清楚，任何人都会改变自己的面孔。C. 奥克郎后来在文章中写道："大家都说，1988 年如果密特朗真的让西蒙娜去组建政府的话，她确实能够体现并且树立总统宽容大度的形象。"② 也许是西蒙娜的原因，她没有去组阁。因为从西蒙娜的角度来说，她不想盲目地走进马蒂尼翁总理府，她也不想在一个与密特朗对立的政府中主持工作。

1988 年，由中间派社会党组成的政府与 1986 年实行左右共治的政府是不可同日而语的。对此 C. 帕斯夸说："那些曾经与法国民主联盟磋商的人，还有那些中间派的人士，他们怎么会想象到，密特朗在刚刚获得大选胜利后就能够听任他们的摆

① 西尔维·皮埃尔-布罗索莱特：《总统语录……秘密手册》，普隆出版社 1996 年版。

② 克里斯蒂娜·奥克朗：《一部分人与另一部分人》，黎明出版社 1993 年版。

布，而他们又怎能接受前总统的安排呢?"[①] 西蒙娜也这样认为："拥有绝对多数选票的人，是不会接受别人建议的，让中间派过分地依赖与右派形成的政治联盟。在这样的条件下，要想达成协议是不可能的。我们对他们讲：这是一种'联盟'。而他们回答我们说：'归顺'。"[②]。

不管形式如何，在 1988 年 6 月 5 日至 12 日举行的立法选举中，西蒙娜投了右派一票，并且建议重新组织反对派，由共和党联盟与中间派组成一个联盟，但未果。趁此机会，密特朗和社会党在选举中获得了国民议会中的多数席位。

一些人期待的政治阵线混乱的局面终未发生。

就这样，西蒙娜又转向欧洲议会的竞选。

柏林墙的倒塌及其影响

在欧洲议会开始组织选举时，为了维护自己的关系网络，1988 年年底西蒙娜在自己的家中安排了一次带有政治性的家庭早餐。对于这次在自己家中的聚会，她邀请了社会党出身的部长 M. 德勒巴尔，中间派要人梅艾涅里、斯托勒吕、斯达吉和戴高乐派的卡里尼翁。对西蒙娜来说，1989 年是一个非常重要的选举年。

在捍卫欧洲价值观方面，西蒙娜始终发挥着非常重要的作

---

① 夏尔·帕斯夸：《我所知道的……（第二卷）极大的过错（1988—1995）》，塞伊出版社 2008 年版。

② 皮埃尔·法维耶、米歇尔·马丁-罗兰：《密特朗的十年》第Ⅱ卷，《考验（1984—1988）》，塞伊出版社 1991 年版。

用，并且一直主张建设一个超越国家概念的大欧洲。所以，她要以另一副面孔来面对她第三次，也是最后一次的欧洲大选。1979年，在与希拉克提交的带有分裂色彩的候选人名单进行一番较量之后，1984年她又妥协地与保卫共和联盟党首联合提出了一个参选人的名单，这一次西蒙娜要表明自己的不同态度。

特别是前任总统德斯坦也十分关注欧洲的建设问题，决定利用欧洲问题，在政治上再现自己的价值。因此，他抛出了一个以他为首的，由法国民主联盟和保卫共和联盟联手组成的候选人名单。在这份名单中，不仅包括一些中间派的人物，如J. 拉法兰、马德兰，还囊括了希拉克的亲信，如A. 朱佩、A. 马莱。

此外，西蒙娜还通过拒绝参加德斯坦组织的活动，断绝了与前任总统的往来，如她不参加德斯坦在1982年成立的政治沙龙的活动。这个沙龙实际上是一个讨论法国未来走向的、带有顾问性质的议事平台。

她汲取了1984年与戴高乐主义者和R. 埃尔桑联盟的教训，这一次她要组成自己的候选团队。因为“看到有人将欧洲问题视为一个为法国政治头目服务的简单工具，她感到十分反感”①。西蒙娜领导的候选团队取名为“欧洲核心”。为了欧洲的美好未来，该候选人名单中包括民主-社会党（CDS）中鲜为人知的人物，如J. 布朗热、N. 方丹（1999～2002被选为欧洲议会议长）和瓦朗谢纳很有前途的市长J. 博洛。西蒙娜领导

① 西蒙娜·韦伊：《一生》，斯托克出版社2007年版。

的参选团队与保卫共和联盟和法国民主联盟联手组成的参选阵营，以及社会党的候选人之间展开了艰苦的对决。面对前任部长的指责，德斯坦不得不承认在这场选举中他所品尝到的苦涩："我受到了极大的伤害。为了法国民主联盟，我已作出了巨大牺牲。整个局势都让民主-社会党（CDS）给搅乱了。"①

她的竞选活动领导是大西洋岸比利牛斯省的一名年轻议员，名叫F. 贝鲁。虽然他不是自己的亲信，却是弗林姆兰在斯特拉斯堡多年合作的老搭档。毫无疑问，他一定会力挺民主-社会党（CDS）和西蒙娜带领的候选团队参加大选。

然而，她所在的党派正面临着分裂：一部分属于西蒙娜所领导的政治力量，另一部分归属德斯坦。很快这位前欧洲议会的女议长便跌入了由她身边的人为她设好的陷阱。

西蒙娜说，贝鲁为勒卡尼埃和她组织了一次联合记者招待会。正是在这次招待会上，勒卡尼埃明确表态支持前任共和国总统德斯坦。西蒙娜永远不会忘记这位议员让她承受的侮辱。她说："他是一位聪明且富有活力的议员。我真正地领略了这个人的品格，他是一个在几天内会作出出尔反尔允诺的人。"②

最后，西蒙娜所率领的候选团队仅获得了8.43%的选票，有7人当选，远远落后于德斯坦所领导的团队（28.88%），不敌前总理法比尤斯所领导的社会党阵营（23.61%），也不如民族阵线党（11.73%）和绿党（10.59%）。这次选举结果让她大

① 西尔维·皮埃尔-布罗索莱特：《总统语录……秘密手册》，普隆出版社1996年版。

② 西蒙娜·韦伊：《一生》，斯托克出版社2007年版。

为震惊并感到失望，她试图对这次选举进行比较与分析。“我动员了很多选民，难道他们最终都弃权了吗？况且在我的竞选演讲中，我始终主张建设一个统一的欧洲。”①

走出竞选的阴影后，西蒙娜又回到了她较为熟悉的环境，同时也为她担任10年的欧洲议会议员搞了一次小小的庆典。西蒙娜放弃了已有49位当选议员的主张自由、民主、改革的政治团队领导的职位，心甘情愿地作为德斯坦的副手。

一位自由党派的老党员后来回忆说：“他们之间的关系不是很友善，应该说他们两个人的性格反差太大。但是必须承认，不管怎样，在公众面前没有任何的外露。”

尽管这样，西蒙娜仍然保留着欧洲议会领导人的高大形象。一位葡萄牙籍属于自由党派的议员伯塔回忆说：“我作为欧洲议会的一名年轻议员，我认为，西蒙娜的确是一位在政治上享有特殊威望的人物。我很高兴能够和像她这样的人在议会半圆形的大厅里，一起书写欧洲的历史。”

西蒙娜同时还兼任非洲国家、加勒比和太平洋地区以及欧共体协议等额委员会的欧方副主席，同时兼任政策委员会的重要成员。直到1992年1月，她都一直负责环境、公共卫生、保护消费者权益委员会的工作。

选举工作结束后，1992年1月，E. 克勒普斯齐出任新一届的欧洲议会议长的职务。紧接着他便开始了新一轮各委员会人选的任命。西蒙娜继续留任政策委员会，该委员会不久更名为

① 《快报》1989年8月18日。

外交事务与安全委员会。但是，西蒙娜认为，在该委员会下属的人权分委员会应更多地去关注人权问题，这也是她从政之前一直关注的问题。由于她一直从事维护妇女权益事业，所以，她以特殊的身份在欧洲议会继续这方面的工作。

同样，1989年也是世界发生巨大变化的一年。同年6月，新当选的欧洲议会议员们肯定没有想到，就在他们任期不到几个月的时间内，发生了史上非常重要的动荡。1989年11月，在柏林墙倒塌后，一系列的事件以难以置信的速度相继发生。

1989年11月8日，当西蒙娜在巴塞罗那主持一个关于欧洲-地中海问题的会议时，收到了一份电报。电报说：东德的领导们已经决定向西德打开柏林墙。

在会议大厅里，喜悦的泪水伴随着连绵不断的欢呼声。冷战终于快要结束了。

那天夜里，回到巴黎后，西蒙娜和丈夫安托万立刻来到了柏林，想亲眼目睹这一历史时刻的到来。20多年后，她在撰文时这样写道："我们怀着难以想象的激情直接感受了第一天的自由。"① 她虽然是一位充满自信的欧洲人，但她的信念丝毫没有改变。作为一名砸碎枷锁而免遭纳粹野蛮劫难的二战集中营的前"囚犯"，现在成为欧洲议会行政首领和象征、欧洲议会的忠实守卫者。西蒙娜亲眼看到了柏林墙的石块，在东德不堪一击的军队眼皮底下四处飞溅，欧洲和解的梦想已基本成型。德国议员H. 珀特林回忆说："由于有很多事件对她的青年时代影响

① 西蒙娜·韦伊：《一生》，斯托克出版社2007年版。

较大，因此，她曾想在欧洲搭建起一座桥梁。然而，从1989年起，她需要重新规划欧洲的建设问题。”

在欧洲议会的工作中，她考虑到了欧洲和解的复杂性，并且毫不迟疑地采取了相应措施，制定了对应策略。随着中东欧的一些国家相继脱离了前苏联，在这些国家中，民主的和非共产主义的政府在选举中连连获胜，德国也在1990年10月获得了统一。通过专门委员会和欧洲委员会的提议，欧洲议会开始在政治和司法的层面上，关注这些新生国家加盟欧共体的问题。

1990年7月，在捷克斯洛伐克，V. 哈韦尔被再次推选为共和国总统，然后，同年12月，波兰团结工会的一位负责人L. 瓦文萨被选为总统。不论在东欧还是在西欧，这样的事件接连不断。在英国，就在该国加入欧洲货币机制后的几个星期，总理府也发生了人事变故，J. 梅杰取代了M. 撒切尔夫人。

正是在这样一个复杂的政治背景下，西蒙娜率领法国代表团来到布拉格，参加了密特朗总统在1991年提议召开的国际问题论坛。这次论坛主要讨论的是，在1989年12月31日提出的、在建设泛欧洲框架的基础上建设一个联盟式的欧洲。

在这样一个大型的国际论坛上，欧洲议会的很多分委员会抛出了许多议题。在前任司法部部长R. 巴丁代尔（1981～1986）和1957年联名签署《罗马条约》的前任部长M. 富尔的配合下，西蒙娜主持了一场关于欧洲建制和新政策问题的分论坛。

然而，就在废止《华沙条约》（1991年7月）的时候，法国人提出建设一个放弃美国保护伞，让面孔焕然一新的俄罗斯加盟的新欧洲，却遭到了中欧地区一些民主国家的强烈反对。美国也对法国人的这一提议给予了严厉的抨击，这也导致密特朗的计划搁浅。

这次失败并没有动摇西蒙娜的信念：在欧洲实现大范围的合作，甚至期待经过一段时间这些国家终会加入欧洲的大家庭。因为在她看来，“不向这些国家敞开欧盟的大门简直是一件不可想象的事情。否则，对他们来说，我们就是欠下了一笔债务。”①

西蒙娜提出了一个在欧洲捍卫者们中间影响较大的口号，那就是要团结东欧各国。因为在第二次世界大战结束后，这些国家丧失了自由。西欧国家在鼓动他们彻底摆脱共产主义以后，不应该对他们表现出冷漠的态度，更不应该将他们弃于民主进程的路边而不闻不问。

在西蒙娜看来，这不仅仅是一个精神上的债务，还是一个经济上的巨额债务，因为西欧各国已从他们那里获得了非常丰厚的经济利益。

在促进欧洲一体化的进程中，西蒙娜确实是一位不知疲倦的政治家。在1992年举行的马斯特里赫特条约的公决投票中，她投了赞成票。该条约使成员国之间的密切合作制度化，促进了欧洲的整体化，规定了实施单一货币的时间表，这些均奠定了欧盟外交政策和维护共同安全的基础。

西蒙娜联合各方政治要人，试图探索一条欧洲发展的新途

① 西蒙娜·韦伊：《一生》，斯托克出版社2007年版。

径。如1992年6月12日在卡昂，尽管法比尤斯在1989年欧洲选举时是她的直接竞争对手，但她仍然和他探讨了这个话题。当涉及她的信念，特别是欧洲问题的时候，在她的意识形态中，仍然能够表现出一定的局限性。这一点，在前外交部部长，也是她的一个朋友J. 彭塞主持的、由欧洲运动组织主办的会议上得到了充分的验证：那一天晚上，她差一点儿将会议大厅嚷得爆裂了。

直到选举结束前的最后时刻，形势十分紧张。投赞成票的一会儿不断攀升，一会儿直线下落。后来她承认："当反对的票数处于领先的时候，我简直是害怕死了。"① 终于，赞成的意见以51.04%的支持率获得了胜利。有1300多万选民赞成西蒙娜的观点，他们将同法国人一起开始建设一个新的欧洲。可以说，当时，在她的面前呈现出非常美好的前景。

这些连续不断的动荡，虽说不能和第二次世界大战结束时重新确定欧洲版图那样引起人们的混乱，但是同样引起南斯拉夫的政治地震。在这个国家，受到铁托元帅控制的塞尔维亚、克罗地亚、斯洛文尼亚和波斯尼亚等民族边境地区的族群矛盾开始激化，继而演变成一场可怕的战争。

在欧洲议会，西蒙娜作出了巨大努力，试图与其他重量级的人物一起调节欧洲大陆上的这场冲突。由于对这场悲剧一些欧洲人显得十分冷漠，所以她的努力没有得到明显的效果。结果是在1991年6月25～26日，斯洛文尼亚和克罗地亚相继宣

① 法国电视一台《论坛》节目，2005年5月19日。

布独立，导致南斯拉夫国家彻底分裂。

在近4年的时间里，一直到1995年12月《代顿协议》的签署，巴尔干地区在欧洲大陆上经历了第二次世界大战结束以来前所未有的冲突：克罗地亚、波斯尼亚和塞尔维亚民族间矛盾日趋尖锐。各地军队都犯下了不可饶恕的战争罪行，尤其是1995年7月在斯瑞布里尼卡所犯的罪行令人震惊。这场冲突导致数万人死亡，数十万人流亡他乡。虽然这场战争得到了克林顿领导下美国军队的武装干预，但是欧洲战场的这次冲突也让欧洲人，特别是欧洲议会的议员们，包括西蒙娜本人充分意识到，有必要尽快建设一个和平安全的欧洲。

对此，不论是在布鲁塞尔，还是在斯特拉斯堡，前任欧洲议会的议长西蒙娜采取了各种不同的措施，委派了各种类型的考察团，做了大量的调查与研究。就在这一桩桩悲剧发生的时候，葡萄牙籍的议员伯塔说："这不是一位从政的女性，而是一位事业心很强的女人，是一位信念的追随者。"

在1991年至1993年间，西蒙娜多次往返于战区，目睹、倾听、了解冲突的真实情况以及那里的恐怖现实。正是这样，1992年12月，在爱丁堡高峰会议后，于同年12月18～24日，她以欧洲议会代表的身份参加了欧洲议会下属的一个专门委员会的调查团，负责调查在克罗地亚发生的强奸案件和波斯尼亚-黑塞哥维那地区女性命运的问题。这个调查组由英国女外交官A. 沃伯顿担任领导，成员由心理学专家、司法专家和社会人类学专家组成。

在日内瓦召开了多次准备会议之后，调查组来到了萨格勒布，调查登记了2万多起强奸案。在涉及这些案件的报告中，我们可以看到，这些强奸案“通常是带有预谋性质的，令人发指的系列案件，目的就是要蹂躏和恐吓那里的族群，迫使他们离开自己的家乡，同时还要指出，这些行径的用意也在于向这里的民众炫耀武力，以达到他们的战略目的”。

尽管对于这场冲突所进行的调查有些仓促和略显主观，西蒙娜始终坚守独立思考的原则。一方面，她毫不犹豫地严厉抨击了对冲突夸大的流言；另一方面，谴责克罗地亚人所犯下的罪行。同时批评一些欧洲强国，没有采取措施避免某些屠杀的罪恶行径。当然，也时常发生一些意想不到的情况，比如，在波斯尼亚，尽管这并不是她个人的本意，作为欧洲议会议员，她所发表的意见时有被视为冲突加剧的证据。

她郑重申明：“对于罪行的责任问题，我们很多人都表达了略有差异的看法，只是在文件中不能够透露而已。”[①] 1993年1月20日，她在议会向同事们汇报时，她强调说，由于没有给调查组赋予政治权责，她决定不参加第二阶段的调查工作。

不久，1996年，她便参加了由比利时前总理L. 廷德曼斯所领导的巴尔干地区国际委员会的工作。

这样，在历经欧洲议会近14年的政治生涯，西蒙娜非常清楚如何捍卫自己的欧洲理念。她始终强调欧共体各成员国之间的密切合作，所以，她认为各成员国始终拥有选择合作对象的权利。

① 西蒙娜·韦伊：《一生》，斯托克出版社2007年版。

此外，西蒙娜一直为维护人权、保护妇女权益而斗争。她还坚持强调英国在欧共体存在的重要性，在她出任欧洲议会议长期间，撒切尔夫人曾亲自接见西蒙娜。她指出，撒切尔夫人所领导的国家应该发挥更大的作用，并应遵循 1973 年加盟欧共体时所承诺的责任。

1993 年 3 月 31 日，西蒙娜彻底结束了她全身心投入并力图实施深层次改革的欧洲议会工作，并在那里留下了很多传奇般的佳话。在距她第一次担任法国政府部长职务 19 年后，她又重新踏入了共和国的宫殿。

重返内阁

如果你要成为一名国务活动家，请你不要忘记
在“懂得期待”中去寻找政坛的奥秘。
如果你是部长，请记住在“懂得行动”中摆脱麻烦。
——大仲马：《路易十六的年轻时代》，1854 年

左派的溃败

1993 年 3 月的立法选举，应该说是右派政治势力回击密特朗总统一次难得的机会。

很长时间以来，密特朗一直封锁他患病的消息。这场病使他的身心变得十分虚弱。就像 1986 年那样，为了削弱由希拉克领导的右翼政党选举获胜的影响，密特朗拒绝修改选举方式。这场胜利使希拉克很有可能成为 1995 年总统大选的热门人物。

1988 年，尽管密特朗以建立一个团结的法兰西为理念，再次当选了法国总统，然而他却陷入处理一些日常事务性的工作

之中。他和社会党派的老对手罗卡尔在1988年至1991年间开创了一种新型的共治模式。

罗卡尔认为，密特朗总统已精疲力尽。而他本人在3年多主政法国政府期间，由于很好地解决了失业人员的最低保障金问题和1988年6月非常圆满地解决了法国最大海外领地新喀里多尼亚的问题，并且顺利地签署了《马蒂尼翁协约》，他在法国民众中的威信以前所未有的纪录不断攀升。针对这种局势，在1991年5月15日，出乎人们的意料，共和国总统任命一位女总理，这在法国历史上是前所未有的。但是，应该承认，在克勒松夫人担任总理职务的一年内，她领导的政治势力给她设置了种种障碍，导致这一任命瞬间而止。

P. 贝雷戈瓦从1984年就开始期待入主马蒂尼翁宫，当他实现这一夙愿的时候，他发现，法国的最高权力机构简直就像一个“废墟”。爱丽舍宫和马蒂尼翁大厦简直就像一座墓地，在那里游荡着一些像R. 佩拉和F. 格罗苏夫尔式的幽灵人物，他们与这一体制的残余势力勾肩搭背，试图利用这一体制的遗骸影响媒介的力量，扩大这一体制的影响。

法国社会党通过规划设计协会赚得竞选资金的问题，总统隐瞒私生女儿的丑闻，还有爱丽舍宫非法窃听门事件，这一切都让人们去期待一位新的总理，能够在布满暗礁的大海中驾驭法兰西号航船破浪远航。然而，这位新总理不久也被卷入一桩官司。在1993年2月，当立法选举再次进入关键时刻，《鸭鸣报》曝光了这位总理的一桩丑闻，说他为了在巴黎16区购置一套公寓，在1986年，向R. 佩拉（1989年3月离世）的一位密友借了 100 万法郎。

就在这位总理试图驾驭一批战马展开大规模的反腐斗争的时候，他向一位工业界朋友借款的事件，即使在尚未进行任何司法追究程序的情况下，贝雷戈瓦在媒体的形象已经受到了相当程度的损害。不论在政治上，还是在心理上，他都显得非常的脆弱和内疚，不久，他的政治盟友也开始渐渐地疏远他。最后，1993 年 5 月 1 日，在讷韦尔市自杀身亡。

就在社会党人担任总统的第二个 7 年任期的最后两年，即柏林墙倒塌和冷战结束后，西蒙娜在欧洲议会的活动相当频繁。尽管这样，她仍然在多种媒体上表现得十分活跃，抨击最近几届社会党政府解决社会问题的一些举措，尤其是罗卡尔政府所推行的一些措施。1990 年 1 月，她言辞非常激烈地批评了政府试图玩弄警方信息卡的伎俩。

曾经担任过司法部部长的西蒙娜，始终以保护公众的自由权利作为自己的职责。因此，她在媒体上公开发文，强烈谴责这种让人难以接受的由警局掌控的记录卡。在她和其他要人的共同努力下，1990 年 3 月的这份提案死于胎腹之中。

民众的积极参与，使她感受到了公众的良好意识。作为百姓的卫士，西蒙娜在推进权力机构的独立性和公正性，这也就是为什么在 1993 年，已经有 66 岁，可以说政治生涯已经进入暮年的政治家，在政治斗争中仍是一款起决定性作用的神秘武器。尽管在 1988 年她失去了进入左派阁僚的机会，但是在 1993 年，她没有错过右派组阁的机遇，并对右派和中间派的信任表示感谢。在 1992 年 2 月，她曾严厉地批评了共和国总统，并且呼吁右派立即行动起来。她说："密特朗像其他人一样，是一位完全跟不上形势的老者。在对外政策上，他连遭失败。人员在变化，人们期待新的领导，社会也在变化，难道右派政治势力看不到这些吗？为什么还无动于衷呢！"[①] 1993 年 3 月 19 日，西蒙娜在《费加罗报》上发表文章，呼吁组建一个中间派的政府。

巴拉迪尔在蓬皮杜入主爱丽舍宫时，曾担任过总统府的秘书长。后来在希拉克第二次主持政府工作时（1986～1988），担任国务大臣和财政部部长。密特朗执政的后期对他和希拉克来说，简直就是一次难得的机遇。因为，令人煎熬的大选，对于保卫共和联盟与法国民主联盟的统一战线来说，已经进入了胜利的阶段。1993 年 3 月 21 日晚上，从得票的百分比来看，两盟的统一战线已经明显地胜出社会党。保卫共和联盟（19.83%）略领先于法国民主联盟（18.64%），超过了社会党（17.40%）。可以看出，领先的优势并非十分可观。勒庞领导的民主阵线在得票上也获得了新的突破，得到了 12.42% 的选票。在第二轮投票中，由于选民的弃权和选票的转移，两盟的统一战线与民主阵线形成了三足鼎立的局面，而社会党却遭到了沉重的打击。他们在议会仅获得了 57 个议席，保卫共和获得了 257 席，法国民主联盟 213 席。当时著名的历史学家 R. 雷蒙指出："这是法国一个多世纪以来，右派占绝对多数的议会，比

① 西尔维·皮埃尔-布罗索莱特：《总统语录……秘密手册》，普隆出版社 1996 年版。

1919 年一战后选出的，由老兵组成的议会中右派人数还要明显，甚至比 1986 年的议会还要右倾。”

社会党中有多名部长在选举中失利，他们是 M. 沃泽勒、M. 德勒巴尔、D. 施特劳斯-卡恩，还有若斯潘。同样，F. 奥朗德也在科雷兹受挫。这显然标志着一个时代的结束。在爱丽舍宫，尽管这位老人的病情稍许减少了 1986 年他曾击败对手们的斗争激情，但是，残酷的现实是，密特朗将不得不在与他势不两立的反对派中组成他任期最后两年的合作政府。希拉克汲取了 1986 年的教训：一位当政的总理绝不会在接下来的总统大选中获胜。正是由于这个原因，在达成共识后，希拉克将入主马蒂尼翁的机会留给了他 30 年的老朋友巴拉迪尔。而他自己则专心准备 1995 年的总统大选。

巴拉迪尔在没有征询希拉克意见的情况下，自己组建了第二个左右共治的新政府。为了实现一个最佳的合作，他有意削减了内阁成员的数量，并使保卫共和联盟和法国民主联盟入选阁僚的人数相对平衡。他的这种考虑，也是为了更容易地推进竞选时所承诺的改革法案。本届政府由保卫共和联盟的忠诚党员组成，如 C. 帕斯夸重新担任内务部部长、A. 朱佩任外交部部长、J. 图邦任文化部部长，还有几位很有前途的年轻部长（N. 萨科齐担任预算部部长、F. 菲永为高教部部长、M. 阿利奥-马里为体育部部长）。这一届政府还吸纳了几位法国民主联盟的中间派党员，他们是在希拉克 20 年前组阁（1974～1976）和后来巴尔掌管政府（1976～1981）后，又再次重返新一届政府。这也是他们借助德斯坦的政治财富首次取得政治斗争的胜利。

同样，还有出任国土规划部部长的 D. 厄费尔、国务部部长兼司法部部长的 P. 梅艾涅里，以及担任社会事务部部长的西蒙娜。新任总理办公室主任 N. 巴齐尔回忆说："是巴拉迪尔提议任命西蒙娜为政府成员的。在他看来，西蒙娜是一位精神领袖。"

作为一名不可或缺的政治人物，西蒙娜在民众当中享有极好的口碑，且常在多家媒体上受到夸奖。那么，她在百姓中的良好印象永不扭曲的秘诀是什么呢？记者迪哈梅尔发文指出："在西蒙娜的身上体现了对协调一致的渴望，她主张对话与交流，她宽容别人，人们能在她的身上体会到真理的含义。整个法兰西都十分清楚西蒙娜的政治秘诀，那就是：做一个表里如一、可以信赖的人。"①

西蒙娜多年以来始终非常关注艾滋病的问题。1993 年 3 月 30 日，当她正在准备搭乘飞机去参加一个关于艾滋病的专题会议时，她接到了新任总理巴拉迪尔打给她的电话。

由于西蒙娜过去在政治上的选择始终抱以"谨慎"的态度，所以他们之间的交往甚少。尽管这样，这位新总理希望她能够出任社会事务部的部长职务。巴拉迪尔这样回忆道："我之所以委任她，那是因为我非常清楚，她是一位善于独立思考、受人尊重、直接坦率、坚定信念、永不妥协的人。"② 事实上，这位

---

① 阿兰·迪阿梅尔：《追求者》，迦利马尔出版社 1988 年版。

② 爱德华·巴拉迪尔：《在马蒂尼翁宫执政的两年》，普隆出版社 1995 年版。

新总理曾犹豫是否任命她为司法部部长，因为她曾经担任过这一职务。西蒙娜回忆说："尽管我很愿意从事我已经非常熟悉，并且又很喜欢的工作，但是我知道，我所承担的任务是十分艰巨的，没有强大的政治基础，可以说是无法完成的。"① 就这样，她愉快地接受了社会事务部部长的职务，同时还要负责城市规划部的工作。

就在离开法国政府阁僚岗位15年后，她重返法国内阁，并被庄重地任命为国务部部长，再次创造了她人生的传奇：从一位主张通过妇女自愿终止妊娠法案的女性，到欧洲议会首位通过全民普选的议长，再到今天主管医疗卫生、社会事务和城市规划的女部长。

此时，她遇到了对她始终忠贞不渝的前卫生部办公室主任D. 韦尔。在西蒙娜离开政府岗位的这段时间里，他已经成为一名左派省长。在1993年6月召开的第一次部长会议上，政治形势与1974年的情况已经截然不同。由于她是国务部长，所以她的席位被安排在共和国总统密特朗先生的右侧，她目睹了左右共治体制下，单调乏味的事务性工作。西蒙娜将这种工作局面称为"人们难以想象的、最无工作效率的体制"。② 过去，尽管总统先生不很看好西蒙娜，但是，密特朗先生曾给她留下很深的印象。就在她参加日常部长会议作会议记录时，密特朗也会不时地向她扔出几句带刺的话。

诚然，在1974年和1976年，西蒙娜曾经历过德斯坦与希

①② 西蒙娜·韦伊：《一生》，斯托克出版社2007年版。

拉克之间的微妙关系，那是另一种形式的共治机制，与目前的机制根本无法相比。在这里，不论是共和国总统先生的病情，还是巴拉迪尔的谦恭都将缓和双方的冲突。这样的一种局面，从新一届政府的组建，到1995年的总统大选，持续了大约近2年的时间。

新上任的总理只有很短的时间来推行他在1993年立法选举时所承诺的改革，并且他本人也希望获得总统大选的胜利。因此，时间对于他来说非常宝贵，无以浪费。

社会福利制度与退休制度改革

作为第五共和国最惬意的总理，巴拉迪尔将减少赤字作为他在国内推行改革政策的主要支柱。他很快就抛出了一些重要的改革项目。他的政府一经组建，便开始了对社保的改革，意图在于削减社保给国家带来的赤字。

社保赤字的问题，就像传说中的巨型怪物一样，在德斯坦担任总统期间，时任卫生和社保部部长的西蒙娜就曾触及这个问题。而今天，法国的社会现实与当时的社会环境有明显的不同，西蒙娜又再次回到了自己非常熟悉的工作之中。

如果说1993年用于老年人的费用是社保赤字的主要缘由，那么1994年的赤字超过了1000亿法郎则主要是由于医疗方面的开支很大。药物报销的费用过多，控制疾病成本的增加，基层和地区经费管理部门对资金管理不严，同时还有寿命延长而带来的医疗费用，以及为老年人投入的一些基本建设都使预算吃紧，也不断加重了国家经济负担。这里还不包括法国在体现传统共和意志所需要使用的经费，后者是历届政府都要不惜一切代价予以保证的经费。

与R. 苏比一起，西蒙娜即刻开始关注这方面的文献资料。R. 苏比在1974～1976年希拉克入主马蒂尼翁大厦时曾任希拉克办公室的成员。1993年4月，他被任命为国家社会、财经形势评估委员会的负责人。后来在萨科齐担任总统期间，即2007～2010年，担任总统社会事务顾问。

1993年6月，在一次专门为社保问题举行的记者招待会上，西蒙娜经过反复推敲，提出了自己的行动口号："要终结社保经费失控的局面。"为了很好地履行部长的职务，她首先解冻了被贝雷戈瓦政府冻结的1.1亿法郎的拨款。

1993年6月29日，新上任的国务部部长宣布了一个在18个月内节省320.2亿法郎的计划。主要措施是将每位患者每日住院统包经费提高5法郎，并降低社保报销比率5个百分点。

在控制医药卫生领域过度开销的同时，西蒙娜又重操在1978年她尚未出手的改革方案：改革住院医疗卡的使用规定。在卫生部部长代表P. 杜斯特-布拉齐的协助下，她希望这次改革是一次有效率的改革，并且改变由于混乱造成的资金过度浪费现状。在回答为什么医院床位和医生比较紧张的问题时，西蒙娜说："妨碍我们挖掘医疗潜力的是，用于支付医疗人员的费用太大，这笔开销几乎占了全部预算的70%。"[①]

1993年6月22日通过的93－936号法令具化了总理和社会

① 《人道报》1994年12月7日。

事务部部长的首要工作，并为了阻止社保资金赤字的失控采取了相应的措施，尤其是针对养老基金的使用问题所采取的果断措施。

养老基金是一个隶属国家管辖的公共财政，宗旨是为那些没有纳税却又享受养老保险的老年人，提供更多的经济扶助。也就是说，该公共经费为享受养老保险和国家互助的老人提供不等的经济补贴，用以避免加重社保资金的赤字，尤其是养老金的赤字。

该基金得到社会普摊税 0.85 个百分点的经济资助，这个数字在 1993 年 7 月 1 日竟然达到了 1.3%，这其中包括企业税收的一部分。这一政策在 1994 年使社保资金少亏损 540 亿法郎，巴拉迪尔估算，这样看来，在 1997 年就可以实现预算的平衡。

这样一个削减社保资金的改革方案，还伴随着另一项由巴拉迪尔和西蒙娜共同设计的、更大的改革方案：那就是改革退休制度。这是一个关键性的问题，因为 1990 年到 1995 年间，一大批在第二次世界大战以后出生的人都已经接近 50 多岁了。从人口统计学上说，这是一批战后使人口激增的一代人。他们到 2005 年或者 2010 年都将达到退休的年限。到那个时候，退休人口的数量将要从 900 万攀升到 1500 万。由于受到了罗卡尔在 1991 年负责起草的《关于退休人员白皮书》的启发，巴拉迪尔认为，必须加速退休制度的改革。

对于这个问题，总理采取了立法定规的办法。对于个体工薪阶层来说，必须将缴纳养老金的年限从 37.5 年延至 40 年（而今后要按照 25 年最佳缴费状况计算，而不是像过去按照 10

年来计算），同时施行每年免税 10%，退休金的发放标准要依据物价指数来确定，而不是依据工资的多少来认定。这样一来，到 2010 年，国家就会节省 900 亿法郎。

如果说这项改革是必要的，那它毫无疑问会招致社会上部分民众的抨击。因为，这个改革方案不包括公务员这个特殊的群体，如法国电力公司和法国国营铁路公司。对于他们的改革要等到 2007 年，并且对每个人来说，改革的方式还不尽相同。实际上，西蒙娜还想将改革幅度推得更宽，但是由于总统的换届选举迫在眉睫，她非常惋惜这场改革只涉及政策上的麻痹神经。而这种政策上的麻痹症致使一些人非常担心自己迈错了脚步，遭受到致命的打击。

其实，西蒙娜还想提出一个令人棘手的问题，那就是城市的政策问题。这的确是一个烫手的山芋，也是历届不论是左派，还是右派部长们，像击鼓传花那样一直传下去的麻烦问题。

1993 年 4 月 27～28 日，西蒙娜陪同总理向全国民选代表表达了政府在城市和市郊政策方面进行改革的动议。

在这次会议上，她提出：在城市和市郊设立公共服务和商业机构；对于市政的规划问题，有必要通过城市约法在国家与地方建立密切的合作关系，设立一个基金以强化国家在土地开发问题上的作用。

由于意识到了在这方面将有很多巨大的工程，西蒙娜亲自跑了很多比较敏感的地方，如马赛、留尼旺岛的圣丹尼市区，和当地的居民以及社区的负责人进行对话，确定目标。其中不乏有一些人劝说她放弃对这些地区的市政改革。

1994年2月11日，她来到了沃克斯昂维廉和韦尼雪市，宣布这两座城市和其他8座城市一同被政府选作城市规划与建设的样板。

她身为巴黎市资产阶级阶层的一员，对在市府大厦举行的各类沙龙活动并不陌生。但是，她还是经常参加那里的活动，去接触一些人。她的每次到访都给当地的省长带来了一些烦恼。在这些社交活动中，她发现了在巴黎美丽的林阴大道和共和国金灿灿的光耀下，始终有一个她一直关注的现实："尽管在市区中心举行了这么多的活动，但是我当时几乎不了解市民想和政府对话、参与国家建设的良好意愿。这使我陷入深层的思考，也让我学到了很多东西。"① 鉴于她本人具有政治上的果敢性格，她又一次冲破规约和习俗的束缚，只为追求实现自己理念。

直到今天，西蒙娜还非常惋惜媒体对市郊现状报道上的杂乱评价，没能提出一些针对郊区建设的积极意见。

1995年1月，为了城市的规划与建设，政府成立了一个跨部委的基金会，这就加强了跨部委对资金的管理力度，从而减少了人们对城市政策所涉资金的关注度。就在采取这一措施的第二个月（2月份），又成立了一个由多部委联合组建的市政建设委员会，其宗旨是对两年来所采取的政策措施进行诊断。

我们不得不承认，西蒙娜在对某些市郊地区，特别是巴黎郊区部分居民在政治上或者宗教上所表现出来的过激行为感到遗憾的同时，在两年的时间里，由于时间的原因，她的工作仅

① 西蒙娜·韦伊：《一生》，斯托克出版社2007年版。

限于反映在这些地方共和国在建设方面的缺憾。尽管应相关部委的要求，提交了一些研究报告，其中一份报告是写给欧洲建设与发展银行和R. 达悌的，但都没有得到回应。比如，关于城市发展的两项导向性的政策，对位于城市郊区企业的减税优惠政策，还有在这些地区有利于当地青年就业的“稳定就业的计划”均被推迟到1995年5月总统大选之后推进。

在她加盟阁僚的头几个月，她对这些跨部委的连续性的人动作，也提出了一些尖锐的批评。如在讨论关于“控制移民，限定外国人入境，接收在法国居住条件”的帕斯卡法案时，她就公然反对对此向国民议会提交修正案。因为这一法案使得警方有权查验外国人的身份，并且“任何一点都可否定外国人的素质，这是属于种族歧视的行为”。

帕斯卡回忆说，他承认西蒙娜很少与他接触。最终他所提出的修正法案不得不做修改。

还有一些法案，比如，有关人身安全的法案都得到了国务女部长的辩护。1994年，在民法修正的过程中，在生育、公共医疗卫生和社会保障（1994年1月8日）等问题上，西蒙娜都从医疗方面提供了建设性意见。

鉴于西蒙娜对自己最初政治角色的恪守，她也积极地为改善监狱的医疗条件、提高囚犯的就医水平作出了艰苦的努力。1994年10月，在她的倡议下，掀起了一场禁毒斗争，指出首先要以预防和教育为主，同时使替代毒品的产品销售合法化。她的观点毫无疑问与她的同事——内务部部长帕斯卡所主张的安全观点相悖。

与艾滋病的斗争

与艾滋病展开斗争，也是西蒙娜一直关注的问题。在她第二次担任部长职务之前，就已经非常关心与艾滋病斗争的情况了。就在她担任欧洲议会议员期间，与艾滋病展开斗争是她经常提及的话题。在艾滋病的防疫上，她注重将理论与实践相结合。她通过接触研究艾滋病毒免疫方面的著名专家 M. 喀则凯教授（后来该教授成为全球反艾滋病基金会主席），掌握病毒传播的现状，了解病人的生活困难和孤独。

当她在 1993 年 5 月走上社会事务部部长的工作岗位后，她在一次记者招待会上指出："与艾滋病斗争，不仅要像预防流行病那样调动多方力量，还要重塑一种道德风尚。要强调的是，人就是人，是一个完整的人。不能沦落成为受一种疾病的控制、被毒瘤所摆布、让血清阳性或血清阴性决定我们的命运的人。这种说法可能是人道的，也可能是非人道的。"[①] 同时她还宣布了一个应急计划。该计划包括 4000 万法郎，用于资助 8 项措施，其中包括帮助艾滋病人居家治疗、住房安置，资助感染者参加个人卫生和社会活动的培训。

1993 年 9 月，在认真审读了国家艾滋病防治委员会提交的、主张以预防为主的报告后，在西蒙娜的领导下，成立了一个专门委员会，负责提出可行的预防措施，尤其是考虑对普通吸毒者免于处罚。1993 年 12 月 6 日，卫生部又掀起了一个鼓

① 《解放报》1993 年 5 月 14 日。

励使用避孕套的宣传攻势。1994 年 5 月 31 日，西蒙娜在国民议会讨论艾滋病预防问题发言时，强调指出，国家的团结是非常必要的，要为艾滋病患者提供社会帮助。在这个问题上，还要加强各部委之间的通力合作。

6 月，她在参加禁毒防病全国三级会议时呼吁："面对艾滋病流行蔓延的趋势，要迅速采取行动，制定出减低染病的措施。"[①] 1994 年 8 月，她代表法国，参加了在日本横滨举行的国际会议。她在会议发言中真诚地号召国际社会，在与艾滋病的斗争中，采用新的策略，"做出政策上的变化"。除了医疗方面，还要动员经济和社会方面的力量，如与贫困作斗争，保护在某些社会中仍然受到伤害的妇女。

1994 年 9 月，她又推出了分发预防艾滋病的药盒行动。在这个药盒里含有注射器和避孕套等物品。后来，西蒙娜在卫生部部长 P. 杜斯特-布拉齐的举荐下，成为防控艾滋病国际高端组织（ONU - SIDA）的重要人物。该组织于 1994 年 12 月 1 日在巴黎召开会议，期间，法国总理宣布法国政府将承诺投入 1 亿法郎支持抗击艾滋病的斗争。

与艾滋病的斗争，同时还要伴随着反对社会地位不平等的斗争。在这种不平等中，妇女是最大的受害者。她对这场斗争抱有一种希望：有可能的话，成立一个社会和卫生问题的"达沃斯"，就像经济问题的达沃斯一样，可以把全球艾滋病研究的专家学者聚集在一起。巴拉迪尔坦诚地指出："由于她的努力，

① 《解放报》1994 年 6 月 6 日。

我们所采取的行动取得了相当可观的成就：人们接受了退休制度的改革；社保支出有了大幅度的削减；社会赤字减少了一半；有关生物伦理的法案获得了议会的通过；城市政策又再次启动。”①

不过，作为前欧洲议会的女议长、欧洲议会议员的西蒙娜并没有放弃对欧洲和世界上所发生的动荡与悲剧的关注。如她一直关注着前南斯拉夫的战后状况及其暴行；南非总统大选，她非常欣慰纳尔逊·曼德拉当选为南非总统（1994 年 5 月）；1993 年 10 月，被叶利钦挫败的俄罗斯国家政变阴谋；近东地区的和平进程：在美国总统的斡旋下，阿拉法特与拉宾握手，并于 1993 年 9 月发表了华盛顿原则声明；这些都令她激动。西蒙娜还对 1981 年 2 月曾经在斯特拉斯堡接见过的埃及总统萨达特，在回国后数月惨遭谋杀感到格外的愤怒。

1994 年，当西蒙娜陪同巴拉迪尔总理对波兰进行国事访问时，他们一同参观了奥斯威辛集中营。重返此地，西蒙娜简直无法控制自己的情绪。她始终笼罩在一种激动的情绪当中，这也让当时担任高等教育和科学研究部的部长菲永沉浸在这种气氛之中。“在我的一生中，我将永远无法忘记，1994 年，在巴拉迪尔对波兰进行国事访问时，我们一同参观了奥斯威辛集中营旧址。我们两个人一起穿过了集中营的遗址。就是在这里，西蒙娜的父母惨遭杀害。在她逃出地域的板房前，我留下了热

---

① 爱德华·巴拉迪尔：《在马蒂尼翁宫执政的两年》，普隆出版社 1995 年版。

泪。我不敢相信，在情感上我是离她最近的人。”[1]

还有一件国际上的事件表明西蒙娜有能力担任法国政府的阁僚，这就是1994年4月到7月之间，在卢旺达发生的种族大屠杀。在这期间，约有90万图西族人被胡图族自卫队杀害。

对于这样一桩血腥事件，直到今天西蒙娜还承认欧洲强国，包括法国，在行动上的茫然，没有承担起各自的责任。她清楚地记着，她是在一个执行左右共治的国家里耳闻了这样的暴行。而这个国家的政府不管怎样都要听从共和国总统的指令，因为是总统与他的顾问机构制定了非洲政策。也就是这样的政策，在大屠杀之前一直在支持着胡图氏族。此外，社会事务部的女部长还记得，“仅在部长会议上提到了这个问题，但从没有进行过讨论。”[2] 人们只能在私下，在“三十多年的老朋友”之间议论这个问题。

为权利而战

在政府阁僚中，西蒙娜遇到了一些熟悉的面孔：如梅艾涅里先生，他们是在巴尔政府中认识的。还有贝鲁先生，他是一个在1989年欧洲议会竞选时让自己备受“磨难”的人物。

她每天见到的还有保卫共和联盟成员的面孔，如朱佩先生。在西蒙娜眼里，朱佩是一个很有素质的部长。当帕斯卡越权时，她还要经常和这位法兰西警署的头目费尽口舌。在政府的阁僚

① 弗朗索瓦·菲永的微博：“法兰西可以承受现实。”2007年3月8日。
② 西蒙娜·韦伊：《一生》，斯托克出版社2007年版。

中，她还发现了一位在政治上很有发展潜力的、负责国家预算的年轻部长萨科齐。“他是一位精力充沛、相当睿智、不知疲倦且非常勤奋的人，特别是在处理文件上更能显示出他的非凡能力。”[①] 西蒙娜总是不断地夸奖这位希拉克的宠儿。他在 28 岁的时候，就已经成为塞纳河畔讷伊市的市长，他会非常果敢地向政界老手亮剑。

萨科齐和西蒙娜之间一直保持着带有敬重色彩的友好关系，因为后者是一位人生阅历十分丰富、时年已 66 岁的女性国务部部长，而前者却是一位期待高升的、准备续写法国历史的、年仅 38 岁的预算部部长。法国总统萨科齐先生的密友 N. 巴齐尔回忆说：“西蒙娜对萨科齐表现出来的是一种友爱，而萨氏对西蒙娜则是一种敬重。”

尽管在政府中有许多争执，尤其是在审议法卢法案、职业安插协议（CIP，即给予年龄在 26 岁以下的年轻人，增加全法最低增长工资的 80%，不久便被讥讽为年轻人的最低增加工资法案）等问题，不同意见针锋相对。但是，总理巴拉迪尔态度非常明确：反对。实践证明总理的决策是正确的，因为他的决策使法国的财政赤字从 1993 年的 3410 亿法郎降至 1995 年的 2750 亿法郎。他对反对其决策的反对派说：“那些认为赤字没有什么了不起的，赤字可以促进发展，赤字也可以削减社会的不平等的人，是在自欺欺人。实际上，长时间的高位赤字将会

① 西蒙娜·韦伊：《一生》，斯托克出版社 2007 年版。

形成一个很不稳定的社会环境。"①

在这一届政府中，巴拉迪尔同样表现出良好的作风。对于受到司法追究的部长一律解除其职务，所以他在民众中树立了很好的形象。据1993年夏季的调查结果，百姓对他的支持率为70%。民众对他的支持率从没有低过54%（据1994年8月和12月的统计②），特别是他在成功地解决了马赛法航空客人质问题后，1995年1月统计的结果表明，民众对其支持率升至65%。

为了支持希拉克参加总统竞选，巴拉迪尔入主马蒂尼翁宫。面对他所推行的政策而带来的一系列成就，他本人也希望参与总统的竞选。由于他私下里已经向希拉克表示过，他不会给希拉克担任总理，所以他的想法得到了多位部长和法国民主联盟党员的大力支持。西蒙娜和国防部部长F. 莱奥塔尔则最先正式表态支持总理参选。

1993年12月19日，在法国电视一台每周日晚上黄金时段的一档政治节目中，西蒙娜坦率地说："在总统选举投票时，我将毫不迟疑地选择巴拉迪尔。"③

实际上，巴拉迪尔和西蒙娜并不很熟，虽然他们在政府中仅共事数月，这就足以使他们达成这样的共识，总理必须具有国务活动家的素质。

对巴拉迪尔来说，他也经常高度评价这位女部长："通过几

① 1995年1月12日，巴黎"经济拓展论坛"。
② 《费加罗报杂志》刊载的特恩斯民调机构提供的数据。
③ 西蒙娜·韦伊：《一生》，斯托克出版社2007年版。

个月的接触，我们之间增进了了解；不论是她，还是我，我们之间的信任不断增加。西蒙娜是一个敢作敢为的女性，是一个值得信赖的人。她的坦诚从没被别人所利用，她从不要阴谋诡计。”①

巴拉迪尔办公厅主任 N. 巴齐尔也说：“总理很尊重人，对人的赞美也是很真诚的。在他们的关系中，始终充满着信任。”

尽管这样，政府中，在保卫共和联盟和法国民主联盟内部也经常展开尖锐的批评。对此德斯坦带着讥讽的口吻说：“法国民主联盟从来没让人们失望！最让人感到惊讶的是，那些没有背叛的人虽然紧紧地围绕在总理的周围，可惜的是他们没有给巴拉迪尔提供服务。”②

希拉克对这些改革措施也感到非常惊讶，他认为“这些措施会造成议会多数派的混乱”③。实际上，希拉克的这番讲话导致了他与巴拉迪尔之间的最初矛盾。巴拉迪尔总理说：“这番话引来了一些流言蜚语。”④ 从个人角度来看，希拉克对于他的朋友西蒙娜支持巴拉迪尔倒不感到沮丧。

巴拉迪尔总理办公厅主任，后来成为总理参选活动的负责人 N. 巴齐尔指出：“与其他人不同，这位女性政治家很早就表明了自己的立场，她怎么想，就怎么说，可见她是一位多么直率的人啊。”

---

① 爱德华·巴拉迪尔：《在马蒂尼翁宫执政的两年》，普隆出版社 1995 年版。
② 西尔维·皮埃尔-布罗索莱特：《总统语录…… 秘密手册》，普隆出版社 1996 年版。
③ 菲利普·马德兰：《雅克·希拉克传记》，弗拉马里翁出版社 2002 年版。
④ 爱德华·巴拉迪尔：《在马蒂尼翁宫执政的两年》，普隆出版社 1995 年版。

巴拉迪尔说，在 1995 年到来之前，他是不会表态声明支持哪一位候选人的。至于希拉克，他则采取了先发制人的策略。于 1994 年 11 月 4 日，就宣布了他参加总统竞选的意愿，这一点也是大家所预料到的。只有他的忠实拥护者 J. 德勃雷和 A. 朱佩始终支持他参加竞选。

帕斯卡也和许多部长，如 J. 罗西、B. 德勃雷一样，支持巴拉迪尔，他们在 1995 年 1 月就正式表明了支持巴拉迪尔的态度。国家财政预算部部长，政府发言人萨科齐这样表露说："当时有一种约定，那就是在 1 月份之前，大家都不要谈论总统大选的问题。但是在我看来，1 月份已经提前到了，人们开始对大选议论纷纷了。" 1993 年 8 月，也就是在重申"巴拉迪尔是最有可能将大多数同胞团结在一起之前"[①]，萨科齐已经向希拉克表白了自己的态度。

1995 年所进行的民意调查结果可以说增加了巴拉迪尔的信心。因为首次民测结果使他以 29%的得票率战胜了对手，排名第一，战胜了仅在 1995 年 2 月 5 日才决定参选的社会党候选人若斯潘，他获得 24%的选票，而排在第三位的希拉克只获得 16%的选票。

巴拉迪尔很晚才提交他的竞选资格，他提交的时间是 1995 年 1 月 18 日。从这一时刻起，在右派阵营中，兄弟间展开了竞争，其残酷是可想而知的。

西蒙娜参加了巴拉迪尔的竞选活动。她虽然没有参加由 F.

① 《解放报》1995 年 1 月 5 日。

莱奥塔尔、F. 贝鲁、N. 巴齐尔（总理办公厅主任）、萨科齐和帕斯卡组成的政治委员会，但是她同A. 罗西诺、P. 杜斯特-布拉齐、D. 佩尔邦、M. 巴尼耶一起参加了一个扩大委员会，该委员会每周召开一次会议。

西蒙娜又一次见证了希拉克的政治嘴脸，他把自己装扮成竞选的怪物。

就像1979年欧洲议会选举时那样，希拉克所领导的候选团队，为了击败政治对手不择手段，他们竟然将西蒙娜领导的候选团队和法国民主联盟的团队称为“外国党”。这就是德斯坦和密特朗两位总统在任时，他们的总理所干出的勾当。

1995年1月9日，在电视节目上，A. 沙博给希拉克提出了一个问题，问他是否能够坚持到总统大选的最后阶段，此后到1995年4月23日，即第一轮总统选举时，保卫共和联盟候选人的得票率取得了戏剧性的上升。而巴拉迪尔和他的团队却遭到了竞选对手的严厉抨击，同时还经历了一系列令人沮丧的事件，特别是S. 马雷夏尔事件。这是一桩涉及受贿和资金敲诈的丑闻，牵扯到内务部部长帕斯卡和总理巴拉迪尔。也许是由于过分相信自己的胜利，巴拉迪尔的竞选团队低估了希拉克。在1995年4月23日的晚上，希拉克以20.84%的选票位居第二，仅排在获得23.3%选票的若斯潘后面。巴拉迪尔只获18.58%的选票，被淘汰出局。两个星期以后，希拉克则以52.64%的得票率当选为法国总统。希拉克并没有原谅那些曾经力挺巴拉迪尔的人，如萨科齐、F. 莱奥塔尔、帕斯卡。而新总理朱佩的政府则由忠诚的拥护者组成。尽管在新一届政府中，法国民主联盟的党员已经为数不少，仍以议会中中间派势力过于强大为由，将 F. 贝鲁和 A. 马德兰留在了阁僚中。

记者 P. 马德兰是希拉克回忆录的作者，他在书中这样写道：“巴拉迪尔的团队没有一个人能够得到恩赐，曾经支持过巴拉迪尔的人没有一个得到总统的宽恕，他们一卒未剩，全部退出了政坛。”①

对西蒙娜来说，1995 年总统选举大战的结束也意味着她政治生涯的终结。人们也可能会问，如果巴拉迪尔获得了大选的胜利，她将会有一个什么样的未来呢？

巴拉迪尔是否会任命一位彰显个性、深得民心、富有管理经验、具有特殊命运的女性出任总理呢？回答毫无疑问是否定的。西蒙娜自己也承认这一点，她说：“会是这样的，我当时任国务部部长，这是一个荣誉性的职务，其他人也是一样，如莱奥塔尔。”巴拉迪尔办公厅主任巴齐尔回忆说：“她是最有可能当部长的人选，这一点非常清晰。对于能否担任总理职务，没人能够知道。”

由于巴拉迪尔在政党中不是党首，要想在国民议会中得到绝对多数议员的支持，他就必须能够支配一个德高望重、可以左右党派的人物，一个像梅艾涅里或莱奥塔尔那样的人物，或者像萨科齐，甚至像朱佩那样的人物。

西蒙娜的缺点或者是优点就是她一直善于独立思考，坚守信念，倔强而清醒地参加党派的活动，热衷于从政，甚至使自

① 菲利普·马德兰：《雅克·希拉克传记》，弗拉马里翁出版社 2002 年版。

己成为一名政治家。如果说在 1980 年 1 月，德斯坦总统曾在一瞬间想用她来代替巴尔出任总理，那么在 1986 年第一届左右共治的政府中，密特朗没有考虑任命西蒙娜为总理，在 1988 年他组建中左派政府时，也没有将西蒙娜放在视野中，1995 年的组阁也是同样的结果。

西蒙娜说："我从来就没有认真地考虑入主马蒂尼翁宫。我也从来就没有这个奢望。因为法国人没有准备好接受我，这是一个责任重大的职务，再者我身后也没有一个政党在支持我。最后一点就是我不愿意将自己圈在一个政治家的思维模式中，这会妨碍我的独立性。"

然而，在 1995 年 5 月，西蒙娜还没有决定离开政坛，她想在其他领域扩展她令人难以置信的影响。这正像英国前首相迪斯雷里（1874～1880 在位）所指出的那样：贱命是短暂的。

英勇的斗士

在与困难的斗争中，我们期待着歇息。

然而，当我们战胜了困难，

歇息又变得难以承受。

——法国数学家、物理学家、哲学家帕斯卡：

《爱情的感言》，1635 年

为反歧视而战

虽然西蒙娜从法国的政治舞台上淡出，但是由于她在国家和国际舞台上不断地为正义而斗争，她始终保持一位女斗士的形象。由于她在很多问题上享有公认的权威，与其说是应别人盛情邀请，倒不如说是本人的意愿。1995 年以后，她一直为自己现在，同样也是自 1974 年步入政府内阁担任司法部部长以来，所追寻的事业而战斗。

自 1996 年，西蒙娜又重披战袍为争取妇女权益，为使妇女在社会各个领域能够得到公正的待遇而摇旗呐喊。在她看来，“只在口头上强调男女平等是远远不够的。”①

虽然说随着时间的推移，西蒙娜越来越强调妇女的利益，但是，她现在所追求的妇女权益显然和1960～1970年间所捍卫的妇女权益有着明显的不同。

哈利米在回忆中指出：“她非常讨厌妇女解放运动的提法，憎恨对女性施暴，也看不惯女性的不自爱。”②

奥梅松说：“你是一位女权主义者，你以无法改变的坚定信念捍卫妇女的权益，但是你不同意波伏瓦提出的否认性别差异的观点。尽管你站在弱势群体一边，但是你拒绝接受任何迫害。”③

她始终密切关注由她倡导的妇女自愿终止妊娠法案的变化。然而，最近几年，她目睹了十几家承担妇女自愿终止妊娠手术的医疗机构相继关门。她意识到了，妇女在接受人工流产手术时还遇到了很多困难，或者不能够及时接受这样的手术，“因为这始终是一个令人忌讳的话题。”④

1996年6月，围绕着男女在政治上享有平等权利的问题上，她同政界女性要人联名在《快报》上发表了10人宣言。这些政界女性要人是前任女总理E. 克勒松、前任女部长M. 巴尔扎、V. 奈尔茨、Y. 鲁迪、F. 布勒丹、C. 塔斯卡、C. 拉吕米

① 2010年3月18日，在法兰西学院欢迎西蒙娜成为院士的致辞。
② 吉塞勒·哈利米：《橙汁》，迦利马尔出版社1988年版。
③ 2010年3月18日，在法兰西学院欢迎西蒙娜成为院士的致辞。
④ 《法律回音》专题，公众参议栏目，2010年5月。

埃、M. 佩尔蒂埃、H. 吉瑟罗。

在那个时期，男女平等在不同政治党派中远没有得到体现，这些政党更倾向于将权力交付于男性，而将女性安置在事先认为很不重要的岗位上。

1993 年，在国民议会中，女性只有 35 席，仅占全体议员总数的 6.1%。

法国与斯堪的纳维亚国家相比还有较大的差距，在那些国家的议会中，人们可以自豪地说女性议员接近 50%。而法国妇女的现状和政治地位仍停留在 1994 年的状况，仅仅得到了共和国总统密特朗的口头支持，并没有带来任何变化。这也是为什么西蒙娜和其他 9 位不论是右派，还是左派的政治名人用了将近一年的时间来思考这个问题，并且联合起草了一份宣言，"因为只有在有了意愿和政治压力的情况下，权力和民主的革新实践才有可能得到有力的支持。"

这份由七点组成的宣言特别指出：要在议会选举中增加女性的比例；限制议员权责过于集中；监管各政党资金的均衡；国家任命体现平等原则；通过立法取消性别歧视；宪法中有关正面歧视性的条文也须经全民公决批准。

就男女在政治上应该获得平等权利的问题，鲁迪在国民议会上进行了申辩。她是十位联名发表宣言的成员之一，在密特朗担任总统期间，曾担任部长。为了审议在政治上男女平等的政府议案，必须要等到 2000 年 1 月 26 日若斯潘政府的成立。

依据规定，在市政和地区的选举名单上，男女的名单本应该是交替出现的，而任何违反这些规定的政党都要受到经济上的处罚。

尽管这一法律带来了一些微不足道的变化，但是，实际上，大多数政党宁愿接受罚款，也不愿意将权力交给妇女。对此，西蒙娜指出："尽管人们在不断地呼吁男女平等，但是在议会，女性所占的比例甚少：没有一位副议长，没有一个专门委员会是由女性来主持工作的。这就不得不让我们说法律仍旧是为男人设立的。"①

2007年，在法国议会中，女性议员占议员总数的18.5%。

这场斗争还远没有结束，即使在2008年7月讨论修宪问题的时候，西蒙娜是宪法第一条导言的笔主："法律有利于男女在选举任期、参选岗位，以及在担任职业和社会职务方面获得平等权利。"

西蒙娜始终希望这种平等能够得到切实的体现。但是，她认为："没有妇女的觉醒，她们的权益就不能得到改善。妇女们的团结、妇女们的斗争，哪怕她们在有些政治问题上存有分歧，她们历经几年，甚至数十年的斗争与坚持终将会实现自己奋斗的目标。"②

我们女性只要组织起来，给男人们施加压力，就能够获得属于我们的权益和社会地位。欧洲议会倡导机会均等专门委员会的主席、葡萄牙籍的议员伯塔这样强调说："西蒙娜就是妇女典型的代表，她在男人统治的政界中获得了成功。在那个年代，

① 《观点报》2007年10月25日。

② 2004年3月8日在法国参议院举行的"（19～20世纪）女性与权力"学术研讨会上的讲话。

她是一个特例，她投身于政治斗争，为众多政治女性开创了先河。即使在当今社会形势仍不乐观的情况下，也是一样。”

在总统大选时，我们本以为她会支持大党派推选出来的女性候选人罗亚尔夫人，然而她却选择了萨科齐。在选择社会党上一届候选人的问题上，西蒙娜说：“我的政治生涯就是为了捍卫妇女的权益。然而我并没为此而感到后悔。但是，我深知对于那些为此已经奋斗过的女性来说，斗争是艰苦的。人们对她们的攻击是猛烈的，有时甚至是不公正的。我说，不论是对R.达悌还是对罗亚尔来说，都是一件益事。”①

西蒙娜与达悌保持着很好的友情，后者只不过是在2007年总统大选时经常活跃在萨科齐身边的无名政客。这位也曾经担任过司法部部长的女士，在她作为欧洲重建和发展银行的内部审计员时，经行政法院前副院长M. 朗的引见才认识了西蒙娜。

当西蒙娜担任社会事务部部长、负责市政规划政策时，曾经就市政规划政策问题命令下属给达悌提交了一份报告。

这位始终没有忘记是西蒙娜使她迈入法官行列的达悌回忆说：“这是一位在我职业生涯和个人生活中非常重要的女人。”②

实际上，达悌是听从了西蒙娜的建议后，凭资格在1997年迈入国家司法学院的。1999年，她是穿着西蒙娜的法官长袍参加了法官入职宣誓仪式。她们之间一直保持着真挚的友谊，西蒙娜在她的回忆录中写道：“达悌的睿智和胆识赢得了我对她的

① 《新观察》2009年10月25日。
② 《妇女杂志》2009年10月15日。

赏识。”[1] 2009年1月，西蒙娜专程来到巴黎米埃特医院向这位全新的妈妈表示祝贺：达悌生了一个小女儿佐哈。

自从2009年10月这两位女人并肩出现在巴黎蜡像博物馆以来，就没有再分开过。女人能入主爱丽舍宫吗？当有人向她提出谁有可能成为共和国女总统时，她低语地提到了两个女人的名字：“M. 阿利奥-马里夫人，她是一位非常出色的部长，非凡的国务女活动家，这我说不好；或者是M. 奥布里夫人，我很喜欢她，她也许会成为一位出色的国务活动家。”[2] 的确，西蒙娜与社会党现任的第一书记同样保持着良好的关系。

由于西蒙娜重新获得了平民话语权，她便开始尖刻地批评1995年组建的、由朱佩所领导的政府。指责本届政府将社保问题拆分给四个部委管辖，痛斥朱佩实施计划，大规模地改革她在1978年和1993年建立起来的社保体系和退休机制。

在对待退休的问题上，朱佩建议延展巴拉迪尔的改革方案，延长交付37.5～40年养老金的期限，并将其扩大到公职人员。关于社保问题，朱佩的计划主张冻结支付给有子女的最贫困家庭的补贴，同时提高退休人员和失业者缴纳医疗保险的费用。

这些措施导致在1995年12月，法国爆发了多起示威游行，当月12日，约有近200万人参加了抗议示威活动。

无奈，总理只好在退休改革的问题上作出了让步，但是他坚持社保的改革方案，其预算在议会获得了通过。12月30日，

---

① 西蒙娜·韦伊：《一生》，斯托克出版社2007年版。
② 《巴黎竞赛》第3174期，2010年3月18～24日。

议会批准了政府按规定推进社会保险体制的改革。

1996 年 1 月，西蒙娜在马蒂尼翁宫受到了总理的亲自接见。这也就表明，在这个问题上，她仍具有一定的权威。在离开总理办公室的时候，西蒙娜说："对总体计划我一直是赞成的，而我们所讨论的就是那些在实施过程中要遇到的困难。"①

就在人们还为 1995 年 5 月组建的朱佩政府中，有 12 位女性被任命为政府阁僚感到惊异时，西蒙娜就尖锐地批评了 1995 年 11 月政府实施的著名"朱氏性排斥"方案，即在政府组建不久，就免除了 8 位女性阁僚的职位。在她看来，"任命显得有点专横，就像'朱氏性排斥'方案那样，在短时间内，毫无任何解释，可以将她们全部辞退。"② 西蒙娜还参加了组建妇女政治团队的工作，该组织由右派、左派和中间派女性组成。最后一点要指出的是，朱佩政府继续了西蒙娜已经启动的打击毒品、与艾滋病斗争的工作。

为了形成新的活力，便于朱佩总理重新组阁，希拉克决定解散议会，并于 1997 年 5 月 25 日至 6 月 1 日间举行立法选举。西蒙娜以法国民主联盟党员的名义参加了保卫共和与民主联盟所形成的多数派政治委员会，该委员会由 29 位成员组成，其中保卫共和有 15 位代表，民主联盟有 14 位代表。

在举行第一轮选举的当天晚上，多数派总部的气氛十分阴沉。因为社会党以 23.53％的得票率远远地超过了保卫共和联

---

① 《自由报》1997 年 1 月 8 日。

② 2004 年 3 月 8 日在法国参议院举行的"（19～20 世纪）女性与权力"学术研讨会上的讲话。

盟（15.7%）和法国民主联盟（14.21%）。然而多数派并不接受这样的事实。此时，在与朱佩、莱奥塔尔、贝鲁商议后，西蒙娜走进了电视直播间，以争取党派群团的支持。

然而奇迹并没有发生，在第二轮选举的当天晚上，也就是1997年7月1日的夜里，法兰西需要做好充分的准备，来面对第三次左右共治的政治局面。希拉克只好接受任命若斯潘为政府总理的现实，而右派政治势力又重新沦落到了在野党的地位。

就是在这个低迷时期到来前不久的1997年4月，西蒙娜担任了移民问题高级委员会的主席。这是一个经过一番深思熟虑后，在前任总理罗卡尔的建议下，于1989年成立的行政机构。该组织机构的任务是对外国侨民和外国人的问题向政府提出一些建议，并且每年向政府和总理提交一份报告。

这样一个关于外国人的高级顾问委员会由20余名成员组成，均是由共和国总统在不同领域中遴选出来的（有政界、经济界、文化界、体育界等），他们分别代表了法国社会的方方面面，在处理外国移民等问题上发挥了十分重要的作用。如在这个机构中，有作家F. 陈、足球运动员L. 图拉姆、伊斯兰文化的研究人员G. 凯佩尔、国务秘书J. 博克尔、争取平等反对歧视高级权力机构的现任女性主席J. 布格拉博。

1997年4月16日，由希拉克选定并通过朱佩任命西蒙娜为移民问题高级委员会的主席，同时取代了国务委员会副主席朗，这样的一种选择事实上具有一个象征性的意义。

这又一次表明，这位从纳粹集中营死亡线上走出来的女性，曾担任过卫生部部长，在巴拉迪尔的政府中还担任过市政规划部的部长，由于她的工作岗位，她不仅体现了共和国的权威，还是我们社会的精神力量。

对共和国的新任总统来说，这也是他把一个非常敏感的问题，即历届政府传来递去的烫手山芋交给一个始终艰苦斗争的女性的一种方式，即使她所主管的是一个纯咨询性质的机构。但是对于支持巴拉迪尔、反对希拉克的西蒙娜来说，这也是她的职业生涯中最后的一个工作岗位。

如果说，西蒙娜意识到在这个岗位上她无事可做的话，她是不会接受这个职位的。除了该机构所具有的金色外壳外，她还更希望该机构能够搭建一个牢固的讲坛以倾听民众的意见。在她担任移民问题高级顾问委员会主席的10个月期间（1997～1998），在博克尔、橄榄球运动员A. 贝内齐和移民问题专家P. 魏尔的辅助下，为了保障移民融合政策的有效落实，就平等原则和歧视扩大将带来的危害问题，在1997年4月到1998年7月间，她主持召开了多次听证会。

1998年4月，在提交给共和国总统的报告中，移民问题高级顾问委员会的主席指出：平等在社会保障方面得到了体现。但是，在学校的教育问题上，还有很多不平等的现象威胁着共和国的教育体制。

她同样呼吁媒体不要宣传一些刻板的东西，要在住房和就业方面强化抵制种族歧视的斗争。在她提交的报告前言中指出："法国人歧视外国人的态度日趋恶劣的现实，向我们为之奋斗的、让外国人融入的目标提出了严峻的挑战，甚至对我们共和国所主张的公民一律平等的原则也提出了异议。”①

这是一段至今仍然态度非常明晰的一段讲话。在那个时期，移民问题高级顾问委员会建议很多记者和各界人士走进电视媒体，宣传反种族歧视斗争的重要意义。

有两个原因使西蒙娜离开移民问题高级顾问委员会：一是若斯潘担任了政府的总理；二是她被参议院议长 R. 蒙诺里调到了制宪会议。后者是她在 1977～1979 年间，为巴拉迪尔政府工作时认识的高官。她所担任的高级顾问委员会主席的职务由罗卡尔政府（1988～1991）的前外经贸和国土规划部部长 R. 福鲁所代替。

她始终是一名充满激情、不知疲倦、为抵制各种形式的种族歧视而斗争的战士，她甚至也把这一斗争带到了制宪会议。

还有就是，西蒙娜总是会毫不犹豫地站在反潮流的风口浪尖上。她不止一次地公开表态，反对歧视妇女。“我们明确地说，我坚决支持为抵制歧视妇女所采取的各种措施，这些措施有可能会减少妇女在就业机遇、社会地位、劳动薪酬、职位晋升等方面所遭遇的不平等待遇。”她还补充说：“对于机遇不平等的问题，对于她所呼吁的改进措施问题，每个人都非常清楚，这远不止是男女平等的问题，而是移民真正融入社会，促进社会和谐的核心问题。”②

就是这样，西蒙娜向各方负责人提交了一些政策上的建议。

---

① 《反种族歧视的斗争：遵守平等原则》，移民问题高级顾问委员会报告，“法国文献”，1998 年。

② 西蒙娜·韦伊：《一生》，斯托克出版社 2007 年版。

欧洲议会促进机会平等专门委员会葡萄牙籍主席伯塔补充说：“我很同意她的观点，必须有足够的社会取样，才能解决歧视妇女的屏障问题。”

欧洲与世界

这位欧洲议会前议长对她所关注的问题不断发表自己的看法。1998年6月，应时任联合国秘书长安南的要求，联合国组成了一个代表团，团长为葡萄牙前总统苏亚雷斯，成员有西蒙娜、印度前总理I. 古杰拉尔、约旦前首相A. 卡巴里提、美国驻联合国前常驻代表D. 麦克亨利、肯尼亚司法部部长A. 瓦科。

1998年7月22日至8月4日，该代表团对阿尔及利亚进行了为期15天的考察，调查了解自1992年以来该国政局不稳和军方对司法程序的干预导致践踏人权的状况。

由于恐怖组织对无辜百姓和军人的大量屠杀，使这个国家到处充满了恐怖的气氛。这些恐怖组织，如武装的伊斯兰组织，也同样袭击了法国管辖的区域。他们对大规模的屠杀负有不可推卸的责任。

在此之前的1977年，数百名无辜平民分别在卜利达、西迪-尤塞弗和班塔拉惨遭谋杀。为了使联合国调查团能够了解当地的情况，国际社会给阿尔及利亚当局施加了压力。

由阿尔及利亚当局指定的调查团于1998年7月抵达了阿尔及利亚，前者向后者保证开放所有事发地区。

调查组成员的默契仅维持了很短的时间，在起草最终调查报告时，西蒙娜直截了当地批评苏亚雷斯对这一国家状况的无知。即使这份报告在为阿尔及利亚各级权力机构洗刷指控，但是，西蒙娜仍然认为在谴责伊斯兰分子方面远远不足，对他们有些“宽容”。

在这个问题上，由于西蒙娜认为首先是伊斯兰分子的责任，所以她与很多法国政治家持同样的观点，如C. 谢松和J. 朗。“应该帮助阿尔及利亚人民与恐怖主义、宗教狂妄行为和仇恨满腹的伊斯兰教歹徒进行斗争，因为仇视伊斯兰教的极端分子试图强行他们的法律。”①

揭穿了在阿尔及利亚伊斯兰分子的屠杀罪行，同样促使西蒙娜回想起1995年她支持K. 梅萨伍迪是正确的，后者是阿尔及利亚共和运动的副主席，后被伊斯兰分子杀害，但是他仍然活在人民的心中。

欧洲所关注的问题与西蒙娜所关心的问题相差无几，甚至可以说，西蒙娜所关注的问题，也就是欧洲需要面临的问题。1996～1997年，围绕着人员的自由通行问题，她曾组织了一个高级委员会，并就此问题在1997年3月18日向欧洲议会下属的专门委员会提交了一份报告。

然而，对她来说，最为激烈的斗争便是为建立欧洲宪法而在各国间形成一个协议的辩论。在经过四处游说和热情的讨论之后，为了在全民公决中得到百姓的支持，西蒙娜打破了制宪会议成员平时非常谨慎的工作作风，于2005年5月1日离开了

---

① 《摩洛哥周刊》第338期，1998年9月19～25日。

制宪会议。

应该指出，不是西蒙娜一个人在推进这场全民公决的运动，法兰西共和国前总统、欧洲未来大会前主席、制宪会议右派成员德斯坦也参加了这场征询公众意见的运动。一些反对人士指责这一运动所带来的后果。社会党议员 A. 蒙特布尔格指出："要么西蒙娜辞职，要么她也参加，否则制宪会议将是一个完全失去作用的机构。"

与此相反，那些支持者则为欧洲一体化的理念而欢呼。负责欧洲事务的前部长 P. 莫斯科维奇着重强调："大欧洲的创举，这让人感到是一个虚幻的东西，然而事实并非如此。"

与《尼斯条约》相比，围绕着欧洲机构（加强了欧洲议会的权力，确定了欧洲专门委员会的受理议案的程序，统一了基本权力的宪章）和社会机制建设方面（劳动者权益的保护问题）所取得的不同进展，西蒙娜作了对法国更为有利的申辩。

西蒙娜毫无迟疑地驳斥了那些持反对意见的人士，尤其是 L. 法比尤斯。"总而言之，法比尤斯通过否认他签署的文件，作了自我批评。而正是这样，他才积极地参加了欧洲的建设。"① 1992 年，为推进《马斯特里赫特条约》和起草另一份计划，西蒙娜曾和法比尤斯联合主持过会议。2005 年 5 月 16 日，一次在孚日山举行的欧洲问题野餐聚会时，西蒙娜说："当他很难与你达成共识时，你就不要想短期内与他再次协商。"②

---

① 《快报》2007 年 1 月 17 日。

② 《新观察》2005 年 5 月 17 日。

在这场全民公决运动中，她呼吁人们意识到欧洲建设的重要性。因为，令人振奋的局面表明“已经实现的事情在我们不曾意识到的民主与和平问题上已经带来了显著成果”①，同时，她也抨击了在欧洲问题上某些政界领导人的态度：“欧洲建设失败的论点，让我感到非常吃惊。这种说法就是有意在蛊惑人心。”②

这位欧洲议会前任女议长的愤怒再次点燃了支持者们的激情。2005年5月27日，朱佩这样写道：“我很欣赏西蒙娜的愤怒。在这位由20世纪人类野蛮行为所造就的躯体和灵魂的特殊女性身上，我们感受到了一种揪心的不惑和面对历史错误无言反抗的精神。”③

2005年5月29日，在决定欧洲宪法命运的法国全民公决中，反对派以54.65%的得票率获得了胜利，加之6月1日荷兰人也否决了欧盟宪法条约，这让西蒙娜感到十分伤心。

就在举行公决的前几天，社会调查结果表明反对者将获得胜利。对此，她还曾经一度有过一种遐想，像1992年的丹麦和2001年的爱尔兰那样，来一次重新抉择：“反对派获得胜利，是很有可能的。然而，法律上也规定了，允许再次组织全民公决。”④

法兰西共和国总统萨科齐将议员集中于凡尔赛宫，通过议

---

① 《快报》2007年1月17日。
② 法国电视一台《论坛》节目，2005年5月19日。
③ 阿兰·朱佩的微博，2005年5月27日。
④ 法国电视一台《论坛》节目，2005年5月19日。

会的渠道批准了一个新的宪法条约议案，并于2008年2月8日命名为《里斯本条约》。

当然，西蒙娜十分赞同这样的选择，同时抨击了利用全民公决来解决问题的做法。因为，与博弈没有关系的投票，常常变成了抵制政府政策的一种工具。

《里斯本条约》，实际上是欧洲宪法条约的又一翻版。鉴于在2007年12月13日签署了《里斯本条约》，于是，自2009年12月以来，法兰西共和国提出了一个由不同政界要人出面担任对外政策高级代表和欧洲委员会主席的问题。就像1979年西蒙娜当选欧洲议会议长那样，不论是谁，他的讲话和形象都代表着欧洲世界；他都拥有唯一的、美国总统可以拨打的热线电话，倾听他在重复前国务卿基辛格大胆冒失的讲话。在人选问题上，由于西蒙娜非常信守自己的信念，她选择了拉脱维亚前女总统（1999～2007）V. 弗莱贝加。

在《费加罗报》一个名为《欧洲委员会：我为什么支持V. 弗莱贝加》的论坛栏目中①，西蒙娜发文谈了自己的观点，她认为“未来的欧洲委员会的主席应该具有渊博的知识，有能力为各国元首提出工作任务，组织并引导各国元首协调共事，正确快速地决定问题。同时，他还应该是一位接近公民，尤其是贴近青年人的领导者，不仅如此，这个人还应具有人格魅力，给人以好感，令人敬重。”然后，在文章中，西蒙娜夸奖了这位女士“远见卓识，不论在道德品行和学识智力上都是非常出色

① 《费加罗报》2009年11月12日。

的”。

当然，西蒙娜对她的支持并没有让人感到吃惊，因为，V. 弗莱贝加除了是一名女性外，在第二次世界大战期间离开了自己的国家，过着流浪的生活，在东欧剧变后，她返回了自己的家乡，她的一生与西蒙娜的人生经历相仿，充满了悲剧色彩。

还有一点就是，西蒙娜被选为欧洲议会议长，她的这段经历使她有机会改变欧洲历史的发展进程。所以，她非常清楚，欧洲委员会的女主席将一定是一位改革派。作为一位重要人物，在工作中也一定会出色地掌控折中的艺术。她在撰文中写道：“我也同样了解象征性人物的重量。”尽管这场游说的运动得到了很多人的支持，但是，在 2009 年 11 月，各国元首与政府首脑最终还是选择比利时首相 H. 龙皮伊为欧洲委员会首位主席。

鉴于西蒙娜本人的地位和影响，她经常奔波于法国各地并访问了许多国家，为巴黎东部的瓦勒德瓦兹省奥博纳-蒙莫朗西地区赢得了一个以她名字命名的医院，获得了世界多所知名大学的名誉学衔，如格拉斯哥大学（英国，1995 年）；宾夕法尼亚大学（美国，1997）；卡西诺大学（意大利，1975）和普林斯顿大学（美国，1975）；魏茨曼学院（以色列，1976）；耶路撒冷希伯来大学（以色列，1980）；巴伊兰大学（以色列，1980）；剑桥大学（英国，1980）；乔治敦大学（美国，1981）；纽约叶史瓦大学（美国，1982）；布鲁塞尔自由大学（比利时，1984）；爱丁堡大学（英国，1980）；乌尔比诺大学（意大利，1981）；萨塞克斯大学（英国，1982）；布兰迪斯大学（美国，1989）。

除了为了表彰她在统一欧洲所作出的贡献，1981 年授予她著名的查理曼大帝奖外，西蒙娜还获得了很多奖章：欧纳西斯基金会授予的雅典奖（1980）；摩尼斯马尼奖（瑞典，1978）；路易斯·维斯奖（1981）；路易斯·米歇尔奖（1983）；雅博汀斯基奖（1983）；日常鼓励奖（1984）；埃莱奥诺尔-富兰克林·罗斯福奖（1984）；人道主义援助奖（圣迭戈，1987）；托马斯·德勒尔奖（慕尼黑，1988）；克莱恩基金奖（费城，1991）；杜鲁门和平奖（耶路撒冷，1991）；朱丽叶奖（维罗纳，1991）；亚特兰蒂斯奖（巴塞罗那，1991）；布奈布里思金质奖章（华盛顿，1993）；施特雷泽曼金质奖章（美因茨，1993）；欧洲建设目标奖（米兰，1993）；亨利艾特·佐德奖（迈阿密，1996）；国际卫生组织金质奖章（1997）；阿斯图里亚斯王子奖和罗兰柏月盛世香槟大奖（2005）。

西班牙的尤斯特皇家修道院是查理五世隐居的地方，2008年，西蒙娜在这里接受查理五世的欧洲大奖。该奖项专门授予那些为推进欧洲“科学、历史、文化价值观”和“在促进欧洲统一进程中”作出巨大贡献的人员。

该奖由西班牙国王卡洛斯亲自颁发，同时得到该奖的还有法国政治家和经济学家德洛尔及前苏联领导人戈尔巴乔夫。葡萄牙埃什特雷马杜拉地区文化专员这样评价说：该奖项授予西蒙娜是树立了“一个热衷于研究社会问题、勇于斗争、创造性决策、坚守政治信仰的典范。在意识形态方面，她是一位理念清晰、个性突出的女性。”2010年12月，在德国杜塞尔多夫市，西蒙娜还获得了海涅奖，以表彰她所撰写的一部涉及政治与文化方面的杰出著作。

力挺萨科齐

2007年的总统大选再次使西蒙娜活跃在政治舞台上，因为许多候选人都希望借助她的影响来推进自己的竞选运动。

这样，尽管她已经完全脱离了政治生涯，鉴于她在民众中的道德形象，依旧有人不断地征求她的意见，对她献上奉承的言语。还有就是，1993年在希拉克和巴拉迪尔的对决中，这位前卫生部部长选择了后者。

可是在2002年，尽管4月21日举行的首轮选举中出现了具有地震效应的选举结果：希拉克以19.88%的得票率位居榜首，紧随其后的是勒庞（16.86%），一下子就惨遭淘汰的社会党候选人若斯潘也获得了16.18%的支持率。西蒙娜作为宪法委员会的成员，必须遵守公职赋予她的义务，不能表现出对某位候选人的格外支持。

5年以后，在2007年5月举行的总统大选，由于她在2007年3月就离开了宪法委员会，摆脱了该委员会保留权对她的约束，就像很多属于中间政治势力的元老们一样，公开地支持萨科齐。在这些元老中，人们看到了A. 圣蒂尼、德斯坦和备受打击的中间派候选人贝鲁。贝鲁作为法国民主联盟的代言人，1993年与西蒙娜同属多数派阵营，也按捺不住地抨击说：“很长时间以来，大家就知道，在90年代，巴拉迪尔的政治团队实际上已经输掉了这场竞争。”他认为：“对于西蒙娜的人格来说，有些令人悲哀。”①

一年以后，贝鲁通过发表一篇题为《权力的滥用》的文章，抨击了萨科齐，同时试图在与德斯坦断绝往来之前，表达他对这位前部长的情感。他非常愉快地说：“总有一天，我会对西蒙娜说，‘在堕胎问题上，你已经耗尽了信任与博力，忘却了集中营的经历，你所做的一切，就是让人们选出了这位古怪的人。’”②

大家都非常清楚，在1989年，经历了欧洲议会选举运动鲁昂一站以来，在贝鲁担任西蒙娜参选运动的负责人时，两人的关系从未如此密切。

1995年，巴拉迪尔参加总统竞选失利后，西蒙娜于当年返回了法国民主联盟阵营，而在1997年年底，西蒙娜又一次离开了该政党组织。

1997年，在党内的一次会议上，西蒙娜作为移民问题高级顾问委员会主席，发表了自己的观点。然后，她遭到贝鲁的激烈反驳：“你就是带着这样的左翼思想，让我们失去了选民。”③

这句话对于一位在2009年正在运作成立一个新党的领导者来说，的确有点粗俗。贝鲁所组建的民主运动党在纠正其政治倾向前略微有些偏左。

在这位政治上属于中间派的前部长看来，“中间派始终是比

① 《快报》2007年3月8日。
② 《快报》2009年4月15日。
③ 西蒙娜·韦伊：《一生》，斯托克出版社2007年版。

较倾右的”,[①] 贝鲁“根本就不能代表中间派。他仅代表他自己，他的那些党员本来就不属于法国民主联盟”，在对他进行轻描淡写的评价前，西蒙娜还说：“贝鲁所主张的事情是根本行不通的。”[②]

然而，人们本来会认为，西蒙娜会选择一个大型党派所推选出来的头号女性总统候选人S. 罗雅尔。如果说西蒙娜始终在为女性事业而奋斗的话，这绝不是她本人的最终目标。女性事业并没有妨碍她对其他问题的关注，恰恰相反，女性事业与其他社会问题融为一体。

对于妇女在社会上遭受歧视的问题，西蒙娜更厚爱女性。在她看来，在男女能力相等的情况下，女性更应受到青睐。但是，如果在女性能力不如男性的情况下，男性则更胜一筹，特别是在担任共和国最重要的职位时，更是如此。

所以，她认为罗雅尔不能推进妇女的事业，“因为她没有以女性的身份来参加总统竞选，而更多的是体现一种象征。她没有提出一个真正的规划蓝图，而是在打一张古怪的牌：我的规划蓝图，就是你们。这和政治家的胸怀背道而驰。”[③]

但是，这一切并不妨碍西蒙娜赞成她的某些做法，尤其是后者在若斯潘政府担任家庭事务部部长时推出的关于儿童方面的很多举措。

2007年3月8日，当西蒙娜成为候选人委员会的领导时，

---

①② LCI电视台，2007年3月8日。

③ 《她》第3226期，2007年10月29日。

她仍在支持人民运动联盟推选的前内务部部长萨科齐，在她看来，“我们应该具有一种适应权力变换的能力。”①

尽管西蒙娜与萨科齐之间的交情很深，然而，就在总统大选进入到关键时刻，西蒙娜毫无迟疑地抨击了这位人民运动联盟候选人所提出的规划，她非常尖锐地批评了后者主张成立一个管理移民和身份的专门部委。

“我非常反感这样含糊其辞的表达方式。我本来想谈谈成立一个负责管理移民与归并移民的部门。”② 2007 年 3 月，在谈到这位人民运动联盟候选人时，西蒙娜说：“我打算就这个问题与他交换意见。我会告诉他我是怎样看待这个问题的。”因为，在首轮总统大选时，这位人民运动推举的候选人获得了 31.18% 的支出率，领先于罗雅尔（25.87%）和贝鲁（18.57%）。在最后的角逐中，萨科齐于 2007 年 5 月 16 日，以 53.06% 的支持率当选为共和国总统。

2007 年 6 月，在接下来的立法选举中，已年近八十高龄的西蒙娜，毫不惜力地力挺多数派政党中的某些候选人，如原国务秘书、瓦勒德马恩省首轮选举胜出的人民运动联盟候选人 H. 普拉尼奥尔。他是西蒙娜的老朋友，自 1997 年以来，西蒙娜一直看好他的发展前景。

共和国的卫士

不到一年的时间，也就是在 2008 年 2 月，作为纪念纳粹大

---

① LCI 电视台，2007 年 3 月 8 日。

② 《解放报》2007 年 3 月 16 日。

屠杀基金会名誉主席的西蒙娜，坚决反对萨科齐以强化国民道德教育为名，让每一位三年级的小学生的记忆中印有被流放儿童形象的做法。

她坚决反对这样一个令人难以想象、无法忍受的错误做法。她批评萨科齐："我们不能要求我们的孩子与一个已经死亡的孩子相比较。这样沉痛的记忆孩子们是无法接受的。"她还补充道："我们本身作为过去的受害者，战后我们都不愿意提及我们所经历的事情，哪怕是和亲人之间也都不愿意回忆这段历史。然而，在今天，我们还要将这些留给我们的孩子们，送给我们的子孙们。"①

还有，就在2010年，我们又一次听到西蒙娜那不和谐的、批评国家元首的声音。这一次，涉及一个在她心中异常重要的问题，即在共和国高级裁决机构中女性的地位问题。

实际上，西蒙娜早在1998～2007年间曾经是希拉克忠实拥护者J. 德勃雷领导的宪法委员会的成员，这时该机构正在着手更换三位9年任期已满的成员。

这三位即将离任的元老是：社会党出身的前部长P. 若克斯、希拉克的前顾问O. 迪泰耶和R. 阿龙的女儿——社会学家D. 施纳贝。

而新的继任者已分别得到了国家元首、参议院议长和国民议会议长的批准，成为制宪委员会的新成员。他们是参议院议员M. 沙拉斯、H. 爱内尔和前部长，欧洲议会专门委员会成员

---

① 《费加罗报》2008年2月15日。

J. 巴罗。这样在该委员会中就仅剩下一位女士：法官J. 吉扬斯密特。

这样的一个局面令西蒙娜十分不满，2010 年 3 月 9 日，她指出，这是国家元首的一个错误。她认为，女性进入这样的高层决策机构能够带去认识事物、看待社会的另一种视觉。

在她看来，“共和国总统应该清楚地了解人们所想，因为这不是我一个人指出了这一点，妇女们感到格外的惊讶、异常的失望。也可以说不仅是妇女才有这样的反响。”①

几天以后的 2010 年 3 月 18 日，法兰西学院为西蒙娜举行了接受她为院士的仪式，萨科齐出席了这场活动。也许我们能从萨氏的支支吾吾、冗长的讲话中，闻到一些他对这位不论在多么重大问题上始终敢于直言不讳、态度鲜明的女性的不满情绪。

也许我们不该相信西蒙娜只是在口头上给予萨科齐强有力的支持。

事实上，并非如此。就在这次矛盾之后的三个多月，表面上看来，西蒙娜急三火四地去帮助劳工部部长 E. 韦尔特摆脱困境，实质上，她是通过帮助后者来为共和国总统萨科齐洗清手脚。

媒体指责韦尔特在担任人民运动联盟负责预算和司库职务期间，怀疑他与富豪贝当古家族以及贝当古的妻子有联系，为萨氏竞选总统非法筹措资金。几个月以来，韦尔特试图洗掉来

① 《世界报》2010 年 3 月 9 日。

自反对派和媒体连续不断的攻击给他造成的不白之冤。

2010年7月4～5日，在《世界报》新闻论坛专栏中，她同社会党政治家M. 罗卡尔联合发表文章。在文章中，西蒙娜指出："非说理的人身攻击，声嘶力竭的叫骂，毫无证据的诬陷，不论怎样，这些都无益于讨论问题，反而是对民主的践踏，对民主的无视，表面上打着捍卫原则旗号，实则是对民主的奴化。这是对人格尊严的损伤，这也是对政治和共和国的诽谤与攻击。"

这位前卫生部部长在她的政治生涯中，也曾领教过这种非理性的人身攻击。1974年，她曾见到，她寓所的正面墙上让人粘贴了德国纳粹十字标记。可当时她又能对此说些什么呢?

2010年夏，在格勒诺布尔市治安警察部队遭到武装分子的袭击以后，共和国总统萨科齐指出鉴于威胁警员的生命是一种犯罪行径，他建议剥夺这些外籍罪犯申请加入法国国籍的权利。

他的这些主张不论在左派阵营，还是在右派政党中均引起了一阵阵的愤怒。

《玛利亚娜》周刊发表了一篇将总统视为"共和国的流氓"的文章，这又引起了新一轮的论战。该报的总裁，也是西蒙娜自传的作者M. 斯扎弗朗在一封公开信中呼吁前卫生部部长不要沉默不语。因为"法国不允许你再忍受你的朋友，即共和国的总统执迷不悟，他通过计算选票，玩弄思想、观念，要弄让很多退居下来的同事感到异常愤怒的拙劣手段。我们知道你和萨科齐之间的个人交情不错。我们也非常清楚，鉴于你们之间的这种关系，你也不愿意看到他身处困境，并且我们也听到了这些。但是在目前的情况下，难道你最可贵的信念是在期待着别人的愚弄吗?”①

由于她拒绝与他人的直面冲击，西蒙娜在其丈夫安托万的协助下，一直在与法国盛行的各种不同的意识形态进行沟通与交流。

这种交流的形式有时是面对面的，也可以利用争辩的方式，还可以在安托万于1984年创建的沃邦俱乐部里举行。

虽然他们的讨论有时是非常激烈的，但是，严格限定在思想观点的问题上。因为来这个虚构的组织中研讨问题的人都是为了公众的利益。

前来这里讨论问题的人士有：德国总理H. 科尔的顾问J. 比特里茨，希拉克任总统时的前任部长、共和国的谈判代表J. 德勒瓦，巴罗，施特劳斯-卡恩，梅艾涅里，A. 伊德拉克，X. 达尔科，还有德斯坦的前国务秘书L. 斯托勒吕等人。不论过去和现在，他们都是这个俱乐部的成员。当然该俱乐部还容纳了左派、右派以及中间派的一些政界人士。在欧洲的建设问题上，他们追求一个共同的价值观，都有一个不动摇的信念：推进市场经济的发展。

1993年2月，当右派即将获得立法选举的胜利，并且西蒙娜又将成为政府的一位部长时，沃邦俱乐部则以“政治上的现代化”为题发表了一系列的文章。

2004年，依据2004年8月13日通过的法律规定，要对法

---

① 《玛利亚娜》2010年8月6日。

国医疗保险制度进行改革。在对年轻的负责医疗保险工作的国务秘书X. 贝特朗提出的改革方案进行热烈讨论的时候，安托万则以沃邦俱乐部的名义，在《世界报》上抛出了一个论坛专栏，并指出“除了考虑拥护者们的直接利益之外，还要考虑到普遍的利益问题”，呼吁负责医保的部门要使未来几代人尽量少地负担这部分费用，提醒医疗部门和病人承担各自的责任，不要让社保的赤字导致医保陷入“人为的灾难之中”。①

① 《世界报》2004年4月19日。

犹太人的回忆

难道你真的会相信我们能忘却我们希望忘掉的东西吗？

——A. 缪塞：《新诗选》，1850

回忆录的创作

1974年，由于西蒙娜是纳粹集中营曾经关押过的“囚犯”，当她刚刚步入政界的时候，就已经成为一种象征符号，这种象征性的价值，使得她能够完成一个大家非常认可的职业生涯。

人们总是认为她与犹太教之间存在着一种极为隐秘的关系，这也常常成为人们对她存有争议的焦点问题。但是，事实上，不论是她提出的允许妇女志愿终止妊娠的法案，还是她当选为欧洲议会的议长，人们都曾有过争议。但是在宗教的问题上，从来不曾有过任何争议。一位大学著名的女教授，当时在争论妇女自愿终止妊娠法案的时候是妇女运动的骨干分子，名叫塔尔曼。她引证了西蒙娜的一段讲话。“我想告诉大家，我是个备受迫害的犹太人，我的冲动促使我献身于这场斗争。”①

西蒙娜已完全置身于自己的政治生涯中。但是，随着她在民众中的呼声不断高涨，由于她的父母和兄弟像数百万的犹太人一样，在第二次世界大战中惨遭杀害，她受到别人的高度关注，自然也就成为守护犹太人记忆的天使。除此之外，还有历史的责任也在警示我们每个人，这些卑鄙的行径很有可能被人们遗忘。因此，当我们淡化边境的概念时，当纳粹德国的野蛮屠杀在人们的记忆中变得逐渐平淡的时候，还有世俗和容忍等理念已经被人所接受的同时，我们有必要经常拉响示人的警笛。

这样的一种方式完全表明了，人们永远不会忘记犹太人惨遭种族灭绝的罪恶行径。为此成立了纪念纳粹德国大屠杀的基金会，西蒙娜担任该基金会的主席也是不容置疑的事实。

关于犹太人这段苦难的经历，西蒙娜成为大家公认的一种象征，这与她家庭的遭遇有着直接的关系。纳粹在立陶宛夺走了他爸爸和哥哥的生命。然而，她妈妈、姐姐蜜露和她却走上了通往奥斯威辛集中营的不归路。在贝尔根-内尔森集中营寒冷冰封的荒野上，她和她的姐姐失去了她们最可爱的妈妈。

法国犹太难民子女联谊会主席 S. 格拉斯菲尔德公开表明：“一部分人被这场大规模的灾难吞噬了生命：在这部分人中，有的失去了活下去的信心，还有的只活到了 1942 年。而另一部分人则凭借令人难以置信的毅力活了下来，他们生儿育女，寻职

① 瑞达·塔拉曼与里贾纳·多古瓦斯合著：《为争取自愿终止妊娠权利的斗争》，女性问题研究中心文献资料汇编 4～5 月，1995 年。

谋生，这就是挑战纳粹的胜利。他们希望已经故去的父母能够为他们感到自豪。西蒙娜就属于这一部分人中的一员。”①

要想知道为什么西蒙娜在这方面有如此高的威望，我们还可以追溯到她在尼斯度过的童年时代。正是由于她的家庭和西蒙娜本人，在那时候都没有参加这座城市犹太人的社团组织，才使得她的威望具有合理性和客观性。

西蒙娜的父亲安德烈·雅各布是一位支持共和制的爱国人士，曾参加了保卫犹太军官德雷福斯的政治运动，但他并未攻击过法国军队，所以在 1914 年到 1918 年的第一次世界大战期间，他应招参加了法国军队，并且参加了犹太人社团组织。该犹太人的社团组织是一种文化层面而不是宗教层面的组织。

西蒙娜的父亲不希望他的女儿参加社团组织的宗教活动，他曾毫无迟疑地以非常粗暴的态度，训斥了他的一个堂妹将西蒙娜带进了犹太人的教堂。但是，这丝毫没有阻止西蒙娜和她的母亲，以及他自己本人从 1941 年就开始承担救助社团成员的工作。

西蒙娜的父母都不信教，因此，孩童的西蒙娜对宗教一无所知。直到今天，她仍像她已经故去的母亲一样，是一个“无神论者”②。

今天，在冷战结束后，宗教极端主义思想又开始四处蔓延，导致全球性的追崇宗教的激情再度升温。这的确让人感到震惊。

① 《世界报杂志》第 25 期，2010 年 3 月 20 日。
② 西蒙娜·韦伊：《一生》，斯托克出版社 2007 年版。

而今天，她已经变成了一个敢于承担责任的人。在上个世纪70年代，G. 哈利米与西蒙娜曾经有过一段私人间的谈话，前者引用了一段西蒙娜的话："我的三个儿子，没有一个人接受包皮手术。两个儿子娶了异教女人为妻，但是我承认，如果我的三儿子不娶一个犹太人为妻也许会让我感到烦恼。"①

这一段话非常简练地证明了，西蒙娜仍具有犹太主义的理念。她是一个无神论的、不信教的、但拥有犹太主义思想的犹太人。她对那些在刽子手中间懂得隐藏和唤醒良知，而在他们自己竖起碑文的墓地又能遗忘自己诺言的人们肃然起敬。这就是西蒙娜与犹太民族的关系，这是她以文化为基础而形成的人生观，而不是犹太民族的宗教情感对她的影响。

她所具有的犹太思想，体现了犹太人的人道主义："为了追求真理，为了体现人的尊严与价值，不屈不挠的斗争意志；为了争辩现有的价值观，包括那些饱有争议的崇高价值观所表现出来的坚定信念。这种犹太主义思想极大地推动了对人类命运和人们基本权利的讨论。"②

西蒙娜这种犹太主义思想方法源自他的父亲。这种思想方法既没有将犹太人打造成高贵的民族，也没有使犹太人成为劣等的民族，却培养了法兰西众多民族中的一员。这种思想方法体现了一个民族融合与宽容的特征，体现了把国家利益和法律意识置于个人信仰之上，而信仰属于个人私域的民族特质。

---

① 吉塞勒·哈利米：《橙汁》，迦利马尔出版社1988年版。

② 1982年3月18日，在日内瓦纪念瑞士法语作家阿尔贝·科昂仪式上的讲话。

这种思想促使他的父亲以及所有的家人遵守1941年7月颁布的关于犹太人社会地位的法律条规。这样的规定对他们打击很大，他们曾提出过抗议，甚至痛斥将法国人分成三六九等，然而更为不幸的是，这样一条法规使得他们全家踏上了死亡的道路。

西蒙娜的一生中，在纳粹集中营度过的日日夜夜令她终生难忘。在第二次世界大战以后，她有一种感伤，有意想忘却这段不断折磨她和当年难友们的苦难经历，而这些难友又不得不时常地聚在一起，这也使她无法擦去这段记忆。她回忆说："我们只是到了晚年才谈论这段不幸的经历，这是因为没有人愿意听我们讲述这些。我们从一个有人想将我们灭绝的世界中走了出来。我们很想述说这一切，但是我们得到的是别人的不相信、冷漠甚至是敌意。"①

鉴于父母对她的教育，她原谅了欧洲解放者在种族灭绝问题上所犯的间接罪行，但对欧洲共治毫无兴趣。

当她结识她一生中的男人，也就是她的丈夫安托万的时候，她的这一观点与对往事的回忆在安托万的家中产生了共鸣。

虽然，在雅各布和韦伊这两个家庭之间有很多相似的地方，但是两家的经历却有些不同。当西蒙娜一直想谈谈这场浩劫的时候，安托万的父亲则反感这一话题。西蒙娜的儿子P. 弗朗索瓦说："有些幸存者希望翻过这历史的一页，抹去纳粹分子在他

---

① 斯娄莫·韦内贾：《党卫军特遣队——在毒气室地域里的罪恶》，阿尔班·米歇尔出版商2007年版。

们胳膊上烙下的囚号。而另一些人则敢于面对‘回忆’。我妈妈就属于这一种人。夏天，她经常将胳膊露在外边，直到今天胳膊上的编号依旧清楚可见。”①

最后，这种世界观并没有击碎西蒙娜的爱国之心，她对法兰西的热爱和很多曾经从纳粹集中营走出来的难民一样得到了升华，他们重返人间，并将自己视为1948年成立的以色列国家的一部分。当她的小儿子弗朗索瓦打算重返以色列基布兹合作农场时，西蒙娜这样说：“我从来就不曾有过到以色列安家落户的想法。我一直感到自己是一个法国人，对我来讲，就连这样的一种设想都未出现过。”②

还有就是，当以色列国成立的时候，西蒙娜只有20岁。她对以色列与阿拉伯世界的和平仍充满希望。但是，当她客观地批评了以色列在1967年的阿以冲突中的胜利后，她对这种和平的希望丧失了信心。为此，1981年，在斯特拉斯堡她还接见了埃及总统萨达特。

精神领袖

1954年的一天，西蒙娜推着他的小儿子弗朗索瓦在巴黎东部的圣拉扎尔火车站附近散步。那时，西蒙娜刚刚开始她的职业生涯，姐姐蜜露离开她也有一年多的时间。瞬间，过去的往事又一次地浮现在她的眼前。

---

① 《世界报杂志》第25期，2010年3月20日。
② 西蒙娜·韦伊：《一生》，斯托克出版社2007年版。

因为一位大约有二十七八岁、和她年龄相仿的年轻女人站在了她的面前。西蒙娜认出了她，更确切地说，从小就认识了这位叫马塞利娜的伙伴。西蒙娜已有十多年没有见到她了，她当时在影视界谋职。这位童年的密友说："我当时真的不知道西蒙娜是否还能活着走出集中营。"① 这两位在奥斯威辛集中营就难舍难分的朋友花了几年的时间才恢复密切的关系。直到今天她还说："我对西蒙娜的关爱和温情是无尽的，尽管她不时地批评我，尽管我们之间有不同，尽管我过于自我……她还是能接受像我这样的人，总是为我担心。"②

不久，出于对历史的尊重，当时作为法国广播电视局董事会成员的西蒙娜反对为电影导演欧菲斯拍摄的《悲伤与恻隐》这部影片提供经济上的援助。

这部电影拍摄于1969年，讲述的是1940年至1944年发生在一座小城报社的故事，通过表现处于抵抗时期法兰西那些汉奸的一些行为，来揭露他们的丑闻。

但是，在西蒙娜看来，影片仅呈现了那些年法国较为阴暗的一面，并没有真实地反映当时比较复杂的现实。比如，法国人是如何保护犹太人的。她认为该作品也许会让很多人，即维希政权的牺牲品感到高兴。西蒙娜果断地站出来批评这部作品缺少客观性，并且毫不犹豫地辞去了法国广播电视局董事会的职务。最终该片未能在电视中播出，只在影院中放映。

①② 马塞利娜·洛里丹-伊旺斯：《我动荡的一生》，罗贝尔·拉丰出版社2008年版。

西蒙娜在1974年被任命为卫生部部长，她坚持推行女性自愿终止妊娠法案的不屈精神，积极维护妇女权益的热情，都使她成为媒体关注的核心人物。

她的果敢精神使她在百姓中赢得了良好的口碑，这也成为她美好的回忆。

作为历史的见证者和历史事件的直接参与者，她是最有资格成为对待历史问题的楷模：忘记历史无助于我们更好地生活，只能让我们重犯史上悲剧性的错误。

尽管西蒙娜的社会地位较高，她总是喜欢讲这个有趣的故事：当她生活在德国期间，有一天晚上，在美因茨她身着一件短袖上衣，露出了胳膊上被德国纳粹烙上的“囚犯”编号，这时有一个人用带有讥讽的口吻问她这是否是她存取衣服的牌号。

尽管这是一个令人悲哀的玩笑，但是，它却清晰地反映了人们对20世纪最为凄惨的悲剧，还持有一个非常危险的庸俗情绪。人们忘记了妇女惨遭流放的悲剧，而在这种忘却中，有人在战后仍然将他人视为集中营的囚犯。

对于西蒙娜来说，这些简直是无法容忍和难以接受的。

也许，在争论妇女自愿终止妊娠法案时，她突然间的休克也就源自于达耶议员的这番讲话。即使在上个世纪50年代，她同意到德国生活一段时间，重返贝尔根-贝尔森集中营的所在地，但是，她确实没有做好应对这方面问题的思想准备，她还没有跨过重返奥斯维辛集中营的心理障碍。

1975年6月18日，德斯坦提议让西蒙娜陪他一同参观纳粹集中营，却遭到了她的拒绝。后来这位前任共和国总统说：

“火红的烙铁至今还让她感到伤口的剧烈疼痛。”[①] 直到今天西蒙娜还是如此。就在几年之后，作为欧洲议会的议长，她应邀重返贝尔根-贝尔森集中营。在那里她注意到很多人遗忘了这段惨痛的历史，然而我们却无法想象到，在这个她与妈妈诀别的地方，西蒙娜该有多么悲伤啊！

对此，她无法保持沉默，因为，在战后25年后的今天，否认纳粹罪行的各种不同声音，还有纳粹主义思想和汉奸的阴魂再次浮出水面。1978年10月28日，《快报》发表了一篇L. 德佩雷博瓦的访谈录。他是法国法西斯分子、战时负责犹太人问题的总警长，1944年潜逃于西班牙，他声称：“在奥斯维辛集中营，我们确确实实是使用过毒气。但是，我们是用毒气来灭杀虱子。”

在陪同其他文人，特别是研究古希腊的著名学者P. 纳凯（其父母同样在奥斯维辛集中营惨遭杀害）、共和国总统德斯坦、政府总理巴尔等人参观奥斯维辛集中营时，西蒙娜义愤填膺地揭露了否认纳粹大屠杀的意图。不久，也就是80年代，她与P. 纳凯一同投入到抵制否认纳粹罪行的斗争，还历史以真实的面目，呈现国家的历史现实。

就是这样，在反犹太人的问题上，总是有人否认纳粹的罪行。然而，西蒙娜总是用犹太人的遭遇戳穿任何形式的修正企图，这充分表现出她的共和意识。

这样的现实使她意识到，“没有一条法律禁止一些人说圣女

① 吉斯卡尔·德斯坦：《权利与生命》第三卷，12出版公司2006年版。

贞德是不存在的，也没有法律不让一些人讲凡尔登战役没有发生过。如果要设立法律，就要公开讨论。一些跳梁小丑还达不到这种程度。”①

正是这样的思维方式促使西蒙娜在1990年6月，积极参与法国议会对盖索法案的讨论。这一法案“试图惩治任何形式的种族主义、反犹太分子、仇外情绪，”尤其是要处罚任何对纽伦堡国际军事法庭已经宣判的反人类罪行的质疑。

像很多右派政治势力的名人一样（希拉克、佩尔菲特、菲永、德勃雷），西蒙娜也反对这一法律。“因为，阻止人们提出质疑在我看来有些过于残酷。……绝不能给人留下限制人们言语自由的印象，其中包括我们这里所涉及的问题。”②

西蒙娜的这一态度再次显示了她在政治生涯中敢于发表个人的独到观点，而绝不会受到其他人影响和思潮束缚的这一特点，她心中只有人道主义精神和对共和制的眷恋。

西蒙娜同样站出来反对勒庞鼓吹的大量反犹太人和修宪的言论。1987年9月，勒庞利用毒气室是二战的“不实传闻”来侮辱这位欧洲议员。“大家非常惊愕，这是人类巨大的痛苦。真是让人无法回答这个问题。我开始感到异常恐惧，一个政治人物竟然能够抛出一个这样的修正观点。”③

1988年，当民族阵线党首将公务员部部长，也就是西蒙娜的老同事M. 迪拉富尔称为“迪拉富尔焚尸炉”时，她又一次

---

① 《快报》1987年9月25日。

② 《新经济学家》1996年6月7日。

③ 1987年9月15日，法国电视二台新闻栏目。

勇敢地站到了斗争的最前线。“勒庞先生是一个荒诞无耻的人，简直达到了卑鄙、可笑的地步，是一个不可理喻的人。”① 西蒙娜利用自己在欧洲议会的影响，积极活动，使勒庞在欧洲议会的议员豁免权在1989年12月11日被吊销，以便他在法国受到法律的追究。

西蒙娜在代表自由政治团体讲话时指出：“在这种情况下，勒庞先生的议员豁免权应该取缔，因为，即使他作为议员，任何东西都不能凌驾于法律之上。”1993年6月3日，勒庞接受了巴黎上诉法院一万法郎的罚款。

作为纳粹集中营罪恶的见证者，她也激怒过许多极端主义者。所以，欧洲议会最年长的议员、电影工作者C. 奥唐-拉腊1989年9月在《全球》杂志上发表文章说：“不管你们喜欢与否，她都是政界的一部分，她试图终身从政，并控制政局。哎呀！她在用集中营的问题演奏意大利的曼陀林乐曲。她还会演下去，不是吗？她身体很好……可是，当有人向我谈起种族大屠杀时，不管怎样，我会说，他们错误地杀害了西蒙娜的母亲！”由于他的这番讲话在政界和舆论中引起了极度的愤怒，C. 奥唐-拉腊受到了谴责，被迫提前终结欧洲议会议员的任期。

西蒙娜对这位“令人恼火的老者”的言论感到非常遗憾。在那个时期，她一直都处于痛苦之中。1989年9月11日，她在接受蒙特卡洛电台采访时说：“面对那些已经罹难的人来说，我不想谈论这样的话题。有人会指责我们，说我们卑鄙可耻，

① 1988年9月3日，法国电视二台新闻栏目。

有意去提起那杀人的魔窟。对此，我们不能无动于衷。我们也想不谈这些，去平静地生活。除了我们不时地提到这段历史，我们做什么才能与别人的生活不同呢?”

这些侮辱根本没有增加她是犹太人的感觉。在这一点上，她与R. 巴丹泰不同。后者也在二战中失去了父亲，并在职业生涯和社会生活中同样也经历了反犹太人的侮辱。

也就是在同一年，即1989年，在严重影响犹太人与基督教关系的“奥斯威辛卡罗默罗修女”的事件上，西蒙娜公开表明了自己的态度。

该事件起源于1984年。当时有8位卡罗默罗教会的修女住进了奥斯威辛-伯克瑙纳粹集中营的一幢房子。

1985年，由于得到教皇保罗二世的支持，又有一些修女加入了这支队伍。很快便出现了一些反对强行占有集中营房屋，甚至还出现了反对以这种方式纪念纳粹大屠杀罪行的声音。很多人认为，任何宗教都可以强行霸占类似于奥斯威辛这样的场所，这样，在1988年，有人竟然将基督教的十字架立在了那里。

最后导致出现了众多声音，包括基督教的一些重要人物呼吁修女们尽快离开那里。相反，在集中营附近，犹太人的示威游行与日俱增。

西蒙娜同样介入了这场争斗，她认为“奥斯威辛只能是一个让人反思的地方。它不属于任何人。卡罗默罗修女占领这个地方，即使是用于祈祷的想法也是令人难以接受的。长时间以来，波兰人有意逐渐地将灭绝犹太人的集中营变成国家惨遭蹂躏的唯一标志也是不对的。犹太人认为他们的命运遭到全世界抛弃的想法同样也是错误的。”[1] 最终波兰修女于 1993 年离开了这个过去曾经是灭绝犹太人的集中营。

怎样对待刽子手

每当过去磨难的经历浮现在眼前的时候，她总是不停地劝解自己要控制情绪。直到 2010 年，她还确信“当她独自一人走出集中营时，几乎失去了家庭，但我从来就没有想过要去报仇雪恨。”[2] 甚至就在里昂历史重现杀害法国反法西斯英雄穆兰的刽子手、盖世太保头领 K. 巴尔比时，她始终坚守自己的行为准则。

该刽子手与纳粹分子通奸，于 1943 年 6 月 21 日，在里昂郊区一个叫卡吕伊尔的小镇，抓捕了穆兰和其他几位著名抵抗分子。

这个人曾有一个卑鄙的绰号，叫“里昂地区的屠夫”。他不仅抓捕了大量的抵抗运动勇士，同时还将数以千计的犹太人押送到法国境内的一个小镇，然后再押送至奥斯维辛集中营进行处决。他的又一罪状就是在 1944 年 4 月 6 日，在安河省伊觉市抓捕并遣送了 44 名儿童。即使在很多年以后，即 2010 年 4 月 6 日，当她去悼念和她在同趟列车被押送到奥斯维辛集中营的孩子们时，西蒙娜指出：“纳粹的野蛮就是这样，他们让孩子们感

① 《快报》1989 年 8 月 18 日。
② 2010 年 4 月 6 日，法国 24 小时电视台。

到在集中营他们会得到保护，实际上，根本不是那么一回事。”①

1944年，在法兰西获得解放以后，巴尔比跑到了德国寻求避难。当德国沦陷后，在美国几个秘密机构的掩护下，藏匿于南美洲的某地。

在那里，他以K. 阿尔特曼的假名过着显贵的生活。特别是在玻利维亚，他不仅在那里定居，甚至在上个世纪70年代末期，还成为玻利维亚独裁者班塞尔的亲信。

自1948年以来，法国政府一直要求引渡他回国，但是直到80年代初，由于克拉斯菲尔德先生的妻子贝雅特-克拉斯菲尔德的不懈努力（贝雅特决心追捕一切至今仍然逍遥法外的战争罪犯），相关的引渡文件才有所推进。1981年，玻利维亚的独裁统治垮台后，法国与玻利维亚围绕着协助引渡战争罪犯的问题展开了一系列的磋商谈判，终于在1983年2月，巴尔比被引渡回法国接受审判。

从公布引渡巴尔比的消息，到将其成功引渡回法国，西蒙娜一直都是媒体关注的对象。对于是否参与这一事件的争论，她在犹豫一段时间之后，于1983年2月6日，在C. 奥克朗主持的法国电视二台新闻节目中说：“应该将他作为一个典型的诉讼案例，这是因为我们要让大家了解历史。”她还呼吁我们不要带着算账的心态，我们要对历史负责。“我认为，如果由于时间久远，我们不从他违反人类罪来考虑问题，而只是向一个人来

① 2010年4月6日，法国24小时电视台。

报仇雪恨，远不如关注历史更重要。”①

那天晚上，她所表现出来的稳重，给人们上了一堂生动的课。西蒙娜没有把这一事件看成是个人的事情，她所强调的是巴尔比的引渡回国不仅象征着一个社会制度的更迭，预示着掩护在逃罪犯独裁专制的瓦解，也意味着我们将要声讨自战争以来所犯下的滔天罪行。西蒙娜还指出，由于时间久远，将启用一般法律来审判巴尔比，那些战争的幸存者们，包括巴尔比的受害者们，以及那些孩子惨遭杀戮的父母们将要承受情感上的考验。

作为集中营“囚犯”和巴尔比受害者们的先辈，也许有一些人关注着她的言行，这也是完全可以理解的事情。尽管这样，她还是决定以高姿态，从历史和欧洲发展的前景来处理这桩诉讼案件，因此她反对按事件发生的当时境况来处理问题。1987年，巴尔比因犯反人类罪被判处终身监禁，1991 年在狱中死去。

在巴尔比被引渡回法国后的 27 年，西蒙娜始终对反人类罪的时效问题感到困惑。2007 年，她在回忆录中写道：“面对没有时效问题的反人类罪的问题，我时常感到很难处理。而现在要审判一个距事件发生数十年，历史背景完全不同的案件，这确实很难，甚至是不可思议的。我知道，在这个真正让人忌讳的问题上，我是孤立的。”②

① 1983 年 2 月 6 日，法国电视二台新闻栏目。
② 西蒙娜·韦伊：《一生》，斯托克出版社 2007 年版。

50年代，纳粹党卫军都跑到了叙利亚寻求避难。在法国，他们在缺席出庭的情况下，均被判处死刑后，一直受到国际刑警组织的通缉追捕。

在这个问题上，西蒙娜仍然拒绝将之作为个人事件来处理。克拉斯菲尔德先生曾经要求时任欧洲议会议长的西蒙娜给议会施加压力，不与叙利亚签署金融方面的协议。对于克拉斯菲尔德的要求也没了下文。

对于那些因第二次世界大战的问题而受到审判的法国人，西蒙娜也没有提出什么责问。不论是对汉奸组织成员P. 图维耶事件的处理，还是对前省长兼部长的M. 帕蓬[①]的诉讼，她都没有发表意见。图维耶曾任里昂汉奸别动队队长，对许多抵抗分子和犹太人遭到逮捕和杀害负有责任，特别是对在里伊厄-拉帕珀镇所发生的事件难逃罪责。时任司法部高级顾问委员会秘书长的西蒙娜没有多说一句话，甚至蓬皮杜总统在基督教权威人物的影响下，特赦了P. 图维耶，她也都没有表态。

对反人类罪行的新一轮控诉导致了1994年对这位前汉奸组织成员的宣判。

对于帕蓬，1978～1979年，她在巴尔政府任职期间与他曾有过多次接触。她非常讨厌他的狂妄与自大，更让人不能接受的是，对于在集中营被囚禁的人员，“他从来就没有表示过任何

① 莫里斯·帕蓬在1942～1944年曾担任德国占领下的法国维希政权吉龙德省政府的秘书总长一职。在任职期间，他曾下令逮捕、关押了76名犹太儿童，并将他们运送至奥斯维辛集中营杀害。1998年4月2日，帕蓬被该省重罪法院以“反人类罪”判处有期徒刑十年，剥夺政治权利十年——译者注。

歉意。”[①] 他还说：“严格上说，主要的错误都是法律层面上的问题；现在的问题是，我们每个人的情感太重。”[②] 1998年，这位前任部长作为反人类罪的同谋终于受到了法律的判决。

西蒙娜作为一名政治家，体现了国家意识，在这些问题上，西蒙娜所表现出来的客观与公正使得她在2003～2009年间出任国际法庭补偿基金会主席的职务，她的助手是1984年诺贝尔和平奖得主南非大主教图图和约旦王后拉妮娅。

成立该基金会是来帮助经历战争罪、反人类罪和种族大屠杀劫后余生的人，基金会的经费来源是个人、组织机构和政府的捐赠。

西蒙娜充满犹太人的情怀又一次在更广的范围内树立了自己的威信。她把自己悲剧性的人生经历变成为世界谋求共同利益的责任。她是唯一受到全球爱戴的女性人物。

在很大程度上，这一切都与她所接受的世俗犹太教和在集中营的人生经历，以及后来她所面对的种种斗争有着非常密切的关系。

纪念大屠杀基金会

很长时间以来，西蒙娜一直期待着国家元首能够就犹太人被关进集中营的问题承担起法国的责任。她期待着法国能够表示出“一个诚心的、主动的、非政治上的举动”，但是，她非常

---

① 西蒙娜·韦伊：《一生》，斯托克出版社2007年版。

② 《论战》1997年11月2日。

失望，1992年7月，密特朗没有勇气作出这样的表示。

希拉克是西蒙娜多年的老朋友，然而在1995年的总统选举中，西蒙娜并没有投希拉克的票。当选总统后，希拉克以法兰西的名义承担政府二战期间在犹太“囚犯”问题上的责任。1942年，法国军警按德军命令，逮捕了成千上万名犹太人，并将他们关押在巴黎冬季赛车场。1995年7月16日，在纪念这次事件53周年的重要讲话中，希拉克公开承认“占领军的疯狂行径得到了部分法国人和当时法国政府的协助”。异常激动的西蒙娜非常欣赏希拉克的勇气，因为“长时间以来，我就一直期待着能有一位国务活动家对此表达真诚的、深刻的歉意，今天希拉克做到了。”①

希拉克以这番讲话开始了他总统的第一个任期。2007年1月18日，他则以出席悼念为法兰西正义事业而献身者的纪念活动结束了他总统的第二个任期。

在西蒙娜跑遍世界各地后，终于在海面上找到了一块凸起的礁石，以此来纪念在集中营死去的同伴。她在礁石上竖起了一座灯塔，以警示人们还有一股试图篡改历史的黑恶势力，同时释放出和平的呐喊，呼吁未来的年轻人在牢记过去悲惨教训的同时，要面向未来。2000年，在马泰奥利（他曾在巴尔政府任劳工部部长，后来出任社会、经济顾问委员会主席）领导的专门从事研究法国犹太人惨遭蹂躏团队的建议下，成立了纪念犹太人惨遭大屠杀基金会。

---

① 西蒙娜·韦伊：《一生》，斯托克出版社2007年版。

该基金会即刻确定了多个目标：资助不同领域的研究者开展对历史和犹太人惨遭大屠杀的研究工作；资助以此为主题的教学参观旅行；帮扶在世的前集中营难民解决社会生活之必需；弘扬犹太人文化，如在巴黎重新开设意第绪语图书馆。

该基金会的资金来自于战后归还的地产和被掠夺的财务。在西蒙娜眼里，不论从正义的视觉，还是从教育作用和历史的价值看，该基金会都是非常好的一个平台。正是出于这些考虑，西蒙娜接受了时任总理若斯潘（总理非常看好她不受别人摆布的独立性格）建议她出任基金会主席的职务。

作为纪念犹太人惨遭大屠杀基金会主席，西蒙娜在出席各类纪念活动中多次讲话，并为多部涉及犹太人惨遭大屠杀的书籍撰写前言，她在前言中告诫未来的年轻人不要忘记这段历史。

2005 年，她在一部著作的前言中写道："明天，你们将成为有责任阻止类似仇恨和杀戮以及导致人类毁灭事件发生的公民。我邀请你们参与的纪念活动是非常重要的，也是十分让人痛惜的。但是，你们作为和谐的、充满爱心的欧洲公民，为了建设我们的美好未来，这也是必需的。"①

她会见了很多被集中营囚禁的证人，查阅了许多难友的笔记和遗物。有一天，竟然在她的面前出现了一张她妈妈在被押送至德朗西后被没收的 700 法郎的存折。

瞬间，时间和空间都定格在德朗西收容所、奥斯维辛和贝尔根-贝尔森集中营，西蒙娜和妈妈、蜜露以及其他亲人相依在

① 《奥斯维辛集中营纪念册》，但丁/纪念大屠杀基金会出版，2005 年。

一起。很长一段时间里，每逢周日的上午，西蒙娜都去探望姐姐丹尼斯，一同回忆在集中营里度过的日日夜夜。

她曾多次重返奥斯维辛集中营，也去过其他关押犹太人的难民所。2005年，她带领着她的儿孙们参观了集中营，她儿子让透露说："当我们在一起的时候，回想起那些年的事情，她依旧是非常痛苦的。"①

她也多次指出了有些影视作品对犹太人惨遭大屠杀不实的描写，呼吁人们理性地看待这一历史事件。

2007年2月，西蒙娜辞去了大卫·罗思柴尔德工业集团经理的职务，只保留了名誉经理的称谓，而S.格拉斯菲尔德仍留任副经理。2009年8月，她与丈夫安托万驾车再次来到奥斯维辛集中营。他们从诺曼底出发，一直走到铁路的终端。这条铁路直到1944年4月15日才终止向集中营押送犹太人。

她又一次来悼念那些罹难的难友，这一次她是陪着她的丈夫安托万来悼念他的姐姐玛丽-埃莱娜。安托万从没有到过这里。他说"在我们故去之前，我很想看看这座杀人的工厂。"②就是这样，为了出席一些官方纪念活动，西蒙娜再次来到这里。

2010年1月28日，她又陪同负责老兵工作的国务秘书H.法尔科、E.马西亚斯和阿勒姆来这里出席纪念活动。

为了满足社会党的期望，西蒙娜在《世界报》刊出了一个名为"我们去了奥斯维辛集中营，因为邪恶尚未消除"的论坛。

① 《世界报杂志》第25期，2010年3月20日。
② 《巴黎竞赛》第3174期，2010年3月18～24日。

在这个论坛中，H. 法尔科部长和纪念犹太人惨遭大屠杀基金会主席指出“在我们的民族意识中，在全人类的意识中，纪念犹太人惨遭大屠杀的活动要不断地继续下去，要把这一悲剧视为永远不能忘记的丑恶标志，……面对那些惨遭纳粹杀戮的人，我们有理由活下去，……因为，人性始终面临着消失的危险。”

自她从奥斯维辛集中营死里逃生以来，就是为了实现这一目标，西蒙娜奋斗了一生。就是为了这一目标，她对一名法籍犹太人的回忆赋予了象征意义。这不仅是法兰西对历史的回忆、老战士们对历史的追溯，她同样期望将这段记忆篆刻在世界其他各国大理石的碑文上。

贤人与院士

贤贵之心从不疑虑他人，

并自身感受不到卑鄙和狡诈。

——拉辛：《圣经 旧约》，1689

制宪会议成员

1997年年底，西蒙娜彻底告别了政坛，或者说，结束了她的政治生涯，离开了她不再感兴趣的法国民主联盟党。这时，时任参议院的主席R. 莫诺利先生找到了西蒙娜。西蒙娜早年就认识了莫诺利，那时她是巴尔政府的成员，而莫诺利先生则出任工业部部长，后来任财经部部长。

来到卢森堡宫[①]后，莫诺利建议西蒙娜能够担任制宪会议成员的工作。"制宪会议正在换届。有三位成员需由共和国总统

① 卢森堡宫是法国参议院所在地——译者注。

任命，一位是国民议会的成员，第二位是我本人，在我看来，我还是希望有一位女性能够出现在这个几乎由男性统治的机构。您对此是否感兴趣?"①

鉴于西蒙娜考虑问题的独立视角、她所具有的欧洲理念以及她为妇女事业和反对歧视而进行的种种斗争，本届参议院议长如同历届议长们一样对西蒙娜充满了无限的信任。

西蒙娜成为制宪会议的成员看来是众人所盼，以至于有人提出了这样的问题：为什么以前就没人想到她呢？人们将制宪会议的成员称为贤者，然而西蒙娜很久以前就已经成为大家公认的贤者，因此她很自然地接受了议长的建议。

但是，这位议长先生要求西蒙娜对此建议暂时保持沉默，以避免新闻媒体的炒作，尤其是要回避来自希拉克总统的压力，因为他总会让 R. 莫诺利改变主意。

的确，要想让这位从卢丹市区走出来的老汽车修理工改变主意不是一件很容易的事情，甚至就连一个魔鬼也都无法阻止西蒙娜坐上制宪会议的交椅。

希拉克与西蒙娜之间的关系非常令人费解，他们之间始终保持一种摇摇欲坠的、但绝不能彻底分开的情谊关系。在这种关系中，两人之间的别扭与不顺从没有妨碍政治舞台上的两位主角相互表达真挚的、不容置疑的尊重与敬意。

1991 年，她曾经说过："雅克 · 希拉克和我是朋友，但是，

① 西蒙娜 · 韦伊：《一生》，斯托克出版社 2007 年版。

友谊和政治是两桩完全不同的事情。”[①] 2010年3月，在她当选为法兰西学院院士之前，西蒙娜非常简短地说：“我们经常见面，我们之间有着非常伟大的友谊。”[②]

也许就是我们相互之间的互为敬重，不仅培育了我们之间30多年的友谊，也形成了政治生活上的许多对立。

1988年3月3日，西蒙娜在J. 科利亚尔（巴黎政治学院讲师，由国民议会议长法比尤斯任命曾经担任过密特朗办公室主任）先生和P. 马佐（前负责体育运动工作的国务秘书，希拉克任命的戴高乐派著名法学家）的陪伴下，在总统面前举行了任期9年的宣誓，这就意味着西蒙娜可以一直工作到2007年。

制宪会议是依据第五共和国的宪法于1958年10月4日成立的机构。

该机构的主要任务在于监督国家选举和全民公决的合法性，负责对外宣布选举结果，尤其是要审核法律法规是否符合法国宪法的精神。

法律条文经由议会选举通过后，在总统颁布该法律之前，制宪会议才受理由总统、总理、国民议会议长、参议院议长提交的法规。1974年以后，该机构还受理由60名议员或者参议员联名提交的议案（过去制宪会议不受理个人提出的议案，自2008年修改宪法后，才增加审议由多人联名提交议案的程序）。

最后，还要指出的是，当涉及一个组织法或者会议章程时，

---

① 皮埃尔·法维耶、米歇尔·马丁-罗兰：《密特朗的十年》第Ⅱ卷，《考验（1984～1988）》，塞伊出版社1991年版。

② 法国国际广播电台，2010年3月9日。

制宪会议的审查是必不可少的。

西蒙娜进入了一个由法国德高望重的贤者组成的机构。他们裁决某一法律是否符合或者遵守法国的宪法。在这个位置上的男雄女杰们，以通过赞成或反对规约公民生活的法律条文的方式来维护民众的利益，建立国家秩序，并且他们的决定对公共权力也形成了制约。

在过去放荡不羁的摄政者奥尔良·菲利普王室宫殿的秘密走廊里，正在进行一场激烈的争辩，因为在审议时，各种不同的意见均可得到充分的表达。

由于是审议法律的常设机构，所以制宪会议的例会有时会变成左派与右派意识形态争斗的场所，有时还是在司法层面上对法律条文的理解与表述争论的平台。

西蒙娜指出："我们遇到过各种各样的场面。正是这样，我们看到一些我们不同意基本内容但是不会带来司法问题的法律得以通过。……通常情况下，都要经过非常刻薄的争论以后，我们才获得了集体性的同意。"①

1998 年，制宪会议的组成成员是：除了作为前任共和国总统而成为终身成员的德斯坦先生外，有西蒙娜、高级公务员 G. 阿巴迪、负责欧洲事务未来的部长也是该机构当时唯一的女性 N. 勒努瓦、政治学家 A. 朗瑟洛、前国民议会秘书长 M. 阿梅莱、戴高利将军、蓬皮杜时期的前部长 Y. 盖纳和前外交部长 R. 迪马。后者自 1995 年以来一直担任制宪会议主席的职务。

① 西蒙娜·韦伊：《一生》，斯托克出版社 2007 年版。

自1999年起，如涉及国家元首的刑事犯罪，则由法国制宪会议负责对外宣布。

由时任政府总理若斯潘先生提交的待审议案，确认了国际刑事法院的地位，明确了涉及共和国总统违法案件的审判机构，如类似于涉及希拉克涉嫌巴黎低租金住房佣金案和巴黎市政府虚假公职案。盖纳这样概述了审议的过程："在不泄露法官判决前合议结果的前提下，我明确地指出，这次审议，我们只有8个人参加（第九位成员不是故意缺席），讨论的气氛非常平静，没有一丝冲突，因此拒绝将涉及国家元首的案件交给国际刑事法院处理显然是很正常的事情。在我们看来，我们是依据宪法第68条作出这样的裁决。"①

这样，就国际刑事法院的地位问题，我们在1999年1月22日形成了98－408号决议，制宪会议也结束了对此问题的争论。认为依据宪法第68条之规定，对于共和国总统来说，在其任职期间的行为，除严重失职外，均享有豁免权。即使追究其任职期限内的刑事责任，依据同一条款的规定，也只能提交给最高法院来处理。

就在几个月之后，人们针对法国石油公司贪腐案和向台湾地区出售大型驱逐舰的问题，对制宪会议主席R. 迪马提出诉讼。这两桩事件很快就变成了"迪马事件"。因为他被怀疑在对台湾出售军舰的交易中受贿，并且知道他的朋友C. 德维耶-容库尔为他在巴黎购置一套公寓时，动用了军火生意中的一部分

---

① 伊夫·盖纳：《后戴高乐时期的回忆》，弗拉马里翁出版社2010年版。

佣金。

鉴于R. 迪马滥用社会资产，于1998年4月对其展开了调查，这无形中给制宪会议带来了信誉上的危机。Y. 盖纳回忆说："到处的人们都对他担任制宪会议主席的职务提出质问。我们也都在制宪会议所在地的走廊里对此议论纷纷。有时我们之间甚至还出现过争吵。很快我们当中有大多数人公开表态希望他离开制宪会议。那一少部分处于犹豫状态的人也变得越来越少。"①

这样，在R. 迪马主动提出休假后，共和国总统希拉克于1999年3月决定任命Y. 盖纳担任制宪会议临时主席。

2000年3月1日，R. 迪马辞去了制宪会议主席的职务，被负责司法工作的原国务秘书M. 佩尔蒂埃取代。在解职后的2003年1月，经由上诉审判，最终判决免于对他的起诉。

2001年，依据传统规约，该组织机构进行了新一轮的重新改组。G. 阿巴迪、A. 朗瑟洛和N. 勒努瓦分别被共和国总统办公室原副秘书长O. 拉模特先生、社会学家R. 阿龙的女儿D. 施纳贝女士和社会党出身的原国防部和内务部部长P. 若克斯所取代。

这是P. 若克斯先生后来在他所著的《案例良心》一书中，透露了在希拉克总统的第二个任期内，有时在复议某些法律条文时所形成的紧张关系。这位政治背景为社会党的前任部长，故意提到修改司法条文使之适应不断变化的犯罪行为，还有

① 伊夫·盖纳：《后戴高乐时期的回忆》，弗拉马里翁出版社2010年版。

2004年"佩尔邦2号法案"关于少年犯监管问题以及维尔潘政府实施的首聘合同（CPE）等问题时说："在我履职的9年里，许多决定都是通过投票的方式作出的，而我多数情况下是属于少数派，为此我常常感到痛苦般的孤独。"①

在制宪会议任职期间，西蒙娜在左、右派中间传播了法律应该处于中立态度的理念。

如果没有西蒙娜的努力，人们对这一理念的认识至少还要等待20年。在讨论"佩尔邦2号法案"的法律问题和对少年犯监管的法律议案时，若克斯的这番讲话让人们形成了一种理念。

在他看来，"当一个法律文本标志着一种政策的真正改变时，制宪会议的争论反映了法国民众意见的不同方面，有右派的意见、左派的看法，还有中间派的观点。"②

我们可以非常容易地看到，西蒙娜在支持法律实施之前，她的意见是有所保留的，就像时任制宪会议主席盖纳先生所回忆的那样："在履行制宪会议成员作用方面，她是一位非常出色的要人。她十分熟悉要解决的问题，她的政治倾向从来没有左右她对问题的裁决。她总是以一位女法官的身份作出裁决的。"

鉴于自己是一位热衷于欧洲问题的倡导者，在制宪会议内，她也是积极促进欧洲事务的发展。难道她是要将欧洲权利凌驾于法国权利之上，从而引起成员之间的广泛争论吗？

他们当中的一些成员坦率地说：绝不是这样。

然而，2004年6月10日，在对涉及经济信心问题的第

①② 皮埃尔·若克斯：《案例良心》，拉博-菲德斯出版2010年版。

2004—496号法案进行裁决时，西蒙娜从欧洲建设的视觉考虑问题的态度终于得到了验证。在对这一法案的裁决中，制宪会议一致同意在法国的权利问题上，调整欧洲的指导准则（只有一项准则不符合法国宪法的原则思想）。

制宪会议仅用20多天的时间就审议了448条法律条款，于2004年11月19日颁布同意成立一个欧洲机构的条约。

希拉克总统决定，通过2005年5月29日全民公投的方式决定是否接受这一条约。

面对不断高涨的反对声音，西蒙娜打破了制宪会议一直保持沉默的寂静。

这是一件大家从来没有遇到过的问题，因此制宪会议的每一位成员都不得不持保留的态度。鉴于他们的特殊身份，他们不能参加政界和公开场合的辩论，以此来保持该机构的中立地位。但是，当欧洲建设面临危险的时候，西蒙娜不能放弃自己的信念，2005年4月25日，她临时告假去挽救局面。

2005年5月19日，她发表声明说："事情是非常清楚的。在作出决定之前，我曾做过咨询。甚至在我向制宪会议主席提交之前，我首先咨询了资历很高且非常博学的法学专家。有一份已经实施的法律文本表明（米舍莱先生提交），为了选举，可以让制宪会议休会。让我作出决定的，是我收到了一些人的来信，他们在信中责问我为什么不表态，这其中也包括一些我周围的人，尤其是我的儿子。"

她的这种态度不可避免地遭到了一些人的抨击，尤其是那些本来就持反对意见人士的严厉批评（如H. 埃马努埃利、J.

舍韦内芒图、J. 勒庞）。当然也有一些持赞成态度的人提出了异议，如时任国民议会议长，后来担任制宪会议主席的 J. 德勃雷。后者也为西蒙娜因个人理由作出所谓的告假决定而感到遗憾。西蒙娜并没有严厉地反驳国民议会议长的这番讲话。“他没有资格来评价我，这与他有什么关系呢？”①

R. 巴丹泰曾经在 1986～1995 年，担任过制宪会议的主席，虽然持赞成的立场，但他也认为：“当我们被任命为制宪会议成员时，就不应该参与政界的争辩，哪怕是在休假期间。” R. 巴丹泰同样也批评整个制宪会议审议了这个问题，并且批准了西蒙娜的假期。

西蒙娜则表明，要想利用全民公决的结果，她就不能参加制宪会议的审议工作。因为 1959 年 11 月 13 日通过的第 59－1292 号法令第 4 条规定，允许制宪会议成员在休假期间参加任期内的投票表决，但并没有作出参加征询公众意见活动也需休假的规定。

因此，这实际上就是一个看法问题。再说，在这种情况下，西蒙娜并不是没有先例的。德斯坦也曾是这一机构的成员，他还担任负责起草欧洲宪法的欧洲未来制宪会议的主席，为了在公决中获得民众的支持，他也同样告过假四处游说。然而，他的努力毫无任何效果，因为反对票占 54.68%。

当选法兰西学院院士

2007 年 3 月 1 日，西蒙娜离开了制宪会议，在她非常出色

---

① 法国电视一台，2005 年 5 月 5 日。

地依法完成了在该机构任期 9 年的工作后，同年 11 月出版了期待很久的介绍自己人生经历的回忆录。

该回忆录的书名为《一生》，这是一个令人回忆往事的书名。在这部书中，她回忆起了自己的青年时代，讲述了她的家庭，记录了在奥斯威辛集中营地狱般的生活，介绍了她为争取妇女自愿终止妊娠法案的通过，为欧洲建设，为追求机遇平等，为妇女事业而付出的艰苦斗争。

离开制宪会议同时也表明了西蒙娜对第五共和国组织机构基本法所持的批评态度。“我一直不赞成第五共和国的组织机构基本法，甚至对包括 1958 年通过的宪法，因为至少这是宪法所设定的法律程序。”①

她的批评主要集中在执行权力的层面上，特别是对共和国总统的职能方面。

这位欧洲议会前任女议长，她不赞成总统大选和任期 5 年的执政模式。在她看来，在这样的组织机构框架之下，总统过于孤立，不便于参与对国是的讨论，而是强制推行他的决策。

依据宪法，共和国的总统是不能罢免的，他深居爱丽舍宫，周围簇拥着一批顾问专家，很快这些人变成了总统的奉承者。

如果说在西蒙娜 2007 年出版的回忆录中，我们能够读到这个很有远略的思想，那么在接下来的萨科齐总统任期内则显现了西蒙娜思想的合理性。甚至在事实上我们可以看到，在第五共和国体制下的历届总统都表现出了职权本身几乎固有的这种

① 西蒙娜·韦伊：《一生》，斯托克出版社 2007 年版。

现象。由于西蒙娜对动用全民公决一直持十分谨慎的态度，所以，她更喜欢邻国的机构模式，特别是德国的组织机构、体制。她说："在我看来，他们的宪法既保障了权力的平衡，又确保了有质量的对话，还保证了行政权力的有效实施。"①

西蒙娜的组织机构理念是她在为之服务的政体传统模式中形成的。她工作的传统体制是一个自由的中央集权的体制。这一体制主张充分体现民主精神，倡导权利的平等，就像哲学家孟德斯鸠（1689～1755）在《法律精神》一书所指出的那样，权利相互制约，这与总统戴高乐的理念完全相悖。

P. 梅斯梅尔先生曾在戴高乐任总统期间任国防部部长，后来在蓬皮杜担任总统期间任政府总理，2007 年 4 月 29 日与世长辞。这位解放战争老战友的离世使得法兰西学院第 13 号席位成为空缺。

法兰西学院是 1635 年由红衣主教黎塞留创建的机构，该机构的目的是进一步完善法语，制定法语的使用规范。此时，研究俄罗斯问题的著名专家、欧洲议会议员（1994～1999）、法兰西学院终身秘书 H. 昂科斯先生来到了西蒙娜的身边，试图让她替代梅斯梅尔。因为，法兰西学院是一个庄严的机构，其成员都是文学巨匠和历史名人。

这位前任卫生部部长确实感到有些受宠若惊，2008 年 11 月 20 日，在选举她为法兰西学院院士时，她承认："这么高的荣誉至今仍让我感到吃惊，因为我不知道是什么缘由让我享受

---

① 西蒙娜·韦伊：《一生》，斯托克出版社 2007 年版。

这样高的荣誉。”[①]

作家让·奥梅松先生非常肯定地说：“有些人靠法兰西学院来生存，然而西蒙娜，她给我们带来的却是名望和声誉。”[②] 因为传统的做法是：候选人要给所有的院士写信来拉选票。

西蒙娜是否真正需要炫耀自己的功绩，以至于让历史来为其作证呢？在第一轮选举中，西蒙娜就在总票数为 29 张选票中获得了 22 票，（法兰西学院不接受没有获得任何选票的候选人）当选为法兰西学院院士，与曾经支持她为通过妇女自愿终止妊娠法案而斗争、力挺她担任欧洲议会议长、鼓励她参加制宪会议的老朋友德斯坦一起成为院士，只不过后者是在 2003 年当选，扶坐第 16 号交椅。

她成为法国历史上第六位永远被人们记住的女性。前五位女性分别是：作家 M. 尤斯纳尔（1980～1989），作家 F. 德莱（2000 年），作家 A. 杰巴尔（2005），古希腊问题专家 J. 罗米伊（1988），法兰西学院终身秘书 H. 昂科斯（1990）。就在当选后的第二天，西蒙娜说：“对我来说，在集中营里，我与死神擦肩而过，所以从那时起，我就已经超越了永生的理念。”[③] 在第 13 号席位上，她成为下列院士的继任者：剧作家克雷比永、皮卡尔，作家弗耶、洛蒂、克洛岱尔，外交家兼作家吾拉蒂米尔·奥梅松，自由法国在伦敦电台的发言人，后来在 1969～1973 年间担任外交部长的舒曼和戴高乐的支持者梅斯梅尔。

---

① 《费加罗报》2010 年 3 月 19 日。

② 《巴黎竞赛》第 3174 期，2010 年 3 月 18～24 日。

③ 《费加罗报》2008 年 11 月 21 日。

法兰西学院第13号席位曾是著名剧作家拉辛在1672～1699年担任院士时的位子，这也使得西蒙娜在回想到自己父亲的时候充满了激情，因为他父亲酷爱文学，并将这一爱好传给了他的孩子们："这不仅令我骄傲，如果父亲在世，也许他也会为自己的女儿坐上了拉辛的交椅而感到自豪。"①

毫无疑问，如果说西蒙娜出生在路易十四的伟大时代，她一定会成为一名伟大的女性，即奥尔良公爵的淑女或者是国王的嫡亲。国王也会毫无迟疑地将她培养成一位法国元帅，在贵族反叛运动中，指挥千军万马杀向巴士底狱。用"投石党人"来形容西蒙娜的性格是再准确不过了。

她身着由著名服装设计师K. 拉格斐设计的、丈夫安托万认真目测后多次修改过的服装。她手持的那把法兰西学院的佩剑浓缩了西蒙娜的一生。在法兰西第92步兵军团的影响下，三句法兰西格言给她留下了深深的烙印，并贯穿她一生的政治生涯："自由、平等、博爱。"而欧洲名言"多样化的统一"则是她对欧洲发展的高度概括。

西蒙娜的佩剑是由著名雕刻家I. 泰莫尔精心锻造的，剑上装饰了一些呈现个性化的元素，如她在集中营的"囚号"78651，剑柄饰有两个交错的护手环，刀剑的下端刃口锋利，背部纯青，上端则镶嵌着橄榄枝，这些都象征着人民之间的和解。

西蒙娜的面容成为女权斗争的典范，令人回想起为争取妇女自愿终止妊娠的权利所付出的艰苦斗争以及一系列她为民而

---

① 《费加罗报》2010年3月19日。

献身的斗争。她那把剑杖球柄上雕刻的龟壳表现了她的韧性和睿智。

2010年3月16日，也就是在西蒙娜正式步入法兰西学院的前两天，在卢森堡宫，即参议院所在地，她接受了参议院议长G. 拉尔谢先生和前总统希拉克先生联手向她授予的佩剑。

2010年3月18日，在法兰西学院拱形建筑物的大厅里，座无虚席，授予这位伟大女性法兰西学院院士头衔的仪式正在举行。就像转播妇女自愿终止妊娠法案辩论场面一样，电视直播了授衔仪式。

这一天春意盎然，西蒙娜的许多亲朋好友相聚于此。在这些人中，有以安托万为首的家人，包括多名孙辈的孩子，他们无论如何都不能错过如此隆重的盛会，不能错过这样一堂介绍拉辛的文学课程。

巴黎市市长B. 德拉诺埃先生、文化部部长弗雷德里克·密特朗先生也都出席了授衔仪式。同时还有三位法国总统，他们分别是：希拉克先生，他自从1974年5月将电话打到西蒙娜朋友家里，建议她加盟他将新组建的政府以来，希拉克一直关注着她的职业生涯。还有德斯坦总统，是这位总统在其权限受到威胁之前，将西蒙娜推到了欧洲议会议长的席位。最后一位便是萨科齐。对于萨氏而言，西蒙娜自从政初期就认识他，力挺他竞选法国总统。此时萨科齐总统也竖起了警觉的耳朵。

西蒙娜选择了让·奥梅松来宣读对她的欢迎词，因为1981年也是他宣读了对玛格丽特·尤瑟纳尔女士的欢迎词。

当他在追述站在他面前这位女士的人生经历时，指出：“您有属于自己的信念，但是这些信念从不带有任何政治偏见。您始终竭尽全力坚守自己的信念。您坦诚地对待您的对手，就像对待您的朋友一样真诚。您是独立行事的楷模。您不止一次非常勇敢地批驳亲近您的人，而采纳疏远您的人的意见，因为您认为后者的意见并非总是错误的……夫人，我现在直视着您，您让我想起了昔日许多伟大的女性，她们的尊严与风度令人敬佩。其次，我非常钦佩您人生的经历，我将您视为推动历史前进的领袖人物之一。”

在他结束这个非常出色的、充满赞美语言的讲话时，他说：“我压低讲话的声音，因为人们会听到我们的讲话：夫人，就像绝大多数的法国人一样，我们爱您。现在请您就座于对友爱有着特殊理解的伟大诗人拉辛先生曾经就座过的席位。”在奥梅松用法语所作的讲话中，充满了许多不朽的词语。他的这些词语看上去很不现实，转瞬即逝，然而这些都是西蒙娜身上早已具有的品格。

当轮到西蒙娜上台讲话时，她采用了传统的答谢词模式，她首先赞扬了她的先辈梅斯梅尔先生。她说：“是这位具有坚毅性格的部长为我树立了良好的楷模。在他身上，我们足以看到他的苦衷、犹豫、痛苦，但是他能正视现实。在我们各自的政治选择上，我们会出现分歧，我不赞成他对戴高乐将军忠贞不渝的态度。然而我们无须怀疑作为国家公仆，他所具有的忠诚。”就连蓬皮杜总理“也不曾遗弃这传奇性的刻板模式”。

在她近一个小时的讲话中，西蒙娜同样也提到了她的过去、她的人生、她所现身的斗争。我们知道，在文坛上著名女性作家不是很多，在欧洲建设的政坛上，女性更是凤毛麟角，然而，面对各国恶魔般的抵制和制宪会议保守思想的非议，她始终为实现远大的抱负与各种思潮进行着坚韧不拔的斗争。“欧洲建设犹如一场冒险，不论过去还是现在，对于我们这一代人来说，都是一种挑战。”在她即将结束演讲时，她提到了一位主张建设一体化欧洲的一位先辈的名字，这位先辈的身影至今还在法兰西学院游动，这就是雨果。

这位“曾经欲想通过查询词典来解决词义纠纷”① 的女性今天不仅迈入了法兰西学院，还成为了一位欧洲建设的伟大使者。

这样一个由满头银发的老者而组成的机构，有时会因为缺少具体行动和争辩而招致他人的贬低，然而西蒙娜提出的一些问题会让该机构增添活力。2007 年西蒙娜说：“我一直是一个倔强的人！可以说是一个能起到反射作用的人：当有人向我说一件事情的时候，我立刻就想说出反面的意见。”②

毫无疑问，这也令某些院士感到非常地愤怒。

在亲人身边

西蒙娜的家庭在不断地壮大，现已是一个拥有 30 位成员的大家庭了，其中孙辈成员 11 位。孩子们都已长大成人：让和皮埃尔·弗朗索瓦都已成为令人敬重的律师，在蒙梭公园附近开

① 西蒙娜·韦伊：《一生》，斯托克出版社 2007 年版。

② 《她》第 3226 期，2007 年 10 月 29 日。

设了自己的律师事务所。

尼古拉直到2002年过世，一直从事医生的职业。西蒙娜喜欢与他一起参观各种博物馆和画廊，并就某一幅作品和画家进行讨论。

很长一个时期，她的周末生活都充满了家庭的幸福。她的家就像一个普通的幸福家庭一样，有时在周日的上午，一头金发的丹尼斯会来家里坐坐，有时在周六的中午或者周日的晚上，家人围坐在餐桌旁，一边用餐，一边探讨人生、政治、文学、音乐、孩子和教育等问题。

在她充满法兰西情感和欧洲思想的神奇经历中，总离不开她的忠实伴侣安托万。在谈到被他非常调皮地称为“老板”的夫人时，安托万则带着一丝幽默地说：“在这30年间，她是安托万的妻子。但30年来，我一直是西蒙娜的丈夫。”①

当然，这对夫妻也经历过非常痛苦的时期，如2002年，他们的儿子尼古拉过世，对他们的打击很大。当谈到他的父母时，让吐露说：“在我哥哥尼古拉走后，继续工作是对他们最好的解脱。对于我妈妈，我认为她是绝对慈爱的，也是一位非常理性的女人。我爸爸，安托万，倒是有些古怪，有点极端，太富于想象了。这简直是迷人的、充满精力的一对。在家里，他们两个人互为领导，共同决断事情。”②

今天，已经83岁高龄的西蒙娜仍在继续关注法国、欧洲和全世界的每日新闻，并感叹道：“事情总是不能随心所欲的。”

---

①② 《巴黎竞赛》第3174期，2010年3月18～24日。

有时她也穿上院士的绿色服装参加词典的审定。她也有不快，如在担任卫生部部长期间，仅能看到一些关于医疗卫生方面的报告和作品。她尤其喜欢读她丈夫安托万在2010年出版的一本叙事小说《敬意》。她特别高兴的是有这样一个大家庭，这是一个65年前从一个支离破碎的家庭遗骸中复活了的大家庭。

周六，当全家人围坐在炉火旁吃晚饭的时候，或者周日以及假日期间，大家坐在树荫下，她向她的两个儿子、孙子、重孙子及其他家人述说着自己的人生经历。

有时不懂什么是妇女自愿终止妊娠法案和欧洲建设的小孙女爬坐在她的膝盖上，就像她小时候，在尼斯坐在妈妈的怀抱里一模一样。

就在几年前，西蒙娜吐露说："有一天，我的一个重孙女，也是我的心肝宝贝抽噎地哭着要坐到妈妈的身边，我即刻回想到了我的童年，便情不自禁地落下泪来。"①

直到今天，在西蒙娜的心中，她仍旧是尼斯城里的一个小姑娘，留存着对妈妈、爸爸还有让的珍贵回忆，任何事情、任何人都无法抹去这种回忆。

作为祖母和曾祖母的西蒙娜，在亲人眼里是一位德高望重的长者和楷模。1993年，C. 奥克朗在文章中写道："西蒙娜应该是一位最优秀的祖母，是那些既会讲故事，又会培养你道德情操的祖母之一。"② 大家都说，苹果落地绝不会离树很远。所

① 《巴黎竞赛》第3174期，2010年3月18～24日。

② 克里斯蒂娜·奥克朗：《一部分人与另一部分人》，黎明出版社1993年版。

以她的孙女全是女权论者。对此，西蒙娜坚定地说：因为“对女性来说，还有很多问题亟待解决，所以，今天看来，她们怎么能不会是女权主义者呢?”①

应该说，她所讲述的众多回忆比较全面地反映了我们历史的数个阶段。

2008 年，西蒙娜成为法兰西学院的院士，但是实际上在我们的心中，在法国人和欧洲人的记忆中，她早就是一位伟大的人物。对我们来说，她就是尊严、正直和信念力量的化身，这些都体现在她庄重、沉稳、头后梳着发髻的面容上。G. 哈利米对这位妈妈是这样描述的：“她的发髻，让人感到她的稳重和与众不同。”② 那么，众多女性效仿的发髻究竟隐藏着什么秘密呢?

西蒙娜承认，她一直是不留长发的。1974 年，当她在政府担任部长职务的时候，为了方便，她开始保留长发以便在脑后打个发髻。法国人仅有一次看到她披散着头发，那是 1986 年 7 月 26 日，在法国电视二台，由 C. 德沙瓦纳主持的《为他痴狂》电视节目中才看到她这样的形象。

在节目即将结束时，主持人问她是否可以打开她的发髻，她当众解开了发髻，展示了乌黑的长发。她还承认说，当她去美国进行正式访问时，有一次或者两次是披散着头发的。

在瀑布般发丝的衬托下，一副坚定沉稳的面容展现在我们

① 《她》第 3226 期，2007 年 10 月 29 日。

② 吉塞勒·哈利米：《橙汁》，迦利马尔出版社 1988 年版。

的眼前，揭掉了所谓强硬的面具。

1983年A. 迪阿梅尔在文章中是这样描写西蒙娜的："她是一位做事专注、令人放心、斗争意识强、富有工作能力的女性。她虽然常常受到别人的攻击，但是却无法将她击倒。她不仅志向远大，而且威严有力。她有腼腆的一面，又具备滔滔不绝的性格。她虽好感情用事，但又性格倔强。她自己十分清楚，她不具备走传统政治道路所需要的普通品格。"①

这些词语非常形象地浓缩了西蒙娜的性格，她的独立性和性格特征使得她能够成为我们共和国当今最杰出的人物之一。

在一次纪念正义人士的讲话中，她说："我坚信，不论任何种族，不论在任何国家，总有一些人，不论是男士，还是女性，他们都能够成为最出色的人才。"②

毫无疑问，韦伊夫人，您为我们树立了优秀的楷模。

---

① 阿兰·迪阿梅尔：《追求者》，迦利马尔出版社1988年版。

② 2007年1月18日西蒙娜在先贤祠纪念为法兰西正义事业而献身人士仪式上的讲话。

图书在版编目（CIP）数据

西蒙娜的法兰西情结/（法）洛朗·普法阿德（Laurent Pfaadt）著；王明利译．—北京：中国传媒大学出版社，2015.11

ISBN 978－7－5657－1398－9

Ⅰ.①西… Ⅱ.①洛… ②王… Ⅲ.①西蒙娜—传记 Ⅳ.①K835.657＝6

中国版本图书馆 CIP 数据核字（2015）第 146080 号

ISBN：978－2－35288－511－5
本书法文版曾于 2011 年由 City Editions 出版

北京市版权局著作权合同登记图字：01－2015－6413

西蒙娜的法兰西情结

著　　者	洛朗·普法阿德
译　　者	王明利
责任编辑	张　旭　李水仙
封面制作	泰博瑞国际文化传媒
责任印制	阳金洲
出 版 人	王巧林
出版发行	中国传媒大学出版社（原北京广播学院出版社）
社　　址	北京市朝阳区定福庄东街 1 号　　邮编：100024
电　　话	86－10－65450532 或 65450528　　传真：010－65779405
网　　址	http：//www. cucp. com. cn
经　　销	全国新华书店
印　　刷	北京中科印刷有限公司
开　　本	710 mm×1000 mm　　1/16
印　　张	18.25
版　　次	2015 年 11 月第 1 版　2015 年 11 月第 1 次印刷
书　　号	ISBN 978－7－5657－1398－9/K·1398　**定价**　78.00 元